YINGKE® 盈科

盈科全国业务指导委员会系列丛书·2024

有效辩护的理念和方法

基于构成要件要素重构证据体系

盈科律师事务所／编
丁泽根 等／著

法律出版社 LAW PRESS · CHINA
北京

图书在版编目（CIP）数据

有效辩护的理念和方法：基于构成要件要素重构证据体系／盈科律师事务所编；丁泽根等著. -- 北京：法律出版社，2025. -- ISBN 978-7-5197-9876-5

Ⅰ. D925.210.4

中国国家版本馆CIP数据核字第2025NH0239号

有效辩护的理念和方法
——基于构成要件要素重构证据体系
YOUXIAO BIANHU DE LINIAN HE FANGFA
—JIYU GOUCHENG YAOJIAN YAOSU CHONGGOU ZHENGJU TIXI

盈科律师事务所　编
丁泽根　等著

策划编辑 朱海波　杨雨晴
责任编辑 朱海波　杨雨晴
装帧设计 汪奇峰　臧晓飞

出版发行 法律出版社
编辑统筹 法律应用出版分社
责任校对 蒋　橙
责任印制 刘晓伟
经　　销 新华书店

开本 710毫米×1000毫米　1/16
印张 17.5　**字数** 280千
版本 2025年1月第1版
印次 2025年1月第1次印刷
印刷 天津嘉恒印务有限公司

地址：北京市丰台区莲花池西里7号(100073)
网址：www.lawpress.com.cn
投稿邮箱：info@lawpress.com.cn
举报盗版邮箱：jbwq@lawpress.com.cn

销售电话：010-83938349
客服电话：010-83938350
咨询电话：010-63939796

书号：ISBN 978-7-5197-9876-5　　**定价**：68.00元

凡购买本社图书，如有印装错误，我社负责退换。电话：010-83938349

YINGKE® 盈科

盈科全国业务指导委员会
系列丛书编委会

总 主 编

李 华

副总主编

周 彦 陈 浩 罗 勇 李举东

出版统筹

郭 琪 丁 萌 冯 玥 张静彤

本书编委会

本书著者

丁泽根 刘 超 顾娅萌

张维芳 谢婧恬 张天昌

宋海贤 晏灵娟 戴宏锐

序言

随着司法人员的更迭，受过系统训练的侦查、检察、审判人员逐渐成为社会主义法治建设的主力军，刑事案件的办理越来越规范、越来越严谨、越来越专业。很多从事刑事辩护的律师也不得不感叹道：刑事案件的辩护空间越来越小。对于律师而言，作为法律职业共同体的一员，对于铁案应当是持支持和欢迎的态度的，这本身也是律师职业使命之一。但是对于辩护空间而言，笔者认为只会越来越大。因为法治环境的优化、司法人员专业能力的提高等都将直接导致刑事案件定案标准的不断提高，就像现在不会再出现仅根据被告人笔录就定案的情况；鉴定意见也不再是不容置疑的绝对权威……因此，笔者基于长年专业从事刑事辩护的一些经验和学习心得，产生了撰写《有效辩护》系列文章的想法，希望能和广大司法同人共同探讨、研究。

经常流传着这样一句话——“打官司，打的就是证据”，一个案件从最初的立案到最终的判决，其中有三个最核心的要素：事实、证据和法律。法律是大前提，事实是小前提，在经典的“三段论”下推导出一个结论，而法律和事实之间唯一的、必不可少的链条就是证据。有这样一个经典的法律故事：一个辩护律师经过精彩卓绝的法庭辩论后，法庭当庭宣判被指控故意杀人的被告无罪并予以释放。律师陪着当事人走出法院的门口，问道当事人：“当时是不是你将他杀害的？”当事人回答道：“听完您的辩护，我也觉得我是无罪的。”由此也产生了另外一句经典：“真相只有上帝和当事人知道。”

任何人在面临被追诉时，本能地都会想通过掩盖真相来为自己寻求更加轻微的法律制裁。这无关道德，是人性使然。当然，任何一个有社会良知的人都应该遵守基本的道德底线。但是，由于道德强制力的缺失，才使得法律成为整个社会运行的基本规则。而为了查明真相，必然需要数个证明材料对客观事实予以还原,这些材料就被称为证据。

我国法律虽然赋予了辩护律师一定的调查取证权,但辩护律师在刑事案件中仍更多的是通过阅卷查找证据上的问题来寻找辩点,从而为辩护找到空间。就在案证据提取的角度而言,律师工作是被动的,但是对于控方证据的质疑可以是主动的。问题的关键在于如何才能有效地找到证据的疑点,并将其作为“攻破”全案的核心点呢?笔者在案件办理中尝试找到一种全新的思路和方法——基于构成要件要素重构证据体系。主要分为以下五步来进行:

第一步,解析构成要件要素。在传统的“四要件”体系之下,认定犯罪构成需要同时符合“主体”“客体”“主观方面”“客观方面”四个条件。上述条件被称为犯罪构成要件。随着刑法学的研究深入,又在构成要件的基础之上提出了构成要件要素的概念——构成要件由具体要素组成。组成要件的要素,就是犯罪构成要件要素。例如,行为主体、特殊身份、行为、结果等*。各罪名之间的根本区别就在于个别或者数个构成要件要素之间的差别。例如,职务侵占罪和贪污罪的区别在于特殊身份这一要素的不同,在行为、结果等要素完全一致的情况下,具有国家工作人员的特殊身份则构成贪污罪,不具有这一要素的情况下则构成职务侵占罪;诈骗罪和敲诈勒索罪的区别在于被害人认识这一要素不同,在行为、结果等要素完全一致的情况下,如果被害人基于错误认识而交付财物则构成诈骗罪,如果被害人基于恐惧心理而交付财物则构成敲诈勒索罪。

由此,可以将构成要件要素看作犯罪构成的基石。任何一个罪名,只要缺少所有基石(构成要件要素)中的任意一块,则指控罪名成立的大厦将轰然坍塌。对于刑事辩护而言,律师第一步需要完成的便是分析一个罪名的构成要件要素有哪些;第二步是分析哪些构成要件要素是需要证据来证明的;第三步是在控方的证据体系下找到需要证明的构成要件要素所对应的证据;第四步是基于构成要件要素重构证据体系后分析整个证据体系是否形成完整的证据链、证据体系中是否存在明显的不合常理、证据体系的证明标准是否达到了法定的证明标准;第五步是得出结论并制定辩护方案。

---

* 张明楷:《刑法原理》,商务印书馆 2011 年版。

以笔者办理的一个合同诈骗案件为例：行为人主体适格、实施了欺骗行为、被害人遭受财产损失、行为人取得财物等一系列的构成要素均有相关证据予以证明。但结合在案证据体系分析后便发现两个问题：第一，行为人取得财物时财物的所有权并不属于本案被害人；第二，行为人实施的欺骗行为发生在取得财物之后。以此，再回到合同诈骗罪构成的规范视野下，便会发现证据所证明的事项并非犯罪构成所需要的事实。

第二步，重构证据体系。在大多数刑事案件中，侦查机关会将卷宗分为文书卷和证据卷，文书卷主要是证明诉讼程序合法性的证据，当然在阅卷过程中也需要注意其他证据的合法性问题（在此，笔者推荐李勇《刑事证据审查三步法则》）。本书主要论述证据在实体层面的证明问题，证据卷中，一般是将一个人的多次笔录统一装卷，再根据被告人的作用由重到轻地排列，之后将其他证据根据种类统一排列。

但是，当我们将目光回顾到整个案件的具体办理过程中会发现，在案证据形成的顺序并非如此。笔者一直提倡"以侦查视角来开展刑事辩护"，首先需要了解的就是办案人的思维逻辑。我们在阅卷的时候，会根据装订顺序阅读，但是被告人 A 的笔录并非连续形成的。而是在其他人的笔录形成后，侦查人员发现某一问题再次找 A 做笔录。或者是在发现某一物证、书证后通过笔录的形式再次找嫌疑人、证人等进一步核实。所以，在对全案卷宗有一个基本了解以后，需要对卷中各份证据形成的时间顺序有一个梳理。因为通过时间梳理证据形成顺序后，便能清晰地感知到侦查人员在当时的环境下是如何思考的，进而可以推测定罪逻辑。笔者在一起积压了近 10 年的案件中，查阅 10 年前某一证人笔录时发现侦查人员在笔录中向其核实了一些书证，但是在案件移送后没有发现这些书证。因此便基于侦查人员所作笔录提出调证申请，在经历两次退侦后证据调取到，并且发现该份证据在 10 年前证人便已提供给侦查机关。

辩护律师在阅卷时具有"上帝"的视角，但必须回到证据收集的"历史"中感知当时的真实情况。

第三步，重构指控逻辑。相信大多数刑事律师都遇到过这样的情况：在阅卷以后会发现案件事实和侦查期间会见从当事人那里了解到的情况天差地别。其实大多数情况下并非当事人刻意撒谎，而是因为普通人认知在意的点不一样。在一起诈骗案件中，一个当事人特别在意侦查人员认定其取得财物后肆意挥霍的行为，他认为自己并没有肆意挥霍而是用于公司经营。作为律师而言，不仅需要关注当事人的回答，更重要的是理解侦查人员每一个问题背后的用意。

第四步，拆解证据。在证据的收集过程中，侦查人员并不会严格地按照构成要件要素来讯问被告人，可能一个问题中包含着多个构成要件要素，也有可能某一构成要件要素的证据并非言词证据可以证明。例如，组织考试作弊罪案件：多名被告均陈述在2018年的公务员考试中出售答案。但是在案证据中并没有证据证明2018年事业单位考试相关的组织文件，在刑事案件中仅基于几名被告的笔录就证明一场考试是否属于"法律规定"的考试？另外其出售的答案也没有直接证据证明是否为该场考试的答案，更没有证据证明被告人明知不是该场考试的答案而称为该场考试的答案而出售。上述证据不仅涉及此罪与彼罪的问题，还涉及罪与非罪的问题。

因此，辩护律师在阅卷时必须通过庖丁解牛的方式将证据拆解为一个个可以对应到构成要件要素的证据。这样，才能为后续的精准辩护、有效辩护打下一个良好的基础。

第五步，重构证据体系。在经历过构成要件要素和证据的分解后便需要对整个证据体系进行重新构建。可以通过列表的方法将能证明通过构成要件要素的证据一一列举，以此构建证据体系，从而进一步分析。

横向上对同一要素对应的多个证据进行矛盾性对比，若全部证据具有一致性则可以认为该要素得到了清晰而准确证明的结论，若存在矛盾则需要结合其他证据进行综合分析，如无其他证据证明则通过证据证明力的方式予以确认。例如，被告人和被害人陈述不一样时，且被害人作出的是有利于被告人陈述时应当认为被害人的陈述具有更高的证明力。也可以通过证据规则来判定证明力的大小，例如，物证、书证的证明力是高于言词证据的。

纵向上对整个证据体系进行分析。首先看是否有构成要件要素对应证据的缺失,其次看证据体系的逻辑结构是否严密,最后看证明体系是否符合常理。以上任意一步若存在问题,则辩点就产生。在一起电信诈骗案中,因被告人和同案被告在案发时有经济上的往来,彼此都已承认了转账取现的行为。但是,笔者在重新梳理各行为时间节点时发现,同案被告交付现金给我方当事人的时间是中午12点,而被害人被诈骗的时间是下午3点。侦查机关在诈骗罪无法查证的情况下转而指控被告人卡内短时间内有大额资金流转构成洗钱罪。笔者针对"上游犯罪查证属实"这一要素展开辩护,同样因为证据的缺失最后在羁押近10个月后检察机关作出存疑不诉的决定。

在笔者办理的案件中构成要件要素对应证据的缺失是常见情况,逻辑结构存在问题主要是出现在诈骗类案件中。以上两点问题是最有利击溃指控逻辑的,合理性问题在实践中必须是显而易见的违背常理才有可能被采纳。

目录

上篇 规则与基础

下篇 常见罪名解析与实务运用

1

PART

上篇

规则与基础

第一章

有效辩护的基本理念

一、有效辩护的基本理念

有效辩护在现代法治文明中占据了极其重要的地位,其本质是确保刑事诉讼中被告人能够得到公正和合理的处理。有效辩护的根本目的在于通过法律手段保障被告人的法定权益,特别是在面对司法机关时的权利平衡。有效辩护的基本理念是通过确保被告人获得专业、高质量的法律帮助,有效地实现刑事诉讼中的辩护需求,通过强化证据辩护的核心地位,最终实现法律的正确实施和社会的公平正义。

有效辩护是相对于无效辩护的一个概念。先提出无效辩护概念的是美国,其将被告人获得有效辩护作为宪法权利予以规定。并且,上级法院可以将下级法院审理案件过程中,辩护人不尽职、不尽责并造成一定消极后果的辩护行为宣告为"无效辩护",在我国《刑事诉讼法》的规定中,并不包含因辩护人违反职业伦理而发回重审的理由。但是,对于辩护人而言,尽职尽责地开展有效辩护是职业伦理的底线,也是律师的基本修养。

那么,什么是无效辩护?就是没有实现任何良好效果,没有任何意义的辩护。具体表现在两个方面,即律师在辩护过程中不尽职、不尽责;律师的辩护没有取得任何有意义的效果。相反,有效辩护指的是律师在辩护过程中尽职、尽责,并且取得了良好的辩护效果。

有效辩护,其核心在于律师在履行职责时的勤勉和专注。它要求律师不仅具备深厚的法律知识和丰富的实战经验,还需要敏锐地捕捉案件中的关键细节,灵活运用各种辩护手段。这样的辩护过程,既是对法律正义的追求,也是对当事人权益的维护。因此,我们不能仅凭结果来评判律师的辩护是否有效。在司法实践中,有效辩护更多地体现在律师的尽职、尽责和取得良好辩护效果的过程中。

二、有效辩护的意义

亚当·斯密说过:“我们把健康托付给医生,把自己的财富、名誉甚至生命托付给律师。”健康和生命(自由)是人类生存的必要条件,财富和名誉是人类终生奋斗的目标。对于律师而言,除了无法解决客户的身体健康问题,其工作的内容包含了客户的财富、名誉、自由、生命。可想而知,何其重要!

在民事诉讼和行政诉讼中,律师提供的法律服务主要是为了客户的财富或名誉。唯独在刑事诉讼中,财富、名誉、自由、生命都可能是律师法律服务的内容,特别是自由和生命。在自由和生命面临被制裁的境地时,财富和名誉就变得不那么重要了。因此,刑事辩护事关财富、名誉、自由、生命,从事刑事辩护的律师是为客户的财富、名誉、自由、生命而奋斗。所以,无论是基于个人的道德情感,还是律师的直接伦理约束,一旦接受委托,就需要为客户的财富、名誉、自由、生命开展有效辩护。

有效辩护是刑事司法体系中不可或缺的组成部分,它对于保障被告人的合法权益、维护司法公正以及促进法治社会的建设具有深远的意义。从司法实务的角度来看,笔者认为有效辩护具有以下几个关键意义:

第一,保障人权。有效辩护是实现法律面前人人平等的重要手段。它确保每个被告人,无论其社会地位或经济能力,都能获得充分的法律代表和辩护机会。这有助于防止权力滥用,保护被告人免受不公正的对待。

第二,促进司法公正。有效辩护有助于提高司法判决的准确性。通过律师的专业辩护,可以确保法庭对案件的所有相关事实和法律问题进行全面审查,从而减少冤假错案的发生,提高司法判决的公正性和公信力。

第三,维护法律权威。当律师能够提供有效辩护时,这不仅体现了法律的权威,也是法治社会的体现。有效辩护能够展示法律程序的正当性和合理性,增强公众对法律的信任和尊重。

第四,教育与引导社会。有效辩护的过程本身是对法律知识的普及和教育。通过法庭辩论和法律分析,公众可以更好地理解法律原则和程序,增强法律意识,促进社会对法治的认同和支持。

第五,促进法律职业发展。对律师而言,提供有效辩护是专业成长和技能提升的过程。这不仅能够增强律师的专业能力,也能够推动整个法律职业的发展,提高法律服务的整体质量。

第六,保护无辜者。有效辩护能够确保无辜者不会因为司法程序的疏漏而受到不公正的惩罚。通过律师的细致审查和辩护,可以揭示案件中的疑点和不足,防止无辜者被错误定罪。

第七,促进法律改革。面对辩护过程中发现的问题和不足,可以推动法律制度的改革和完善。例如,通过分析辩护中遇到的常见问题,可以提出改进司法程序和法律制度的建议。

第八,维护社会稳定。通过确保被告人获得有效辩护,可以减少社会不满和冲突,维护社会稳定。当人们相信司法系统是公正的,他们更有可能接受司法判决,减少社会动荡。

第九,强化法治意识。有效辩护强化了法治意识,即所有个人和机构,包括政府,都应受到法律的约束。这有助于构建一个以法律为基础的社会秩序,其中个人权利能够得到尊重和保护。

第十,支持国际法律标准。有效辩护也支持国际法律标准和人权法的实施。许多国际公约和条约都强调了被告人获得有效辩护的权利,这有助于提升国家在国际社会中的形象和地位。

有效辩护的意义远远超出了单一案件的胜败,它是法治社会健康运作的基石,对于维护社会正义和秩序具有不可替代的作用。同样,有效辩护对于律师行业也具有深远的意义,律师行业的健康发展始终是以提供专业、全面的法律服务为基础,是有效辩护的具体体现。

三、有效辩护在司法实践中的体现

有效辩护 = 过程尽职尽责 + 结果有意义。

从司法实践的角度来看，要想实现有效辩护需要同时满足“过程尽职尽责”和“结果有意义”两项条件。但是，法律服务作为一项“非标品”，“过程尽职尽责”和“结果有意义”都很难有明确、具体的标准来衡量。

“过程尽职尽责”需要律师在辩护过程中通过具体的工作来体现，例如，会见、案件分析、阅卷、辩护方案确定、与司法机关沟通、调取证据、法律意见书的提交等。在现实中，可能会出现，律师尽职尽责地开展了上述工作但是缺乏和委托人（特别是犯罪嫌疑人或被告人的家属）的有效沟通，造成客观上尽职尽责但是在客户的主观认知里没有尽职尽责的假象。需要注意的是，客户的主观认知是可以通过辩护过程中持续、频繁的沟通来解决的。并且，客户在主观上认为尽职尽责与否仅是律师工作的评判标准之一。作为律师，在有能力或有方法可以解决客户主观评价的情况下，应当将该部分作为有效辩护的内容之一列入工作计划。

“结果有意义”也是一项主观评价比较强烈的标准。例如，客户认为应当判 10 年有期徒刑的，最终结果是 6 年，那么就是有效辩护；客户认为应当判实刑的，最后被判缓刑，那也是有效辩护；客户认为律师在整个过程中已经尽职尽责，即使是任何一位律师都不可能得到更好的结果，那也是有效辩护……所以说，客户的预期对于案件结果是否有意义是很重要的一项评判标准。而客户的预期，是由多重因素构成的，其中最重要的一项就是律师在辩护过程中客观的努力是否被感知，以及对客户的主观评价的影响。相反地，案件结果上的足够满意，也会促使客户认为律师在辩护过程中已经尽职尽责。司法实践中，很少出现案件结果好，客户不满意的情况。如果出现，那么作为律师来讲，有必要反思在辩护过程中存在的问题。

因此，有效辩护要求律师具备足够的专业能力，既包括过硬的专业功底，能够对案件情况进行充分、全面、准确的把握，也包括丰富的实践经验，可以肯定案件的法律分析情况制定和执行有效的辩护计划和方案。为实现“过程尽职尽责” +

"结果有意义"的目标而努力。

四、有效辩护在司法实践中的评判

有效辩护强调的是辩护律师的角色和功能。律师在刑事诉讼中的作用不仅限于代表被告人参与诉讼,更重要的是为被告人提供专业的法律帮助,包括法律咨询、起草法律文件、在法庭上进行辩护等,确保被告人的权益得到充分保护。这种角色定位要求律师必须熟悉相关法律知识,同时具备高度的专业素养和责任感。主要包括以下几个方面:

第一,确保辩护权的实现:根据《律师法》(2017 年修正)第 2 条,律师作为为当事人提供法律服务的执业人员,应当维护当事人合法权益,维护法律正确实施,维护社会公平和正义。这意味着律师在刑事诉讼中扮演着至关重要的角色,确保被告人能够通过专业的法律援助,实现其辩护权。

第二,高质量的法律帮助:有效辩护不仅是被告人有权获得律师的帮助,更重要的是这种帮助需要达到一定的质量标准,以确保辩护的实际效果。如前文所述,通过确立有效辩护的基本标准,并为律师辩护活动确立一套质量控制体系,促使律师提供尽职尽责的辩护。

第三,全面覆盖的辩护制度:为了加强刑事案件中的辩护问题,最高人民法院与司法部于 2017 年 10 月联合发布了《关于开展刑事案件律师辩护全覆盖试点工作的办法》,提出要加强刑事案件中的辩护问题。这表明有效辩护理念的一个重要方面是要实现辩护的全面覆盖,确保每一位被告人都能在刑事诉讼中获得专业的法律帮助。

第四,确保证据辩护的核心地位:有效辩护的核心是证据辩护,因为证据分析是刑事辩护的基础。律师需要通过专业的证据分析来维护当事人的合法权益,这包括对证据的合法性、相关性、充分性等进行全面审查。

第五,努力维护社会公平正义:有效辩护的最终目的是维护法律的正确实施和社会的公平正义。这要求律师在辩护过程中不仅要维护当事人的个体权益,还要考虑到社会公共利益,确保刑事诉讼的公正性和合理性。

习近平总书记说“努力让人民群众在每一个司法案件中感受到公平正义”。公平正义,并非一项客观的评价标准,吾之胜诉即彼之败诉,吾之公平正义即彼所感受的非公平正义。公平正义,只能是在大多数人民群众的主观感受中寻求最大公约数和社会的平衡点。司法机关的工作尚且如此,律师的有效辩护更是如此。

虽然我们在上文中确定了有效辩护的两项条件,但是这两项条件都是主观与客观相交织的标准。有效辩护是一个多重、综合、复杂的概念。从完全理想的角度来看,有效辩护需要实现辩护过程专业性和辩护结果有效的有机统一。但是,司法实务的复杂性导致在大多数案件中可能很难同时实现二者。因此,就辩护而言,需要把辩护结果的有效性作为开展刑事辩护的终极目标,在此过程中必然要求辩护过程尽职尽责。

第二章

构成要件要素的基本理念

一、犯罪构成的基本概念

犯罪是指违反《刑法》明文规定的,并且认为是犯罪的行为。《刑法》第3条规定:法律明文规定为犯罪行为的,依照法律定罪处刑;法律没有明文规定为犯罪行为的,不得定罪处刑。该条文规定了《刑法》最重要的原则——罪刑法定原则。即法无明文规定不为罪,法无明文规定不处罚。在司法实践中,最常见的辩护要点可以分为事实之辩和法律适用之辩。而这二者都需要证据来支撑,证据支撑的着力点就在犯罪构成要件。

(一)事实之辩

有这样一则法律故事:李雷是一起故意杀人案件的被告,韩美美是他的辩护律师。在一系列的开庭后,经过韩美美精彩绝伦的辩护,法庭判决李雷无罪并当庭释放。在离开法院以后,韩美美问李雷:现在你已经被判决无罪了,我很想知道你是否真的杀了人。李雷回答道:听了你的辩护我也觉得我没有杀人。由此,也产生了一句很有名的法律谚语——真相,只有上帝和当事人知道。

司法机关启动侦查(调查)程序,其目的就在于查明案件真相。可是,由于客观因素的影响,没有人可以完全地还原案发当时的客观情况,只能由证据来尽可能地去还原事实。由此,也产生了法律界的一组概念——客观事实和法律事实。

1. 客观事实和法律事实。

客观事实是指在现实世界中真实发生的事情或状态,它们是独立于人类感知和解释的。法律事实则是指在法律程序中被认定为真实并作为判决基础的事实。

法律事实通常是以还原客观事实为目的，通过证据来证明，并且必须符合法律规定的证据标准经裁判者内心确信的事实。二者之间具有如下关系：

第一，证据依赖性：法律事实依赖证据来证明客观事实的存在。没有足够的证据，即使客观事实存在，也可能无法在法律上得到认可。

第二，解释和判断：法律事实往往需要通过法律专业人士的解释和判断来确定。这可能涉及对证据的评估、证人的可信度评估以及法律条文的适用。

第三，主观与客观的结合：虽然法律事实旨在反映客观事实，但在实际操作中，法律事实可能受到法官、律师和其他法律参与者主观判断的影响。

第四，法律框架内的事实：法律事实必须在特定的法律框架内进行认定。这意味着某些客观事实可能因为不符合特定法律要求而不被视为法律事实。

第五，可变性：法律事实可能随着新的证据出现或法律解释的变化而变化。一个案件在初审和上诉过程中可能有不同的法律事实认定。

第六，目的性：法律事实的认定通常是为了解决特定的法律问题，如责任归属、权利确认等，可能接近客观事实，也可能违背客观事实。

总的来说，法律事实是试图在法律框架内尽可能准确地反映客观事实，但受到证据、法律解释和程序等因素的影响。

2. 法律事实存在的必要性。

客观事实的发生一旦结束便不再可逆，可能无法完全被证明，因为有些事件可能没有留下任何物理证据或证人，即使留下的证据的证人，都会因为再次的表达和理解发生一定程度上的曲解。因此，法律事实成为法律领域内公认的裁判基础，法律事实的认知可以遵循法律的逻辑和证据规则来得出结论。

事实，是法律裁决的基础。只有当事实被准确认定时，法律才能公正地适用，确保每个人都受到平等的对待。法律事实的存在是法律适用的前提条件。只有当法律事实被确认后，相应的法律规范才能被正确适用。通过确定法律事实，依照法律已有的规定进行裁判，可以增强社会对法律制度的信任。当公众相信法律能够公正地处理问题时，社会的整体信任度会提高。另外，随着社会的发展，出现了许多复杂的法律问题。法律事实的准确认定有助于应对这些问题，提供解决方案。特别是在保护弱势群体方面,法律事实的存在有助于保护社会中的弱势群体。确保法律事实的公正认定,可以防止弱势群体的权益受到侵犯。最重要的是,法律事实的确定有助于确定法律的预测性和稳定性。当法律事实的证明标准被明确时,社会成员可以预测法律的适用,从而更好地规划自己的行为。当法律事实被广泛接受时,法律的稳定性得以加强,为社会提供稳定的预期。

3. 法律事实对事实之辩的影响。

很多案件,问题都是发生在事实认定上。即司法机关认为李雷故意伤害了韩美美,但是李雷不承认有伤害韩美美的事实。基于此,产生了案件的第一个争议,也就是事实认定的争议。因此,为了对案件作出最终的判决,就需要对法律事实进行准确的认定。只有将法律事实认定后,法律的适用才能顺利进行。

而法律事实的认定并非易事,它往往受到各种因素的影响。首先,证据的收集与呈现对于法律事实的认定至关重要。司法机关需要依据充分的证据来确定事实真相,而证据的收集又往往受到案件现场、证人记忆、技术手段等多种因素的制约。此外,证据的呈现也需要遵循一定的法律程序和规则,以确保其真实性和可信度。

其次,司法机关的认定能力也是影响法律事实认定的关键因素。法官和检察官需要具备一定的法律素养和审判经验,能够准确理解和运用法律条款,对案件事实进行深入分析和判断。然而,由于人的认知能力和主观意识的存在,司法机关在认定事实时也可能受到偏见、情绪、经验等因素的影响,从而产生认定偏差。

此外,法律事实认定还受到社会环境、价值观念和文化传统等外部因素的影响。不同社会和文化背景下的法律事实认定可能存在差异,这既体现了法律的多样性和灵活性,也可能导致司法判决的不确定性和不一致性。

因此,为了确保法律事实认定的准确性和公正性,我们需要不断完善证据收集、呈现和认定机制,提高司法机关的认定能力和素质,加强司法监督和社会监督,推动法律体系的不断完善和发展。只有这样,我们才能更好地解决案件中的事实认定争议,维护社会公正和法治秩序。同时,对于当事人而言,他们也需要对法律事实有清晰的认识和理解。当面临法律纠纷时,他们应当积极收集和保留相关证据，以支持自己的主张。此外，当事人还应充分了解法律规定和司法程序，以便在诉讼过程中能够有针对性地提出自己的诉求和抗辩。

除当事人和司法机关外，社会各界也应积极参与到法律事实认定的过程中。媒体可以发挥舆论监督的作用，对司法活动进行报道和评论，促使司法机关更加公正、透明地处理案件。学者和专家则可以通过学术研究、提供咨询等方式，为法律事实认定提供理论支持和专业意见。

（二）法律适用之辩

法律适用的辩护是指在司法审判过程中，辩护人针对案件的事实认定和法律规则的适用进行辩护的活动。根据搜索结果，法律适用不是简单机械的归类性认识活动，司法人员必须对法律规则进行适当的解释，才能就认定的事实作出法律的裁判。在某些诉讼活动中，双方对案件事实没有争议，但是对法律规定的理解有差异，因此法律适用就成为司法裁判的主要问题。例如，在正当防卫的案件中，双方可能对被告人受到不法侵害的事实和造成侵害人伤亡的事实没有争议，但对被告人的行为是否构成正当防卫意见不一，这时司法裁判的主要任务就是判断被告人的行为是否符合《刑法》中关于正当防卫的规定。在这种情况下，辩护人需要围绕法律适用问题进行辩护，解释和论证为什么被告人的行为应当或不应当适用特定的法律规则。

此外，事实认定和法律适用在实务层面的界限可能变得模糊，司法人员在认定案件事实时也需要适用法律规定的证据规则，因此事实认定活动就包含了法律适用的内容。辩护人在进行法律适用辩护时，需要综合考虑事实问题和法律问题，提供有力的论据和逻辑清晰的论证，以支持其辩护观点。

在刑事辩护中，法律之辩也是最重要的环节之一，也往往是辩护的争议焦点所在。法律适用一方面体现在定罪的法律适用，另一方面体现在量刑的法律适用。然而，无论是定罪还是量刑，均关系到构成要件要素的证明问题。例如，李雷被指控售卖假药，那么假药在法律上的认定标准直接关系到罪与非罪的问题，在假药认定的基础上进一步认定售卖金额的问题又关系到量刑的问题。

二、犯罪构成的理论

(一)“四要件”体系

1.“四要件”体系的介绍。

犯罪构成“四要件”体系是刑法学中用以判断某一行为是否构成犯罪的理论框架。这一体系认为,一个行为要构成犯罪,必须同时满足以下四个要件:

(1)犯罪主体:指达到刑事责任年龄,具有刑事责任能力,能够实施危害社会行为的自然人或单位。犯罪主体必须具备相应的心智能力,能够辨认和控制自己的行为。

(2)犯罪客体:指我国《刑法》所保护而为犯罪行为所侵害的社会关系。犯罪客体体现了犯罪行为对社会秩序和法律利益的侵犯,如人的生命权、财产权等。

(3)犯罪的主观方面:指犯罪主体对其实施的危害行为及危害结果所持有的心理态度,包括犯罪目的和主观罪过(故意或过失)。故意是指行为人明知自己的行为会造成社会危害结果而仍然希望或决意去实施;过失是指行为人因疏忽大意没有预见到自己的行为可能造成的危害结果。

(4)犯罪客观方面:指犯罪活动在客观上的外在表现,包括危害行为、危害结果以及二者之间的因果关系。客观方面强调犯罪行为的实际表现和对社会造成的实际损害。

“四要件”体系的特点在于其整体性和系统性,要求四个要件必须同时具备,缺一不可。这一体系有助于全面评价犯罪行为的性质和严重程度,确保司法判断的准确性和合理性。

在司法实践中,“四要件”体系的应用有助于明确犯罪的界定,指导刑事诉讼的各个环节。同时,它也面临着一些争议和挑战,如与三阶层或两阶层体系的比较、对某些复杂犯罪现象的解释力等。但总体而言,“四要件”体系仍然是中国刑法学界通说,并在法律实践中发挥着重要作用。

一些学者对“四要件”体系进行了深入研究和论述,提出了一些新的视角和见解。例如,有学者探讨了四要件之间的逻辑关系和位阶顺序,有的则尝试对传统体系进行一定程度的阶层化改造，以提高理论的逻辑性和可操作性。此外，随着对国外刑法理论的引介和比较研究，也有学者提出将三阶层或两阶层体系的一些合理要素融入“四要件”体系，以促进中国刑法理论的发展和完善。

总的来说，犯罪构成“四要件”体系是中国刑法学的基础理论之一，对理解和适用刑法具有重要意义。随着理论研究和司法实践的不断深入，这一体系也在不断丰富和发展。

2. “四要件”体系在中国的发展。

中国的犯罪四要件构成理论最初源于苏联的刑法理论。在苏联解体后，中国刑法学界开始对这一理论进行本土化改造和发展。改革开放以来，中国刑法学界对四要件理论进行了深入研究和讨论，尝试构建一种与中国传统和现实相符的刑法理论体系。四要件理论逐渐被中国化，成为具有中国特色的刑法理论。

在过去的几十年中，四要件理论在中国刑法学界引起了广泛的争议。一些学者主张借鉴西方的三阶层或两阶层理论，而另一些学者则认为四要件理论已经很好地适应了中国的司法实践，应当进一步完善而非彻底抛弃。随着对四要件理论的深入研究，学者们提出了不同的理论观点和体系，如对犯罪客体的重新定义、对要件排序的新观点，以及对传统体系的阶层化改造等。

四要件理论在中国的司法实践中得到了广泛应用，对指导司法审判、普及法学教育、引导司法考试等方面作出了重要贡献。进入 21 世纪，中国刑法学界开始更加重视对德国、日本刑法学理论的引介与比较研究，探讨如何将三阶层犯罪论体系与四要件理论相结合，以促进中国刑法理论的现代化。

虽然学术界对四要件理论的看法各异，但多数学者认为，四要件理论在积极条件方面与三阶层或两阶层理论是一致的，主要区别在于出罪机制。四要件理论在出罪方面更加严格，体现了法治精神。随着中国刑法学研究的不断深入，预计四要件理论将继续发展和完善，同时吸收国外先进的刑法理论，形成更加科学、合理的犯罪构成理论体系。

3. “四要件”体系在当前司法实践中的状况。

虽然在当下的法学界，“四要件”体系一直处于受争议的境地。但是，在司法

实务界,“四要件”体系依然是裁判案件的主流思路。笔者根据当前司法实践中的状况,对“四要件”体系的基本情况概括如下:

第一,理论争议:在中国刑法学界,“四要件”体系与德日的三阶层体系存在争议。一些学者认为“四要件”体系在处理复杂疑难案件时存在不足,提倡借鉴德日的三阶层体系。但也有学者认为“四要件”体系经过中国化的改造,已经具有中国特色,且在司法实践中得到了广泛应用。

第二,法律职业资格考试变化:目前,刑法本科教材仍然广泛采用“四要件”体系,这可能与教育体系的稳定性和连续性有关,同时也反映了“四要件”体系在教育和实务中的根深蒂固。然而,中国的法律职业资格考试在大纲上已经采用了德日的三阶层或两阶层理论,这可能反映了司法实践对理论体系需求的变化。需要注意的是,法律职业资格考试已经成为司法工作者的准入门槛。因此,法律职业资格考试的变化势必影响法律工作者对于定罪体系的运用。

有观点认为,“四要件”体系和三阶层体系可以共存,各自在不同的案件和情境中发挥优势,而不是简单地用一种体系取代另一种。尽管存在争议,“四要件”体系仍被广泛用于司法实践。它为法官、检察官和律师提供了一个清晰的框架来分析和判断犯罪行为。必须承认的是,在目前的司法实践中“四要件”体系是通说,但学者们也在探讨如何对其进行改进,以适应新的司法需求。这包括对现有理论的深入分析和对国外刑法理论的借鉴。

(二)“三阶层”体系

“三阶层”体系,又称为三要件体系,是大陆法系国家,特别是德国和日本刑法学中的一种犯罪论体系。这一体系将犯罪的成立分为三个具有递进关系的要件,分别是构成要件该当性、违法性和有责性。

1. 构成要件该当性(Tatbestandsmäßigkeit)。

构成要件该当性指行为必须符合刑法规定的具体犯罪类型,即行为必须具有构成要件所描述的特征。包括行为主体、危害行为、危害结果、因果关系等要素。构成要件该当性是犯罪成立的第一个阶段,是形式上的判断,不涉及行为是否违法或行为人是否有责任。

2. 违法性(Rechtswidrigkeit)。

如果行为符合构成要件,接下来要判断该行为是否违法,即是否违反了法律的规定。违法性要求行为不仅是符合构成要件的行为,而且实质上是法律所不允许的行为。违法性的判断标准在于是否有违法阻却事由,如正当防卫、紧急避险、法令行为、被害人承诺等。如果存在违法阻却事由,则行为不具有违法性。

3. 有责性(Schuld)。

即使行为符合构成要件并且违法,还需要判断行为人是否负有责任。有责性关注的是行为人的主观态度,包括故意、过失以及可能的责任阻却事由。责任的判断涉及行为人的刑事责任能力、犯罪故意或过失、期待可能性等因素。如果行为人因违法性认识错误或缺乏期待可能性等阻却事由而不具有责任,则不构成犯罪。

"三阶层"体系的特点在于其递进式的逻辑结构,即只有当前一个要件满足后,才考虑后一个要件。这种结构有助于确保司法判断的逻辑性和合理性,避免因主观判断先行而导致的任意性。

在司法实践中,"三阶层"体系有助于指导法官和检察官正确认定犯罪,特别是在处理复杂疑难案件时,能够更加清晰地界定罪与非罪的界限。同时,这一体系也强调了对行为人的人权保障,通过严格的责任判断来限制刑罚权的滥用。

然而,"三阶层"体系并非没有争议。一些学者认为,这一体系在某些情况下可能过于机械,忽视了犯罪行为的社会危害性。此外,对于违法性和有责性的判断标准,也存在不同的理解和应用。

总的来说,"三阶层"体系是大陆法系刑法学中一种重要的犯罪论体系,它通过构成要件该当性、违法性和有责性的递进式判断,为犯罪的成立提供了一种逻辑严密、可操作性强的理论框架。

(三)"两阶层"体系

"两阶层"体系,又称为两要件体系,是刑法学中的一种犯罪论体系,其核心是将犯罪的成立分为两个递进的阶层:违法阶层和责任阶层。

1. 客观违法阶层(违法性)。

客观违法阶层主要关注的是行为在客观上是否具有违法性,即行为是否侵犯了法律所保护的法益。客观违法阶层的判断依据包括行为主体、危害行为、危害结果、因果关系等要素。如果行为在客观上没有造成或没有潜在造成法益侵害，那么该行为在客观阶层就没有违法性，不需要进一步判断主观责任。

同时，在违法层面需要考虑客观阻却事由。如果行为在客观上具有违法性，但存在正当防卫、紧急避险、被害人承诺等客观阻却事由，则可以排除行为的违法性。这些阻却事由是客观阶层的一部分，它们本身具有合法性，可以阻止一个表面上具有违法性的行为被认定为犯罪。

2. 主观责任阶层（有责性）。

主观责任阶层关注的是行为人是否具有主观上的罪过性，即行为人是否具有故意或过失的心理状态。主观责任阶层的判断依据包括行为人的故意、过失、无罪过事件和事实认识错误等要素。如果行为人没有故意或过失，或者存在主观责任阻却事由（如责任年龄、责任能力、违法认识可能性和期待可能性等），则可以排除行为人的非难可能性。

同样，在有责层面也需要考虑是否存在主观阻却事由。如果行为人的行为在客观上具有违法性，但存在主观责任阻却事由，则可以排除行为人的刑事责任。这些阻却事由是主观阶层的一部分，它们基于行为人的特殊情况，如未成年人、精神障碍者等，可以阻止行为人承担刑事责任。

"两阶层"体系的特点在于其递进式的逻辑结构，即先判断客观违法性，再判断主观责任。这种结构有助于清晰地区分行为的违法性和行为人的责任，避免了因主观判断先行而导致的任意性。同时，这一体系强调了对行为人的人权保障，通过严格的责任判断来限制刑罚权的滥用。

在司法实践中，"两阶层"体系有助于指导法官和检察官正确认定犯罪，特别是在处理复杂疑难案件时，能够更加清晰地界定罪与非罪的界限。此外，这一体系也强调了对法益的保护，以客观违法性为前提，以主观责任为补充，确保了刑法的公正性和合理性。然而，"两阶层"体系并非没有争议。一些学者认为，这一体系在某些情况下可能过于简化，忽视了犯罪行为的复杂性。此外，对于客观违法性和主观责任的判断标准，也存在不同的理解和应用。

总的来说,“两阶层”体系是刑法学中一种重要的犯罪论体系,它通过客观违法性和主观责任的递进式判断,为犯罪的成立提供了一种逻辑严密、可操作性强的理论框架。

(四)犯罪构成体系的采用对犯罪构成的影响

在我国的刑法理论中,认为犯罪具备三个基本特征:社会危害性、刑事违法性和应受处罚性。按照一般的理解,犯罪构成后会同时具备上述三个特征。相反地,在讨论一个犯罪是否构成时,也可以从上述三个特征是否同时满足来认定。然而,在司法实践中,主要是从行为是否违反《刑法》对犯罪的构成来判定,形成一种逻辑——只要行为符合犯罪构成,就具备上述三个特征,大概率就会对其定罪处罚。

“四要件”体系,作为中国刑法学中犯罪构成的传统理论,虽然在司法实践中具有广泛的应用,但也存在一些缺陷和争议点。笔者以“四要件”体系为参照系,与阶层理论进行对比,主要表现在以下方面。

1.“四要件”体系缺乏阶层性。

“四要件”体系将犯罪构成的四个要件(犯罪主体、犯罪客体、犯罪的主观方面、犯罪的客观方面)视为一个平面上并列的因素,没有形成递进的阶层关系,这可能导致在判断犯罪时缺乏逻辑上的顺序性和层次性。特别是在司法实践中,首先考量的是客观方面,只要客观行为符合客观方面对犯罪的要求,就可以启动刑事追诉程序。刑事司法程序一旦启动,就意味着行为人大概率会被定罪处罚。

2.犯罪客体的科学性问题。

“四要件”体系中的犯罪客体要件,即刑法所保护而被犯罪行为所侵害的社会关系,有观点认为这一概念不够具体明确,难以在司法实践中准确操作。而在阶层理论体系中,特别是“两阶层”体系,强调法益的保护性(可以类比理解为“四阶层”体系中的犯罪客体),“无法益侵害则无犯罪”。特别经典的案例,就是李雷受李明的安排贩卖毒品,李雷主观上认为是毒品,实际上李明交给他的是白糖。在“四要件”体系的评价中,则认为李雷属于贩卖毒品的未遂,而在阶层理论体系中则认为不可能侵害贩卖毒品罪所保护的法益,不构成犯罪。

3. 排除犯罪性事由的处理。

“四要件”体系没有为排除犯罪成立的事由设定专门的出罪通道，如正当防卫和紧急避险等，这可能导致在处理这些情形时出现逻辑上的矛盾和实践上的困难。而在阶层理论体系中分别在违法和有责层面都规定了阻却事由，一旦存在则阻却犯罪构成。

4. 共同犯罪问题。

共同犯罪的认定在“四要件”体系和阶层理论体系中存在明显的区别，主要体现在对犯罪构成要件的处理方式和逻辑顺序上。

“四要件”体系要求犯罪的四个构成要件（犯罪主体、犯罪客体、犯罪的主观方面、犯罪的客观方面）必须同时具备，缺一不可。在“四要件”体系中，共同犯罪的认定通常是一次性完成的，即所有参与者必须同时满足所有要件。如果共同犯罪中的某个参与者缺乏刑事责任能力，如未成年人或精神障碍者，“四要件”体系可能会直接否定整个共同犯罪的成立。“四要件”体系中，主从犯的划分可能较为困难，因为它强调所有参与者必须满足相同的要件。

阶层理论体系将犯罪构成分为构成要件符合性、违法性和有责性三个递进的阶层，每个阶层都是独立判断的。在阶层理论体系中，首先判断所有参与者是否符合构成要件，然后分别判断是否存在违法阻却事由，最后判断是否有责任阻却事由。阶层理论体系允许在有责性阶层对不同参与者的责任能力进行区分，即使某些参与者缺乏责任能力，也不影响其他有责任能力者的犯罪认定。阶层理论体系认为共犯的不法是连带的，但责任是个别判断的，这为处理复杂共同犯罪案件提供了灵活性。

“四要件”体系在处理共同犯罪时可能过于简化，忽视了不同参与者之间的差异，而阶层理论体系提供了更为细致和灵活的处理方式，允许对每个参与者的责任能力进行单独评估。这种区分有助于更准确地反映不同参与者在犯罪中的角色和责任。

5. 主观归责问题。

在刑法学中，主观归责问题涉及如何根据行为人的主观心态来确定其刑事责任。“四要件”体系和阶层理论体系在处理主观归责问题时存在明显差异。

“四要件”体系可能存在主观归责的弊端，即在没有客观危害行为的情况下，仅凭行为人的主观恶意就认定其构成犯罪。在“四要件”体系中，犯罪的主观方面是犯罪构成的一个独立要件，通常包括故意和过失。这一要件与其他三个要件（犯罪主体、犯罪客体、犯罪的客观方面）并列，共同决定犯罪的成立。“四要件”体系倾向于一次性评价行为人的主观心态，将其作为犯罪构成的一部分，与其他要件一起进行综合判断。在“四要件”体系中，行为人的刑事责任能力可能与其主观心态混合评价，有时难以明确区分。由于“四要件”体系的简化性，它可能在处理复杂的主观归责问题时缺乏足够的灵活性和细致性。

“四要件”体系可能过分强调行为人的主观恶意，而忽视了行为的客观社会危害性。“四要件”体系在处理主观归责问题时可能较为简化，而阶层理论体系提供了更为细致和递进的处理方式，允许对行为人的主观心态和责任能力进行独立和深入的评价。这种区分有助于更准确地确定行为人的刑事责任，尤其是在处理复杂的主观心态和责任能力问题时。阶层理论体系将主观归责问题放在有责性阶层进行专门评价，与构成要件符合性和违法性分开处理。在阶层理论中，只有当行为符合构成要件并且不具有违法阻却事由时，才会进一步评价行为人的主观心态，判断其是否具有刑事责任。阶层理论体系更清晰地区分了责任能力和主观心态，允许对行为人的刑事责任能力进行独立评估，而不直接影响对其主观心态的评价。由于阶层理论体系的分阶层处理，它在评价主观归责问题时更为灵活和细致，能够更好地适应不同类型的案件。

三、构成要件的基本概念

《刑法》明文规定了构成犯罪的情形，每一条规定中都蕴含着犯罪的构成要件。在对这一行为进行刑法层面的评价时，需要对行为人在犯罪构成要件的框架下一一对应予以评价，当其完全符合某一罪的全部构成要件时则认为犯罪成立，进行刑事处罚。反之，若至少某一条件不符合时，则不符合犯罪构成要件，犯罪不能成立。

简单来说,《刑法》规定某一犯罪具有"一、二、三、四……"的条件(犯罪构成要件)。在评价某一行为时,需要将犯罪已经规定的"一、二、三、四……"一一进行对应,若符合全部条件则犯罪成立。

(一)"四要件"体系的犯罪构成

如上文所述,"四要件"体系将犯罪构成分为主体、客体、主观方面、客观方面。以故意伤害罪为例,行为人符合《刑法》所规定的主体条件,具有主观故意,故意实施了侵害身体健康的行为,并达到轻伤二级以上的标准。再对犯罪阻却事由进行考量(如是否具有正当防卫、紧急避险等)。如不具备犯罪阻却事由,那么就当然地符合故意伤害罪的构成要件,构成故意伤害罪。

然而,在大部分刑法条文中,并未对某一犯罪的具体构成进行详细的列举,则需要通过解释的方法来解读犯罪构成。在大多数犯罪条文中,对于犯罪构成的解释基本是达成司法共识的。但是,在少部分规定犯罪的条文中,特别是法定犯和复杂客体的犯罪中,对于构成要件的解释会在具体的司法案件中产生争议。争议之所在,即定罪之风险所在,也即辩护空间之所在。而有效辩护的目的,就在于在具有辩护空间的范围内去说服司法人员不定罪或定轻罪。

以笔者办理的一起生产、销售、提供假药罪为例。其核心争议在于假药的认定标准,该罪是典型的法定犯,而假药的认定应当依据《药品管理法》。其中规定的假药认定的四种情形:(1)药品所含成分与国家药品标准规定的成分不符;(2)以非药品冒充药品或者以他种药品冒充此种药品;(3)变质的药品;(4)药品所标明的适应症或者功能主治超出规定范围。假药认定部门将全案的涉案药品认定为"以非药品冒充药品",基于此认定,则全部药品均为假药,涉案金额达150万元(根据《刑法》及司法解释的相关规定,生产、销售、提供假药罪涉案金额达到50万元以上的判处10年有期徒刑)。而笔者在查阅全案卷宗后认为假药的认定标准应为"以他种药品冒充此种药品",在此标准之下假药的范围将极大缩小,涉案金额仅为19万元(根据《刑法》及司法解释的相关规定,生产、销售、提供假药罪涉案金额在20万元以内的,处3年以内有期徒刑)。仅以此一项便可减少7年以上的刑期,最终检察院采信辩护人建议量刑实报实销,另一涉案人作出存疑不起诉决定。

犯罪构成要件的符合性，将直接导致罪与非罪、罪轻罪重的核心问题。因此，有效辩护，有必要对犯罪构成要件作出准确的判断和专业的解释。

（二）“阶层”体系的犯罪构成

本书所述“阶层”体系包括“三阶层”理论体系和“两阶层”理论体系。“阶层”理论体系与“四要件”理论体系最大的区别：前者是立体的，需要对先一构成要件进行评价，符合以后再对下一构成要件进行评价；后者是平面的，同时对四个构成要件进行评价。因此，在此将“阶层”理论体系的犯罪构成作统一叙述。

刑法理论界对于犯罪构成理论孜孜不倦的研究，其目的是更加严谨、科学地适用《刑法》，认定犯罪。认定犯罪的标准越严苛，则对于保障人权就越好。认定犯罪越肆意，则越容易侵犯人权。

以“两阶层”体系犯罪构成为例，首先对违法层面（包括行为主体、危害行为、危害结果、因果关系等要素，是否具有违法阻却事由）进行评价。在符合违法性的前提下，再对有责层面进行（包括行为人的故意、过失、无罪过事件和事实认识错误等要素，是否具有责任阻却事由）评价。

以故意伤害罪为例：李雷（11 岁）与李明（19 岁）共同实施了伤害行为造成韩美美轻伤二级。如果用“四要件”理论体系进行评价，李雷因为不符合主体要件，则不构成犯罪。那么本案中不存在共犯的问题，仅由李明一人构成故意伤害罪。在这样的评价体系之下，我们会发现，李雷仅因为主体条件不够，则完全否认了整个行为，特别是在李雷作用更大的情况下明显有失公允。但是在“两阶层”体系下，首先从违法层面进行评价，李雷和李明均符合犯罪构成的违法性，构成共犯。但是在有责层面，因为刑事责任年龄的问题阻却有责性，不追究其刑事责任。因为被害人可能还涉及民事赔偿的问题，而民事赔偿的问题往往会基于先前刑事层面的认定进行判定。如果简单地将李雷排除在犯罪之外，没有进行全面的法律评价则可能造成民事赔偿的障碍。

因此，我们会发现，不同的犯罪体系对于犯罪构成要件的要求不一样，就可能造成犯罪认定的差异。这也是司法实践中，控辩双方谁也无法说服谁的争议所在。为解决这一问题,就需要更加深入地探讨犯罪构成要件要素。每一个犯罪构成要件又是由若干个构成要件要素组成的。虽然,大家对于犯罪构成体系的运用存在差异,但是对于构成要件要素的基本认识是温和的。也就是说,在辩护过程中,通过对要件要素的满足性来探讨犯罪成立与否,可以消除犯罪构成体系的分析,更准确地认定犯罪构成与否。

四、构成要件要素的基本理念

(一)构成要件要素的概念和作用

1. 构成要件要素的概念。

前文论述了构成要件的基本情况,构成要件是构成要件要素的集合,是多个要素的总和。而构成要件要素是构成要件的基础,每一个要素都是实现构成要件的必要条件。构成要件要素是法律理论中的一个重要概念,它涉及法律行为或法律事件的成立条件。构成要件要素是法律行为或法律事件得以成立的基本条件。它们是法律规范中规定的,用以确定某一法律后果是否应当发生的具体标准。这些要素通常包括主体、客体、内容、时间、地点、原因、方式和结果等。

2. 构成要件要素的作用。

构成要件要素在认定犯罪中扮演着至关重要的角色。它们是《刑法》中用于确定某一行为是否构成犯罪的基本条件。本书所阐述的构成要件要素的作用,主要是指构成要件要素的法律适用中,认定犯罪过程中的作用:

首先,其最主要也是最重要的作用就是界定犯罪的构成范围,犯罪构成要件要素的明确,界定了哪些行为可以构成犯罪,构成该犯罪需要哪些条件提供了明确的依据。如果符合该罪的所有构成要件要素,那么就构成犯罪,如果不符合就不构成犯罪。

其次,明确了此罪与彼罪之间的关系。很多犯罪都有相似之处,如非法吸收公众存款罪与集资诈骗罪的关系。非法吸收公众存款罪要求具有非法性、公开性、利诱性、社会性;集资诈骗罪同样包含非法吸收公众存款罪的四个特性,构成此罪还要求具有非法占有的目的这一构成要件要素。因此,不同的构成要件要素组合,可以指向不同种类的犯罪,是区分此罪与彼罪的重要评判标准。

最后,构成要件要素确保了法律的明确性。法律最重要的作用是,民众可以根据法律规定对自己的行为有期待可能性。也就是说,法律通过事先的规定,并向全社会发布。人民群众通过了解法律规定的内容,来规范自己的社会行为。而司法机关,通过事先规定来对人们的行为进行评价,通过明确的构成要件要素,法律的确定性得以保障,避免了法律适用上的任意性和不确定性。构成要件要素确保每个案件都能根据其具体情况进行评估,实现个案的公正处理。构成要件要素为法律专业人士提供了统一的解释和适用标准,有助于减少法律适用上的差异。

基于上述三点,也是笔者书写本书的主要目的。刑事辩护的核心就是罪与非罪、罪轻罪重的问题。明确构成要件要素,并且基于构成要件要素再来审视在案证据,是否每一项都有相应的证据来予以证明。如果没有,那么在定罪、量刑层面就可能存在证据问题和构成要件要素不齐备的问题,有效辩护就会存在空间。

(二)构成要件要素的分类

犯罪构成要件要素的分类,虽然属于刑法理论的讨论范畴,但是对于司法实践具有重要的指导意义。例如,真正的构成要件要素与表面的构成要件要素;技术的构成要件要素与规范的构成要件要素。

以私分国有资产罪为例:《刑法》第 396 条规定:"国家机关、国有公司、企业、事业单位、人民团体,违反国家规定,以单位名义将国有资产集体私分给个人,数额较大的……"其中"违反国家规定"属于真正的构成要件要素、规范的构成要件要素。首先其是构成犯罪所必需的,其次对其的解释应当在规范的法律体系中予以认定。否则,则不符合该构成要件要素。《最高人民法院关于准确理解和适用刑法中"国家规定"的有关问题的通知》第 2 条规定:"……对于违反地方性法规、部门规章的行为,不得认定为'违反国家规定'……"若在案证据不能显示行为人违反国家规定实施了行为,或者仅是违反了地方性法规、部门规章的行为都不属于《刑法》第 396 条规定的"违反国家"规定。

因此,对犯罪构成要件要素进行分类,是为了更加准确地认定构成要件要素,从而准确地定罪量刑。

1. 客观的构成要件要素与主观的构成要件要素。

客观的构成要件要素和主观的构成要件要素是刑法学中对犯罪构成要件的两大基本分类,它们分别代表了犯罪行为的外在表现和内在心理状态。

客观要件要素关注的是犯罪行为的外在表现,即犯罪行为可以被观察和证实的事实特征。这些要素通常包括:(1)行为,犯罪者实施的具体行为,如盗窃、抢劫、故意伤害等;(2)结果,犯罪行为所产生的后果,如造成他人伤害、财产损失等;(3)因果关系,犯罪行为与结果之间的逻辑联系,即行为是导致结果发生的直接原因;(4)时间、地点,犯罪行为发生的具体时间和地点,这些因素可能对犯罪的定性有重要影响;(5)对象,犯罪行为所针对的具体对象,如盗窃罪中的财物;(6)方法,犯罪行为所采用的方式或手段,如暴力、欺诈等。

主观要件要素关注的是犯罪者的心理状态,即犯罪者在实施犯罪时的内心态度和意图。这些要素通常包括:(1)故意,犯罪者明知自己的行为会导致某种结果,并且希望或放任这种结果发生的心理状态;(2)过失,犯罪者由于疏忽大意,没有预见到自己的行为可能导致某种结果,或者虽然预见但轻信能够避免,导致结果发生的心理状态;(3)目的,犯罪者实施犯罪行为时所追求的特定目的,如贪污罪中的非法占有目的;(4)动机,犯罪者实施犯罪行为的内在驱动力,虽然动机本身不一定构成犯罪,但有时会影响量刑。

客观要件和主观要件的区分对于犯罪的定性和量刑至关重要。这种区分有助于确保法律的公正性和合理性,防止无辜者受到不公正的惩罚。在实际的法律实践中,有效辩护需要综合考虑所有相关的客观要件和主观要件,以确定犯罪是否成立以及如何量刑。此外,不同的法律体系和司法实践可能对这些要素的具体内容和重要性有不同的解释和应用。

2. 违法类型的构成要件要素与有责类型的构成要件要素。

在“阶层”理论体系中,将犯罪构成分为违法和有责,那么可以据此将犯罪构成要件要素分为违法类型的构成要件要素与有责类型的构成要件要素。

违法类型关注的是行为的违法性,即行为是否违反了法律规定,是否具有社会危害性。违法类型的构成要件要素主要包括:(1)行为,行为必须是违反了《刑法》规定的行为,如杀人、盗窃等;(2)结果,行为导致了法律规定的不法结果,如伤害、损失等;(3)因果关系,行为与结果之间存在直接的因果联系,行为是结果发生的直接原因;(4)客观禁止,行为违反了法律的禁止性规定,如违反交通规则导致事故;(5)社会危害性,行为具有社会危害性,对社会秩序和公共安全构成威胁。

有责类型关注的是行为人的责任性,即行为人是否具有犯罪的主观过错,是否应当对其行为承担法律责任。有责类型的构成要件要素主要包括:(1)故意,行为人明知自己的行为会导致违法结果,并且希望或放任这种结果发生;(2)过失,行为人由于疏忽大意,未能预见到自己的行为可能导致违法结果,或者虽然预见但轻信能够避免;(3)目的,行为人实施行为时具有非法目的,如为了非法占有他人财物;(4)动机,行为人的内在动机,虽然动机本身不一定构成犯罪,但可能影响责任的判断;(5)责任能力,行为人具有责任能力,即具有辨认和控制自己行为的能力;(6)期待可能性,行为人在特定情况下,是否能够期待其作出合法行为。

违法类型和有责类型的区分对于犯罪的认定和量刑具有重要意义。一个行为要构成犯罪,必须同时满足违法类型和有责类型的构成要件。这种区分有助于确保犯罪的认定更加科学、合理,防止对行为人的不公正惩罚。在实际的法律实践中,法官和检察官需要综合考虑行为的违法性和行为人的责任性,以确定犯罪是否成立以及如何量刑。此外,不同的法律体系和司法实践可能对这些要素的具体内容和重要性有不同的解释和应用。

3. 积极的构成要件要素与消极的构成要件要素。

一般情况之下,《刑法》规定的是符合某种情形构成犯罪。积极的构成要件要素是指《刑法》明文规定犯罪成立必须符合的要素。大多数的构成要件要素都是积极的构成要件要素。消极的构成要件要素,也称为排除犯罪性的要素,是指那些在某些情况下可以排除行为构成犯罪的要素。它们是犯罪认定中的例外情况,即使行为表面上符合某些积极要素,但如果存在这些消极要素,行为可能不会被认定为犯罪。例如,《刑法》第 389 条第 3 款规定的"因被勒索给予国家工作人员以财物,没有获得不正当利益的,不是行贿"。

区分积极的构成要件要素和消极的构成要件要素对于正确判断一个行为是否构成犯罪至关重要。积极的要素确立了犯罪的基本框架,而消极的要素提供了判断犯罪是否成立的例外情况。这种区分有助于实现法律的公正性和合理性,确保不冤枉无辜,也不放过有罪之人。在司法实践中,司法人员的专业性基本可以对积极的构成要件要素和消极的构成要件要素进行准确区分,很多争议是在是否符合消极的构成要件要素上。

(1)消极的构成要件要素与处罚阻却事由。

需要注意的是,消极的构成要件要素与处罚阻却事由是不一样的。消极的构成要件要素是对犯罪认定的排除性规定,而处罚阻却事由是已经构成犯罪的行为,法律事先规定符合某种情形而不处罚的。其中最典型的就是有名的"冰冰条款"。

《刑法》第 201 条第 4 款规定:"有第一款行为,经税务机关依法下达追缴通知后,补缴应纳税款,缴纳滞纳金,已受行政处罚的,不予追究刑事责任;但是,五年内因逃避缴纳税款受过刑事处罚或者被税务机关给予二次以上行政处罚的除外。"《刑法》第 201 条规定的是逃税罪,该条前三款规定了定罪、处罚的标准,第 4 款规定了违法阻却事由。适用第 4 款的前提是,行为人的行为已经符合逃税罪的犯罪构成,在具有第 4 款规定的情况下才不予追究刑事责任。此条规定也证明了,有罪不一定有罚。

(2)以积极的记述方式表达的消极的构成要件要素。

一般情况下,消极的构成要件要素都是以消极的方式在《刑法》条文中予以规定的,但是有部分构成要件要素是以积极的方式进行规定,在理解和适用法律规定时,特别是在寻求有效的辩护点时,可以从反面消极的把握。

《刑法》第 213 条规定:"未经注册商标所有人许可,在同一种商品、服务上使用与其注册商标相同的商标,情节严重的,处三年以下有期徒刑,并处或者单处罚金;情节特别严重的,处三年以上十年以下有期徒刑,并处罚金。"此处,"未经注册商标所有人许可"是该罪的构成要件要素之一,并且是以积极的方式进行表述。但是,如果行为人符合"经注册商标所有人许可"则不构成该罪。

同样,类似的情况包括:《刑法》第217条第1、3、4、6款;《刑法》第225条第1、3款;《最高人民法院、最高人民检察院关于办理侵犯公民个人信息刑事案件适用法律若干问题的解释》第3条;《最高人民法院、最高人民检察院关于办理危害计算机信息系统安全刑事案件应用法律若干问题的解释》第2条……

(3)注意规定。

《刑法》第14条规定了故意犯罪,第15条规定了过失犯罪,《刑法》分则条文中,除非特别规定的过失犯罪,其他都属于故意犯罪。

《刑法》第243条第3款规定:"不是有意诬陷,而是错告,或者检举失实的,不适用前两款的规定。"第306条第2款规定:"辩护人、诉讼代理人提供、出示、引用的证人证言或者其他证据失实,不是有意伪造的,不属于伪造证据。"这些只是注意规定,因为诬告陷害罪和辩护人、诉讼代理人毁灭证据、伪造证据、妨害作证罪本身就是故意犯罪,不具有故意这一构成要件要素当然不构成该罪。

4. 成文的构成要件要素与不成文的构成要件要素。

成文的构成要件要素是指在《刑法》或其他法律条文中明确规定的要素。这些要素是犯罪构成的法定条件,必须在法律文本中明确列出,才能作为犯罪的构成要件。一般情况下,如行为、危害后果、对象、情节、犯罪类型都会进行成文的规定。不成文的构成要件要素是指那些没有在法律条文中明确规定,但根据法律原理和司法实践被认为是犯罪构成所必需的要素。

成文的构成要件要素与不成文的构成要件要素的区分有助于更全面地理解和适用《刑法》。成文要素为法律的明确性和预测性提供了基础,而不成文要素则为法律的灵活性和适应性提供了空间。在实际的法律实践中,法官和检察官需要综合考虑成文要素和不成文要素,以确保对行为人的责任作出公正和合理的判断。

在司法实践中,不成文的构成要件要素区分要求司法工作者具备较高的法律素养和判断能力,以便在缺乏明确法律依据的情况下,能够根据法律原理和司法实践作出正确的判断。如果一个犯罪的构成要件要素属于不成文的构成要件要素,而控方在前期的证据收集过程中疏于调查取证,那么在审判定罪时就会导致构成要件要素的缺失,从而影响定罪。

(1)不成文的构成要件要素不否认"罪刑法定"原则。

"罪刑法定"是现代法治国家的重要原则之一,我国《刑法》第 3 条明文规定:"法律明文规定为犯罪行为的,依照法律定罪处刑;法律没有明文规定为犯罪行为的,不得定罪处刑。"即法无明文规定不为罪,法无明文规定不处罚。成文的构成要件要素因为通过《刑法》明文进行了规定,比较好理解,当然符合"罪刑法定"原则。但是,不成文的构成要件要素并非在《刑法》条文中明文规定的要素,是否有违"罪刑法定"原则呢?答案当时是否定的。

一般情况下不成文的构成要件要素是成立犯罪所必须具备的构成要件要素,是根据《刑法》条文之间的关系,刑法理论对于该罪的一般理解所确定的。因为《刑法》条文不可能将所有犯罪的构成要件要素通过明文规定的方式全部记录下来。精简是《刑法》作出明文规定的所需要的,一些众所周知的犯罪构成要件要素就没有必要通过明文叙述的方式进行表达。例如,《刑法》第 264 条规定的盗窃罪,"盗窃公私财物,数额较大的,或者多次盗窃、入户盗窃、携带凶器盗窃、扒窃的,处三年以下有期徒刑、拘役或者管制,并处或者单处罚金;数额巨大或者有其他严重情节的,处三年以上十年以下有期徒刑,并处罚金;数额特别巨大或者有其他特别严重情节的,处十年以上有期徒刑或者无期徒刑,并处罚金或者没收财产"。盗窃罪的条文中并没有描述"非法占有的目的"是其构成要件要素之一,但是一般人都明白,构成盗窃罪需要有非法占有的目的。

另外,"罪刑法定"原则的根本目的是限制公权力的行使,一个犯罪需要构成要件要素越多,也就意味着构成犯罪、处罚的范围越小。因此,承认不成文的构成要件要素有利于限制公权力,保障人权,这也符合"罪刑法定"原则的基本要求。

(2)不成文的客观构成要件要素。

本书对于构成要件要素的分类,第一种便是"客观的构成要件要素与主观的构成要件要素"。不成文的客观构成要件要素主要体现在结果、行为、对象、条件等方面。

结果:《刑法》第 219 条规定的侵犯商业秘密罪第 1 款第 1 项规定,"(一)以盗窃、贿赂、欺诈、胁迫、电子侵入或者其他不正当手段获取权利人的商业秘密的”。而在第2项、第3项中都规定了使用或者允许他人使用的情形,并且在《最高人民检察院、公安部关于修改侵犯商业秘密刑事案件立案追诉标准的决定》中规定了,“给商业秘密权利人造成重大损失的情形”。虽然第1项中,并未明文规定使用或给他人使用造成重大损失的情形,但是结合该罪上下文的规定及司法解释的相关规定,单纯地获取他人商业秘密并不构成该罪,只有是在以该罪规定的方式获取商业秘密后使用或者允许他人使用并且给非商业秘密权利人造成重大损失后才构成该罪。因此,“使用或者允许他人使用”是侵犯商业秘密罪的不成文的客观构成要件要素。

行为:《刑法》第274条规定的敲诈勒索罪,并没有明文规定受害人是基于何种认识而行使的处分行为。但是,处分行为与恐惧心理之间的因果关系是需要明确的。如果说,财产占有人是基于同情进行的处分行为,那么就不构成犯罪。或者说,行为人获得财产,并非基于财产占有人的处分行为。例如,李雷在对韩美美进行恐吓后,韩美美根本没有在乎李雷的恐吓。只是不想再花过多的时间和李雷纠缠,转身离开。结果在回家的路上遗失了手机,而李雷刚好转角遇到手机,通过拾取遗失物的方式获得财物。

对象:《刑法》第266条规定的诈骗罪规定,“诈骗公私财物,数额较大的……”“公私财物”当然理解为他人占有的财物。但是,如果自己所有,他人占有的财物,通过欺骗的方式让占有人基于错误认识交付财物,那当然不能认定为诈骗罪。虽然,刑法理论界对于该点的理论有所争议,但是定罪的基本逻辑不能违背一般大众的常识、常理、常情。否则,也是通过法律的方式认可占有权高于所有权,那么所有权的意义将不复存在。另外,如上例所述,脱离了他人占有的财物(如遗失物),当然不能成为诈骗罪的对象。

条件:《刑法》第294条第3款规定的包庇、纵容黑社会性质组织罪规定,“国家机关工作人员包庇黑社会性质的组织,或者纵容黑社会性质的组织进行违法犯罪活动的,处五年以下有期徒刑;情节严重的,处五年以上有期徒刑”。该条文是对犯罪主体进行了规定,即“国家机关工作人员”。但是并未明文规定国家机关工作人员的包庇、纵容行为是基于职务、地位、影响等与职务有关产生的便利影响。该罪对于身份的明文确定,当然地要求国家机关工作人员是基于职务有关产生的便利影响包庇、纵容和社会,否则就没有必要强调主体的身份范围。否则,基于个人自然人的身份、地位也就可以构成该罪。

(3)不成文的主观构成要件要素。

不成文的主观构成要件要素主要包括目的、动机等。

目的:前文已经多次以盗窃罪、诈骗罪、敲诈勒索罪的主观目的进行说明,在此不再赘述。在《刑法》分则的大多数条文中都不是明文规定目的的构成要素,但是,《刑法》第276条破坏生产经营罪对于主观构成要件要素进行了明确规定,“由于泄愤报复或者其他个人目的,毁坏机器设备、残害耕畜或者以其他方法破坏生产经营的,处三年以下有期徒刑、拘役或者管制;情节严重的,处三年以上七年以下有期徒刑”。在司法实践中,对于从固定证据的角度,会对“目的”的认定进行肆意的扩张,需要表现在对犯罪嫌疑人笔录的固定或在没有笔录的情况下对行为所体现的目的进行任意的推定。因此,在辩护过程中,对于体现“目的”的证据尤为重要。但是有效辩护的方式并非通过质疑,而是通过反证的方式予以证明。

动机:《刑法》第293条规定的寻衅滋事罪。该罪条文中仅是对行为模式进行规定,但是在理论界和实务界基本已达成共识,“无事生非”是构成该罪的动机。遗憾的是,在实践中正是因为忽略了该要件,造成寻衅滋事罪的滥用,从而将该罪变成“口袋罪”。

(4)不成文的构成要件要素确定的必要性。

如前文所述,不成文的构成要件要素只有属于必要的构成要件要素,对其进行解释和确定才有必要。如果属于非必要的构成要件要素,又没有进行明文规定,那就没有必要进行解释和确定。

有一些学者会将构成要件要素区分为违法的构成要件要素和有责的构成要件要素。本书的撰写更多的是从指导实践的角度出发,因此不过多地区分违法或有责的构成要件要素,更多的是从要件要素的必要性展开讨论。因为只有必要的构成要件要素才对定罪、处罚有直接意义,才对有效辩护有意义。只有值得科处刑罚的行为才是犯罪,如果从成文的角度来评价一行为的违法性和有责性都没有达到值得科处的程度,但是基于一般的朴素认知应当对其科处刑罚的时候,就需要添加不成文的构成要件要素,来更准确地评价该行为是否值得科处刑罚。例如盗窃罪,《刑法》条文虽没有明确规定"非法占有的目的"这一构成要件要素,但是基于常识的理解,盗窃罪当然是具有非法占有他人财物的目的。因此,在对一盗窃行为进行全面评价时,就有必要将"非法占有的目的"作为定罪的要素之一。

另外,不成文的构成要件要素的确定,有利于区分此罪与彼罪。例如,诈骗罪和敲诈勒索罪的关系。两罪都是基于非法占有的目的,实施犯罪行为后使得财产占有人转移了财物。但是二者的区别在于,诈骗罪是使得财产占有人基于"错误认识"而交付财物,敲诈勒索罪是使得财产占有人基于"恐惧心理"而交付财物。在大多数案例中,两罪是可以进行明确区分的。但是在少部分疑难复杂案件中,由于行为的模糊性和少发性,造成司法人员对于两罪的准确确定难以定夺,此时就需要对犯罪构成要件要素的把握。

5. 记述的构成要件要素与规范的构成要件要素。

简单来说,记述的构成要件要素是可以通过一般人的感官所感知的,一般具有客观性和事实性。例如,"锤子"这一概念,一般人通过事实判断或朴素的认知即可以得出结论。例如,《刑法》第 234 条规定:"故意伤害他人身体的,处三年以下有期徒刑、拘役或者管制。"故意伤害他人身体属于记述的构成要件要素,可以通过一般人的感官和认知得出结论。

规范的构成要件要素则涉及价值判断或法律评价,它们不是单纯的事实描述,而是包含了对行为的法律意义和价值的判断。规范的构成要件要素的论证通常涉及对行为人主观态度的推断和对行为法律意义的评价,这要求法律专业人士具备深入的法律知识、敏锐的洞察力和严谨的逻辑推理能力。在实际案件中,法官和检察官需要综合考虑所有相关证据和情况,以确保对行为人的法律责任作出公正和合理的判断。例如,前文所述生产、销售、提供假药罪中假药的认定就属于规范的构成要件要素。在 2019 年 12 月 1 日新的《药品管理法》实施之前,"未经批准或未取得批准文号”的药品属于假药，而在新的《药品管理法》实施以后，“未经批准或未取得批准文号”的药品并不属于假药的范畴。以此，将直接导致罪与非罪的问题。

记述的构成要件要素与规范的构成要件要素的区别不在于与价值有涉，而在于对其认识与理解，是否与法律的、伦理的或者其他文化领域的规范为逻辑前提。规范的构成要件要素的判断，是以一定的规范作为逻辑前提的。

(1)规范的构成要件要素的分类。

规范的构成要件要素主要通过以下几个方面进行判断：一是价值因素。这些因素要求法官对行为是否符合社会价值标准进行评价，如“善良风俗”或“公共秩序”。二是评价性因素。评价性要素要求法官对行为的性质或严重性进行评价，如“重大”“轻微”“严重”。三是条件性因素。条件性要素是指行为是否构成犯罪取决于满足某些条件，如“在紧急状态下”或“在自卫中”。四是推定性因素。推定性因素允许法官基于某些已知事实推定未知事实的存在，如从行为推定行为人的故意。五是关系性要素。关系性要素涉及行为人与其他个体或实体之间的法律关系，如“职务上的便利”。

规范的构成要件要素的认定往往需要法官具备深厚的法律知识和对法律精神的理解。在司法实践中，这些要素的适用可能会导致案件的判决出现较大的差异，因为它们依赖法官的主观判断和对法律规范的解释。因此，法官在处理涉及规范要素的案件时，需要谨慎地权衡各种因素，确保判决既符合法律规范，又能够体现公平和正义。根据张明楷教授的观点主要分为三类：

一是法律的评价要素。主要是根据法律、法规作出的评价的要素，诸如“国家规定、国家工作人员、辩护人、诉讼代理人、司法工作人员、假药”等。司法工作人员在对一个案子的规范的构成要件要素进行判断时，必须与相关的法律、法规作为评判依据。法律评价要素的存在，体现了刑法中的类型思维，是规范的构成要件要素存在的法理根据。它们作为一种开放结构，体现为类型特征，是立法任务的司法分担，与作为封闭结构的记述的构成要件要素有根本区别。在刑法理论中，规范的构成要件要素对犯罪论体系产生了深刻影响，推动了犯罪论体系自身的演进与发展。

二是经验法则的评价要素。主要是根据经验法则作出评价的要素,诸如"危险方法、危害公共安全"等。这一类的规范的构成要件要素需要以一定的事实为根据,同时结合生活经验,因果法则作为标准来进行判断,而不是以一般人的感觉观念为标准进行判断。

三是社会的评价要素。主要是根据社会的一般观念或者社会意义作出评价的要素,诸如"特别残忍、猥亵淫秽物品、住宅、公文证件、明显高于或低于、特别巨大、情节严重、特别严重特别恶劣"等。

经验法则的评价要素与社会的评价要素是比较难以判断和认定的要素。并且在判断的时候与评价者的社会认知、既往经验、价值判断等方面会有很大的关系,因此也容易造成控、辩、审之间对于案件认定存在较大争议的情况。因此,对于立法而言,如果可以适用记述的构成要件要素明确的就不要适用规范的构成要件要素;如果记述的构成要件要素无法准确界定的,可以使用法律评价的规范的构成要件要素;如果使用法律评价规范的构成要件要素无法明确的,就允许使用经验法则评价的规范的构成要件要素;如果使用经验法则评价的规范的构成要件要素不能准确表达的,那么就允许使用社会评价的规范的构成要件要素,从而对犯罪构成要件要素准确的表达。

(2)规范的构成要件要素的判断。

规范的构成要件要素的判断,将直接影响对一个犯罪构成条件的基本判断,将直接影响罪与非罪,此罪与彼罪的关系。因此,规范的构成要件要素的判断尤为重要:

一是法律的评价要素。对于法律的评价要素,法官必须将相关的法律法规的规定作为逻辑前提,从而判断案件事实与规范的构成要件要素的符合性。在判断法律的评价要素时,法官不仅要了解相关法律法规的基本含义,还要了解相关法律法规的目的,同时把握相关法律法规与刑法条文的目的差异,避免得出不合理的结论。

二是经验法则的评价要素。对于经验法则的评价要素,法官必须依照经验法则进行判断。需要注意的是,经验法则是无穷无尽的,并且具有很强的主观性。

经验法则是具体的,不是抽象的——法官只能就案件的具体事实以相应的经验法则作为判断标准。法官面对经验法则的评价要素时,不能依照一般人的观点进行判断,更不能按照行为人的观点进行判断。例如,对客观行为的判断,客观行为是否具有侵害法益的紧迫性,应以行为时存在的所有客观事实为基础,根据客观的因果法则进行判断。

三是社会的评价要素。对于社会的评价要素,法官要根据社会的一般观念或者社会意义进行判断,这是最难以判断的一例要素。因为每位法官的成长经历、生活体验、阅读范围、政治地位等都会融入自己的观念,进而对规范的构成要件要素的判断产生影响,而法官的经历、体验等不会与一般人的经验体验完全相同。因此,法官在对规范的构成要件要素进行判断时,应当受到法律的约束,立法者不允许法官作出完全个人主观的评价,而是以存在的法官应当遵从的一般的社会伦理的评价为前提。同时,法官要善于通过考察案件事实的社会影响,了解一般人的观点来进行判断。另外,也要求法官要善于合理的妥协,一切法律制度都是无数力量综合作出的作用。司法过程是一种妥协,是一种矛盾与矛盾之间确定性和不确定性之间崇尚书面文字的拘泥,意以破坏规律及有序的虚无主义之间的妥协,最后再进行规范的构成。要件要素判断的时候,要注意社会一般观念的变化,注重应用当代的社会标准,善于采用同时代的解释时代的发展,社会的变化必然引起一般人价值观念的变化,在理解和判断社会的评价要素时,应当以当时的一般观念为标准进行评价。

6. 真正的构成要件要素与表面的构成要件要素。

真正的构成要件要素与表面的构成要件要素可以理解为是依据对犯罪构成的重要性进行的分类。简单理解为,真正的构成要件要素对于犯罪构成来说具有重要性,是犯罪构成所必需的要件要素。表面的构成要件要素则是指那些在表面上看似是犯罪构成的一部分,但实际上对犯罪的成立没有实质性影响的要素。

真正的构成要件要素是犯罪构成必备的构成要件要素。而表面的构成要件要素也可以称为虚假的构成要件要素或非必要的构成要件要素。从犯罪构成的角度来看,表面的构成要件要素不是犯罪成立必须具备的要素,在证明犯罪构成时是不需要证明的要素。反之,真正的构成要件要素是证明犯罪构成时必须有证据来证明的,有效辩护必须牢牢抓住这一点。

区分真正的构成要件要素和表面的构成要件要素对于正确理解和适用《刑法》至关重要。真正的构成要件要素是犯罪认定的基础,而表面的构成要件要素则可能影响对犯罪行为的具体评价和量刑。司法实践中,有效辩护必须明确该罪的真正构成要件要素有哪些,再回到卷宗中看是否有足够的证据证明对应的真正的构成要件要素是否具备,否则就可能导致犯罪构成不成立。

在深入探讨司法实践中的有效辩护时,我们必须进一步强调对真正的构成要件要素与表面的构成要件要素的精准把握和深入剖析。每一个案件都有其独特性和复杂性,因此,在构建辩护策略时,我们不能仅停留在表面的罪名和事实描述上,而是需要深入挖掘并理解每个案件背后的真正逻辑和关键因素。

7. 整体的评价要素。

我国《刑法》除了规定行为模式作为犯罪构成,还在一些犯罪中将结果作为某些犯罪成立与否的评判标准,诸如情节严重、情节恶劣等。单纯看行为的违法性是否达到值得科处刑罚的程度不足以准确评判时,就会将该行为造成的后果所达到的违法性来进行犯罪构成的评价。也就是说,当行为符合构成要件的基本要素时不一定就意味着该行为达到了值得科处刑罚的程度。在此基础之上,还要通过结果对行为进行整体评价。这些要素就是整体的评价要素。因此,《刑法》也将行为犯与结果犯作为一对概念区分犯罪类型。

(三)解释对于准确认定构成要件要素的意义

1. 刑法解释的基本概念。

刑法解释是对刑法规定的说明。刑法的内容是以文字为基础来表达其含义的,由于语言的明确性和局限性,都会在特定的历史环境中得出不同的结论,就需要用解释来进一步明确法律用语的核心含义。刑法的解释不得超出法律用语可能具有的含义,否则便会违反"罪刑法定原则"。《宪法》是一个国家的基本大法,刑法的解释也不得违反《宪法》的基本规定。

2. 刑法解释的理由。

刑法,特别是刑法的适用需要解释,主要有以下几点理由:(1)语言的局限性。法律条文使用的语言可能存在模糊性或多义性,不同的人可能对同一法律条文有不同的理解。刑法解释可以帮助明确条文的确切含义。(2)社会变迁。随着社会的发展和变化,新的社会现象和问题可能会出现,这可能需要对现有刑法条文进行解释,以适应新的社会环境。(3)法律适用的统一性。为了确保法律在不同案件中的一致性和公正性,需要对刑法条文进行解释,以统一法律的适用标准。(4)法律的明确性。法律的明确性是法治的基本原则之一。通过解释,可以使法律条文更加明确,减少法律适用中的不确定性。(5)实现法律目的。刑法的目的是保护社会秩序和公民的权利。通过对刑法的解释,可以更好地实现这些目的,确保法律的有效执行。(6)解决法律冲突。在法律体系中可能存在不同法律或条文之间的冲突。刑法解释有助于解决这些冲突,确保法律体系的协调一致。(7)适应司法实践。司法实践中可能会遇到各种复杂的情况,需要对刑法条文进行解释,以适应具体情况,实现个案的公正。(8)保障人权。刑法解释有助于保障被告人的合法权益,确保其受到公正的审判。(9)法律的适应性和灵活性。通过对刑法的解释,可以使法律更加灵活地适应不断变化的社会需求,而不是僵化地应用过时的规则。(10)促进法律发展。刑法解释还可以推动法律的发展,通过对现有法律条文的深入分析和讨论,可以为法律的修订和完善提供理论基础和实践指导。

3. 刑法解释的方法。

张明楷教授将刑法解释的方法分为解释技巧与解释理由。解释技巧主要有文义解释、扩大解释、缩小解释、类推解释、反对解释。解释理由主要有文理解释、历史解释、体系解释、目的论解释。需要注意的是,刑法禁止不利于行为人的类推解释,即出罪时可以举重以明轻,入罪时不得举轻以明重。文义解释是排在第一位的解释方法,只有通过文义解释不能解释时才能适用其他解释方法。像历史解释、体系解释都是比较常用的解释方法,在对一案件开展辩护工作的时候,尤其要注意控方的扩大解释、缩小解释和类推解释,很多犯罪的罪与非罪、罪轻罪重的争议问题都出在这里。

4.解释对于准确认定构成要件要素的意义。

(1)解释的目的。

辩护的目的是使有罪者罚当其罪,也是使无罪者避免不白之冤。从控、辩、审三方的司法构造来看,辩方总是希望其当事人罪轻或无罪。达到这一目的就需要律师的辩护工作有效,而有效的基础就是准确解释该罪的构成要件要素有哪些。

像消极的构成要件要素、不成文的构成要件要素、规范的构成要件要素、真正的构成要件要素都是对于有效辩护——无罪或罪轻经常起到关键作用而又容易被忽视的部分。因此,有必要通过解释来准确认定犯罪的构成要素,从而为有效辩护打开局面。

(2)有效辩护应注意的问题。

在犯罪构成要素的解析中,我们不仅要关注法条的字面意义,更要深入理解其背后的立法精神和法律原则。每个要素都有其独特的含义和边界,对于律师而言,准确把握这些要素是进行有效辩护的关键。

首先,犯罪的主观要素,即犯罪故意和犯罪过失,需要律师细致分析。犯罪故意是指行为人明知自己的行为会发生危害社会的结果,并且希望或者放任这种结果发生。而犯罪过失则是指行为人应当预见自己的行为可能发生危害社会的结果,因为疏忽大意而没有预见,或者已经预见而轻信能够避免,以致发生这种结果。律师需要通过审查案件事实,分析行为人的心理状态,判断其是否存在犯罪故意或过失。

其次,犯罪的客观要素也是律师需要重点关注的。这包括犯罪行为、犯罪结果以及二者之间的因果关系。律师需要仔细研究案件中的证据,确定行为人是否实施了犯罪行为,是否造成了危害社会的结果,以及二者之间是否存在直接的因果关系。

此外,犯罪的客体要素也是不可忽视的。它指的是犯罪行为所侵犯的社会关系,是犯罪构成的基础。律师在辩护时,需要分析犯罪客体是否确实受到了侵犯,以及侵犯的程度如何。

最后,犯罪的法定要素也是律师必须考虑的。这包括犯罪的时间、地点、对象等要素。律师需要了解这些要素对于案件定罪量刑的影响,并在辩护中加以利用。

综上所述,通过全面分析犯罪的构成要素,律师可以更加准确地把握案件的本质和关键,从而为当事人提供更加有效的辩护。

(3)解释与证据的关系。

在准确认定犯罪的构成要素后,律师在辩护过程中还需进一步展现其深厚的法律素养和敏锐的逻辑推理能力。这不仅要求律师对案件有全面的了解,还需要对法律条文有深入的理解,并能够在复杂的法律关系中寻找到最佳的辩护路径。

首先,律师在辩护中应注重证据的运用。证据是诉讼的核心,也是辩护的基石。律师应仔细研究案件中的证据材料,分析证据的合法性、真实性和关联性,找出对当事人有利的证据,并充分利用这些证据为当事人辩护。同时,律师还需警惕对方可能提出的反驳证据,提前做好准备,确保辩护的严密性。

其次,律师在辩护中应善于运用法律原则和法律精神。法律原则和法律精神是法律条文背后的灵魂,是指导法律实践的重要准则。律师在辩护中应灵活运用这些原则和精神,为当事人争取更多的合法权益。例如,在涉及人权保障的案件中,律师可以运用"无罪推定"原则,强调在未经法律程序证明有罪之前,任何人均应被视为无罪,从而保障当事人的合法权益。

此外,律师在辩护中还应注重与法官、检察官等司法人员的沟通。良好的沟通技巧和协调能力是律师成功的关键之一。律师应尊重司法人员的工作,积极与他们进行沟通和交流,争取在案件处理过程中达成共识,为当事人争取更有利的处理结果。

最后,律师在辩护中还应注重保护当事人的隐私和合法权益。律师作为法律专业人士,应严格遵守职业道德和法律规定,保护当事人的隐私和合法权益不受侵犯。在辩护过程中,律师应谨慎处理涉及当事人隐私的信息,避免泄露给无关人员或媒体。

第三章

刑事证据的基本理论

一、证据的基本概念

刑事证据的基本概念涉及证据在刑事诉讼中的定义、功能、类型以及相关法律要求。刑事证据是指在刑事诉讼中用于证明案件事实的各种材料和信息。根据法律规定,证据必须具有相关性、合法性和真实性。刑事证据的主要功能是帮助法庭或其他司法机关发现事实真相,从而对被告人是否有罪作出准确的判断。

根据《刑事诉讼法》的规定,刑事证据主要分为以下八类:物证,直接证明案件事实的物品或痕迹;书证,以书面形式存在的证据,如文件、记录等;证人证言,证人就其所知案件情况向法庭所作的陈述;被害人陈述,被害人就案件事实向法庭所作的陈述;犯罪嫌疑人、被告人供述和辩解,犯罪嫌疑人或被告人对案件事实的陈述和辩护;鉴定意见,专业人员对专门性问题所作的科学评价和判断;视听资料、电子数据;通过录音、录像或电子形式存储的信息。刑事诉讼中对证据的要求通常较高,需要达到"证据确实、充分"的标准,以排除合理怀疑。

刑事证据的基本原则包括证据裁判原则、自由心证原则、直接言词原则。刑事证据的规则主要包括非法证据排除规则、任意自白规则、传闻证据规则、意见证据规则、补强证据规则、关联性规则。其中在司法实践中最重要的、基础的证据裁判原则,经常运用到的是非法证据排除规则。

(一)证据裁判原则

1. 证据裁判原则的基本内容。

"打官司就是打证据。"这一句朴实无华的民间语言全面地阐释了诉讼的真谛。证据裁判原则是现代法治国家司法制度的基石。在司法审判中,证据是确定事实真相的核心。法庭必须根据证据来认定案件的事实,而不能仅凭推测或主观判断。

证据裁判原则是现代司法制度中的一项基本原则,它要求在刑事诉讼中,对案件事实的认定必须基于证据,没有证据就不得认定事实。这一原则体现了法治精神和公正审判的要求,确保了裁判的客观性和合理性。即法官在认定案件事实时,必须依赖证据,没有证据就不能对事实进行认定。在刑事诉讼中,公诉机关负有法定职责对待证明的事实,予以举证。在事实真伪不明时,负有证明责任的一方应承担举证不能的法律后果。

证据裁判原则要求证据必须经过庭审质证等调查程序,以确保其真实性和合法性。刑事案件中,定罪和量刑的证据必须达到“证据确实、充分”的证明标准,但对于有利于被告人的事实,可以适当降低证明标准。

2. 证据裁判原则在司法实践的体现。

如前文所述,“证据裁判原则要求证据必须经过庭审质证等调查程序,以确保其真实性和合法性”。但是,目前实践中并非如理论所认为的样子。

通常,法庭调查最重要的环节就是举证、质证、认证,即公诉人列举、说明在案证据,辩护人对在案证据发表质证意见(包含对证据能力和证明能力的意见),法庭对当庭举证、质证的证据进行认证(包含认可或不认可)。但是,在目前司法实践中,一些证据的认定(包含对证据能力和证明能力)是不需要经过法庭的,或者在法庭庭审之前就已经一定程度上对证据进行了认证。

例如,检察机关对案件作出不起诉的决定,其本质就是在庭审之前对证据进行了认证。要么认定某些证据不具有证据能力,从而导致关键事实无法认定,作出法定或存疑不起诉。要么认定某些证据具有证据能力,并且其证明的事实无法得出犯罪或者已经犯罪情节轻微的标准,作出绝对或者相对不起诉的决定。

另外,“认罪认罚”制度的确定,也一定程度上改变了“证据裁判原则要求证据必须经过庭审质证等调查程序”的基本内涵。“认罪认罚”制度贯穿刑事诉讼制度的始终,特别是在审查起诉阶段终结之前签署的《认罪认罚具结书》很大概率上确定了嫌疑人的罪行和量刑。而这一切的前提都是对证据进行了很大程度上的认可。

因此,辩护工作也应为司法实践的变化发生“重心前移”的现象。在当下的司法环境中,决胜的往往不是庭审,而是庭前。庭审决胜,往往都是庭前辩护并没有达到预期的目标,必须抓住的最后一根救命稻草。

(二)证据的“两力”或“三性”

证据裁判原则要求证据是认定事实的根据,也要求认定事实的根据必须严格按照法律规定收集、固定、审查和运用证据。在我国司法实践中主要通过“两力”或“三性”来对证据进行举证、质证、认证。

1. 证据的“两力”。

证据的“两力”是指证明力和证据能力。

(1)证据的证明力。

证据的证明力是指证据在刑事诉讼中对证明案件事实所具有的影响力和说服力。它直接关系到证据能否被法庭采纳以及对案件判决结果的影响程度。证据必须与待证事实有直接的联系,能够对事实的认定产生影响,这是证据具有证明力的基础。证据不仅要与待证事实相关,还要足够充分,能够独立或与其他证据结合,形成对事实认定的有力支持。证据必须是真实可靠的,能够经得起审查和质疑,排除合理怀疑,从而具有较高的证明力。并且,证据之间应当相互一致,没有矛盾,能够排除其他可能性,指向唯一的事实结论,一致性强的证据体系具有更高的证明力。

所有的证据都具有证明案件事实的作用,但证据不同,其证明作用力的大小也有所不同,即证据证明力的强弱有所不同。证据之间证明力的差异是客观存在的,这是由证据各自的特性及与待证事实之间的关系不同决定的。

第一,证据证明力的判断。证据证明力的有无和大小的确定,一是根据法律的规定,二是依靠法官的判断。根据法律的规定确定或判定证据证明力的有无和大小的原则,在诉讼法理论上被称为“法定证据原则”。证据证明力有无和大小的认定依赖法官的自由判断,被称为“自由心证原则”,或为“自由心证原则”的基本的和主要的内容。在法律有规定时,法官不得违反法律的规定,自由认定证据的证明力。

第二,数个证据对同一事实的证明力大小。国家机关、社会团体依职权制作的公文书证的证明力一般大于其他书证。物证、档案、鉴定意见、勘验笔录或者经过公证、登记的书证,其证明力一般大于其他书证、视听资料和证人证言。原始证据的证明力一般大于传来证据。直接证据的证明力一般大于间接证据。证人提供的对与其有亲属或者其他密切关系的当事人有利的证言,其证明力一般小于其他证人证言。

(2)证据的证据能力。

证据的证据能力指证据在法律上被允许作为认定案件事实依据的资格。一个证据要具备证据能力,必须满足法律规定的条件和要求。首先,要求证据具备合法性,即证据必须依照法律规定的程序和方式收集和提供,非法获取的证据通常不具备证据能力。其次,要求证据必须符合《刑事诉讼法》规定的形式要求,包括:物证;书证;证人证言;被害人陈述、犯罪嫌疑人、被告人供述和辩解;鉴定意见;勘验、检查、辨认、侦查实验等笔录;视听资料、电子数据。证据能力是证据法中的一个核心概念,确保只有合法、相关、真实且充分的证据才能被用于法庭裁判,从而保障司法公正和法律的正确实施。最后,非法证据排除规则。我国《刑事诉讼法》明确规定了非法证据排除规则,在侦查、审查起诉、审判时发现符合非法证据的应当予以排除,不得作为起诉意见、起诉决定、判决的依据。

证据能力是指一定的事实材料作为诉讼证据的法律上的资格,或者是指证据材料能够被法院采信,作为认定案件事实依据所应具备的法律上的资格。证据能力的规则如下:

第一,证人资格规则。不能正确表达意志的人对案件事实所做的"证言",不具有证据能力。

第二,非法证据排除规则。以侵害他人合法权益或者违反法律禁止性规定的方法取得的证据,不能作为认定案件事实的依据。

第三,证据须经质证的规则。除在证据交换过程中认可并记录在案的情况外,所有证据材料都应当经过控辩双方的质证,没有经过质证,就不具有证据能力。

第四,调解或和解中对事实的认可不得作为对其不利的证据的规则。

第五,证据能力受限制的规则。某些证据须符合一定条件才具有证据能力。

2. 证据的“三性”。

证据的“三性”指的是证据的合法性、真实性、关联性。在司法实践中,长期以来是以证据的“三性”作为质证标准的,因此,也有必要对证据的“三性”作简单说明。证据的“三性”与“两力”是相对平行的一对概念,但是二者的具体内容又是互相交融的。

(1)证据的合法性。

证据的合法性是证据能力的关键要素之一,指的是证据的收集、获取、保全、呈现和使用必须遵循法律规定的程序和要求。如果证据的获取或使用违反了法律规定,那么该证据可能被认定为非法,从而影响其作为法庭证据的能力。以下是证据合法性的几个核心方面:证据必须按照法定程序收集和获取。例如,搜查和扣押必须基于合法的搜查令;严禁使用非法手段获取证据,如刑讯逼供、非法监听、侵犯通信自由等;证据必须符合法律规定的形式要求,如书面证据、电子证据等。证据的合法性是确保司法公正和法律权威的重要保障。法庭在审理案件时,必须严格审查证据的合法性,排除非法证据,以维护法律的正确实施和司法的公信力。证据的合法性主要体现在以下几个方面:

第一,证据主体合法。

证据主体是指形成证据内容的个人或单位,证据主体合法,是指形成证据的主体须符合法律的要求。主体不合法也将导致证据的不合法。对证据主体的法律要求,也是为保障证据的真实性。因此法律根据证据特点,对某些证据的证据主体规定了相应的要求。例如,不能正确表达意思的人,不能作为证人,作出鉴定意见的主体必须具有相关的鉴定资格等。

第二,证据形式合法。

证据形式的合法性,是指作为证据不仅要求在内容上是真实的,还要求形式上也符合法律规定的要求。例如,单位向法院提交的证明文书须有单位负责人签名或盖章,并加盖单位印章;保证合同、抵押合同等,需要以书面形式的合同文本加以证明。

第三,证据取得方式合法。

当事人收集的证据材料能否作为法院认定案件事实的证据,还要看该证据材料的取得方法是否符合法律的规定。法律规定证据取得方法必须合法,是为了保障他人的合法权利不至于因为证据的违法取得而受到侵害。例如,利用视听资料来证明案件事实时,就要求视听资料的取得不得侵犯他人的合法权利,如他人的隐私权等。常见的容易侵犯他人隐私权的证据取得方式是偷录、偷拍。再如,法院调查收集证据,应当两人以上共同进行,不得由一名审判员或书记员独立调查,属于应当回避的审判人员也不能进行证据调查。

第四,证据程序合法。

证据材料最后要作为证据还必须经过一定的诉讼程序,没有经过法律规定的程序该证据仍然不能作为认定案件的根据。这一程序就是证据的质证程序。《最高人民法院关于适用〈中华人民共和国民事诉讼法〉的解释》第103条规定:"证据应当在法庭上出示,由当事人互相质证。未经当事人质证的证据,不能作为认定案件事实的依据。当事人在审理前的准备阶段认可的证据,经审判人员在庭审中说明后,视为质证过的证据。涉及国家秘密、商业秘密、个人隐私或者法律规定应当保密的证据,不得公开质证。"

(2)证据的真实性。

证据的真实性是指证据内容的客观性和准确性,它要求证据必须真实反映案件事实,没有被篡改、伪造或曲解。其中,证据的客观性是真实性和准确性的前提,主要体现在以下几个方面:第一,证据形式的客观性,指证据必须具备客观存在的形式,能以某种方式为人们所感知。第二,证据所反映的内容必须是真正发生过的事实,必须是对客观存在的事实的反映。第三,证据的内容本身必须是客观的。证据的客观性除了要求证据是对客观事实的反映,还要求证据的内容本身必须符合客观发生过的实际情况。第四,证据的客观性使案件事实的认定具有可靠性和说服力。任何证据都有一定的来源,证据的来源除必须合法外,还必须是客观的。第五,证据的客观性要求我们做到:询问证人、当事人时应用原话记录,以准确表达陈述人言词的原意,禁止诱导性询问。我们在收集书证、物证时,对书证不得涂改,对特定物的物证不得以同类物来代替。要求证人所言是其亲眼所见所闻,而非道听途说或主观猜测。

证据的真实性是其被法庭接受和具有证明力的前提条件。证据的真实性要求证据应尽可能是原始的,未经修改或处理,以保证其原始状态的真实性;证据的内容应与其他证据或已知事实保持一致,没有矛盾;证据的来源应该是清晰和可验证的,能够追溯到其原始出处;证据从收集到呈现的整个过程应有明确的记录,以证明其未被篡改;证据的真实性应达到排除合理怀疑的标准,使法庭能够确信其反映的事实;在某些情况下,法律可能对某些事实有推定真实性的规定,除非有充分证据反驳;证据的收集和使用过程应当透明,允许当事人和法庭进行监督和质疑等。

(3)证据的关联性。

证据的关联性,也称为证据的相关性,是指证据与案件中的待证事实之间存在逻辑上的联系,能够对证明案件事实具有实质性的帮助。关联性是证据被法庭采纳的基本条件之一。证据必须与待证事实有直接或间接的逻辑联系,能够支持或反驳某一事实主张。证据应有助于证明或反驳案件中的某个具体问题或争议点。也存在单一证据可能不足以证明待证事实,需要与其他证据结合形成完整的证据体系(证据链)。证据的关联性包括两个方面,“是证据与案件事实有直接或间接的联系;二是证明事实对案件事实有正面或反面的证明作用”。

二、证据与证据体系

(一)证据体系

1.证据体系的基本概念。

证据体系是指为了证明案件中的事实,通过合理配置和整合各种法律证据,形成一个完整、主次分明、井然有序的结构化集合,来有效支持或驳斥特定法律主张。它不仅包括对单项证据的审查和使用,还涉及系统构建,以实现最佳的证明效果。

证据体系的核心在于从各类法律证据中获取、评估和整合最有力的支持材料,以支持案件中的具体主张。这一体系通常需要依照相关法律规定和证据裁判规则进行科学的证明规划。

实际上,证据体系的建构不仅关乎法律规定,还涉及实际操作中的方法论。律师和法律从业者在处理案件时,常利用标签化和智能化技术工具来优化证据体系的组织和表现形式。通过这种方式,能够更好地展示案件主旨,并有效帮助司法裁决达成公正。对此,检察机关也高度重视证据体系的构建。在具体的司法实践中,他们通常通过引导侦查、补充证据等方式,完善证据体系的完整性和有效性,以确保案件事实的明确及指控的精确。同时,在欠缺直接证据的情况下,他们也会使用间接证据来构建完整的证据链,通过详细的事实判断来填补可能存在的疑点。

证据体系的构建不仅依赖法律依据的充分性和准确性,还需要结合系统化的证据审查和配置策略,以确保满足法律程序中的各项要求。通过整合这些资源和方法,法律实践者才能建设性地推动案件进程,保障公正裁决的实现。

2. 证据体系的运用。

在当前的司法实践中,侦查机关在多年的办案经验中对于传统犯罪已经驾轻就熟。但是,随着社会主义市场经济的高速发展,一些犯罪(特别是涉经济类的犯罪)的模式日益复杂,在侦办过程中犯罪嫌疑人、被告人熟悉法律规定和相关行业规则,犯罪隐蔽性强、专业程度高,证据容易被隐匿、毁灭,证明犯罪难度大。特别是在犯罪嫌疑人、被告人不供认犯罪事实、缺乏直接证据的情形下,要加强对间接证据的审查判断,拓宽证明思路和证明方法,通过对间接证据的组织运用,构建证明体系,准确认定案件事实。

(1)明确指控的思路和方法,全面客观补充完善证据。检察机关办案人员应当准确把握犯罪的主要特征和证明的基本要求,明确指控思路和方法,构建清晰明确的证明体系。对于证明体系中证明环节有缺陷的以及关键节点需要补强证据的,要充分发挥检察机关的主导作用,通过引导侦查取证、退回补充侦查,准确引导侦查取证方向，明确侦查取证的目的和要求，及时补充完善证据。必要时要与侦查人员直接沟通，说明案件的证明思路、证明方法以及需要补充完善的证据在证明体系中的证明价值、证明方向和证明作用。在涉嫌利用未公开信息交易的犯罪嫌疑人、被告人不供认犯罪事实，缺乏证明犯意联络、信息传递和利用的直接证据的情形下，应当根据指控思路，围绕犯罪嫌疑人、被告人获取信息的便利条件、时间吻合程度、交易异常程度、利益关联程度、行为人专业背景等关键要素，通过引导侦查取证、退回补充侦查或者自行侦查，全面收集相关证据。

(2)加强对间接证据的审查，根据证据反映的客观事实判断案件事实。在缺乏直接证据的情形下，通过对间接证据证明的客观事实的综合判断，运用经验法则和逻辑规则，依法认定案件事实，建立从间接证据证明客观事实，再从客观事实判断案件事实的完整证明体系。某案中，办案人员首先通过对三名被告人被指控犯罪时段和其他时段证券交易数据、未公开信息相关交易信息等证据，证明其交易与未公开信息的关联性、趋同度及与其平常交易习惯的差异性；通过身份关系、资金往来等证据，证明双方具备传递信息的动机和条件；通过专业背景、职业经历、接触人员等证据，证明交易行为不符合其个人能力经验；然后借助证券市场的基本规律和一般人的经验常识，对上述客观事实进行综合判断，认定了案件事实。

(3)合理排除证据矛盾，确保证明结论唯一。运用间接证据证明案件事实，构成证明体系的间接证据应当相互衔接、相互支撑、相互印证，证据链条完整、证明结论唯一。基于经验和逻辑作出的判断结论并不必然具有唯一性，还要通过审查证据，进一步分析是否存在与指控方向相反的信息，排除其他可能性。既要审查证明体系中单一证据所包含的信息之间以及不同证据之间是否存在矛盾，又要注重审查证明体系之外的其他证据中是否存在相反信息。在犯罪嫌疑人、被告人不供述、不认罪案件中，要高度重视犯罪嫌疑人、被告人的辩解和其他相反证据，综合判断上述证据中的相反信息是否会实质性阻断由各项客观事实到案件事实的过程、是否会削弱整个证据链条的证明效力。与证明体系存在实质矛盾并且不能排除其他可能性的，不能认定案件事实。但不能因为犯罪嫌疑人、被告人不供述或者提出辩解，就认为无法排除其他可能性。犯罪嫌疑人、被告人的辩解不具有合理性、正当性,可以认定证明结论唯一。

(二)证据体系中的印证

1. 印证的基本概念。

在刑事案件中,证据的印证是指通过不同证据之间的相互支持和验证,形成完整的证据体系以确保案件事实的准确性。证据的印证在刑事诉讼中有着至关重要的作用,它不仅能够增强证据本身的证明力和真实性,而且有助于排除合理怀疑,从而为案件的公正裁决提供坚实的基础。

刑事诉讼中证据的印证机制强调证据之间的相互支持。根据《最高人民法院关于适用〈中华人民共和国刑事诉讼法〉的解释》(2021 年)第 139 条,证据的真实性应当通过综合审查全案证据来进行判断,同时要从证据与案件事实的关联程度、证据之间的联系等方面考察证据的证明力。而《最高人民检察院关于印发〈最高人民检察院关于适用《关于办理死刑案件审查判断证据若干问题的规定》和《关于办理刑事案件排除非法证据若干问题的规定》的指导意见〉的通知》第 12 条也明确了印证原则的重要性,特别是指明在没有其他证据相互印证的情况下,单一的犯罪嫌疑人口供不能作为定罪的依据。

在实务中,证据的印证可以通过经验法则、印证规则及证明模式等多个层次来实现。例如,印证融贯法强调证据之间的内在联系及共同性,而在无直接证据的情况下,间接证据之间的相互印证可作为定案的依据。

印证机制的重要性在于,它确保了证据之间的逻辑严密性和关联度,从而增强了司法裁判的准确性和公正性。通过不同证据之间的印证,法官能够以更高的确定性认定案件的真实情况,从而有效防止冤假错案的发生。

2. 印证在刑事诉讼中的作用。

刑事诉讼的定罪既是事实评价,又是法律评价,事实认定与法律适用是定罪过程的两个基本方面,二者紧密结合,不可或缺。证据,乃认定犯罪的事实根据,但证据绝无跨越事实认定而与法律适用直接联系的可能。刑罚关乎公民最基本的人权,因此刑事案件的证明标准比民事案件的证明标准要高,通说认为,证据必须达到“排除合理怀疑”或者与“排除合理怀疑”并无本质差异的“高度盖然性”才作为有罪认定的证明标准。我国《刑事诉讼法》规定的证明标准是“事实清楚,证据确实、充分”,这个标准非常注重标准的客观性。具体而言,应当符合以下条件:第一,定罪量刑的事实都有证据证明;第二,据以定案的证据均经过法定程序查证属实;第三,综合全案证据,对所认定事实已排除合理怀疑。但对于控方指控被告人犯罪构成事实是否存在的判断,显然只能由法官最后作出。因此,笔者认为,刑事诉讼的证明标准即定罪标准并非单纯的客观标准,既应强调有罪认定需要的证明程度的客观方面,也不应忽视有罪认定需要的证明程度的主观方面。作为可以作出最终有罪认定的标准,一方面要求法官经过细致慎重的推理,认为确实已存在进行最终事实认定的客观基础;另一方面则要求法官凭良心和诚挚,从其人格上确信被起诉的犯罪已经发生、被告人实施了该犯罪这一事实的存在,即内心确信的状态。只有达到了这两个方面的条件,才认为法官达到了可以作出有罪判断的标准。

3. 印证的理论基础。

刑事证据的印证并非空穴来风,在“自由心证”的基础上,审判者需要更多的证据来形成内心确信。刑事证据的印证来自以下理论基础:

(1)证据可采性与证据证明力:在证据法上,证据可采性和证明力是两个核心问题。前者决定证据能否被法庭接受,后者决定其是否足以支持案件事实。在印证原则中,多个证据相互印证提高了整体证据链的证明力,从而影响法庭对案件的判断。

(2)合理怀疑标准:刑事诉讼中的定罪标准是“排除合理怀疑”。通过印证的方式,实现证据间的相互支持,提高排除合理怀疑的可能性,从而增加可信度。

(3)司法公正保障:对刑事案件的处理要求高度的司法公正,而证据的印证机制防止了因单一或错误证据导致的误判,从而维护了被告人的合法权益,确保司法公正。

第四章

构成要件在证据中的体现

一、证据与案件事实的关系

(一)客观事实与法律事实

在法律实践中,客观事实和法律事实是两个至关重要的概念。客观事实是指实际发生的事件和情况,而法律事实是经过法律程序确认并具有法律效力的事实。这两者之间的关系既紧密相连又有明显区别。客观事实是独立于法律程序的客观真相,而法律事实是通过证据证明和法律程序形成的事实。二者在法律过程中相辅相成,通过法律程序将客观事实转化为法律事实,确保司法公正。

1. 客观事实与法律事实的区别。

客观事实是指事件在现实中真正发生的状态,不依赖人们的主观认识,而是独立存在的真相。

法律事实则是通过特定的法律程序和规则,根据证据对客观事实的还原,形成可供法律裁判的事实状态。法律事实可能因新的证据或法律程序的推进而被修改或推翻,如在上诉过程中。法律事实一旦确认,具有法律拘束力,会影响法律责任的认定和权利义务的安排。

因此,客观事实与法律事实的区别在于前者是客观真实的存在,而后者是通过法律程序证明并采纳的事实。

在法律过程中,转化的关键在于证据的获取、呈现和评估,因此其是将客观事实纳入法律框架的基石。通过证据裁判原则,认定案件事实应当依据证据,这一规定强调了证据在将客观事实转化为法律事实过程中的核心地位。客观事实源于真实世界的事件和状况,而法律事实则是通过法律行动和证明过程确立的。客观事实的存在通常并不依赖任何法律程序,而法律事实需依附于法律规则和程序。

2. 客观事实与法律事实的联系。

客观事实与法律事实虽然在性质和表现形式上有所不同,但在法律实践中相辅相成。客观事实提供了法律事实的基础,而法律事实的认定则决定了在法律上如何对客观事实作出评价。客观事实通常是法律事实确认的基础,是法律程序的出发点。法律事实的认定依赖对客观事实的理解和解释,同时法律事实的形成又会影响对客观事实的法律意义和后果的判断。法律事实在实际操作中可能因新证据的出现而变化,这种变化可能会重新定义与客观事实相关的法律责任和权利义务。

通过审查、验证和裁判,证据将客观事实构建成法律事实。在刑事诉讼中,《人民检察院刑事诉讼规则》第 356 条规定,人民检察院对于犯罪事实清楚,证据确实、充分的,可以直接提起公诉,这表明事实的认定必须经过严谨的证据分析和法律判断。同时,司法过程的复杂性和不确定性,尤其是法官对证据的评判过程,也说明法律事实有时可能会与客观事实产生偏差,这是因为证据本身的局限性和法律框架的制约性。因此,实践中,在建立法律事实的过程中需要不断优化取证手段和审判程序,以缩小与客观事实的差距,实现更公正的法律裁决。

(二)法律事实与证据

客观事实与法律事实之间的关系主要体现在证据通过法律程序的使用。

刑事证据与案件事实的关系是刑事诉讼中的核心问题,涉及证据的收集、审查和运用,以及如何通过证据来揭示案件的真实情况。证据的审查包括对其真实性的综合评估,需要考虑全案的证据。证据的证明力则根据证据与待证事实的关联程度、证据之间的联系等因素进行判断。

刑事案件的第一道程序是侦查,侦查的目的就是查明案件的事实。因此,事实认定是刑事诉讼的入口,只有以准确的事实认定为基础,才能进行准确的法律适用。而事实认定就是在对在案证据进行个别、综合审查判断基础上,结合法律规定和经验逻辑规则开展,从而得出案件的事实认定结论。因此,在刑事诉讼中,在规范的法律语境中谈论事实，首先需要谈论的就是证据。只有确定了证据，才能确定事实。

然而，在刑事诉讼活动中，特别是侦查活动中总是假设构成某种犯罪，从而对该种犯罪的证据进行收集。作为刑事辩护而言，辩护人只能在案件移送审查起诉后才能查阅到在案卷宗，此时在案证据已基本固定。因此，要对案件的法律问题进行审查，首要的是确定指控何种罪名，在该罪名的规定下再进行证据审查，通过证据确定事实，在确定的事实基础上适用法律规定，从而实现辩护的目标。需要注意的是，上述的逻辑，并非逐一递进的关系，而应当是将目光来回穿梭于法律规定和案件事实之间，反复审阅才能得到答案。

二、构成要件要素与证据的关系

因为已经在侦查机关确定的，或者可能存在的犯罪罪名语境下研究案件的有效辩护方案，那么就需要清楚所指控罪名的具体规定，并对规定进行分解和分析，特别是该罪的构成要件要素的准确分析。精细化辩护（有效辩护的一种方法）的基本要求就是对于指控罪名的构成要件要素，特别是真正的构成要件要素需要有充分的、全面的证据来证明，从而形成“排除合理怀疑”的证据体系。

特别是针对消极的构成要件要素、不成文的构成要件要素、规范的构成要件要素、真正的构成要件要素，都需要有准确的把握。只有针对每个罪名的构成要件要素进行准确分析后，再结合在案证据分析每个构成要件要素是否有充分的证据证明，在各个构成要件要素对应的证据进行分析后，再结合整体体系作整体分析，看是否形成完整的证据体系，是否排除合理怀疑，是否达到“事实清楚，证据确实、充分”的法定证明标准。

2 PART 下篇

常见罪名解析与实务运用

为方便理解和使用，本书中的构成要件解析主要是基于“四要件理论”展开。通过大数据分析，对目前司法实践中出现较多的30个罪名的构成要件进行解析，并对辩点进行分析。再次也特地说明，对于显而易见的，司法实践中已基本达成共识的构成要件要素就不再展开解析。主要是针对辩护过程中容易形成辩点的罪名。

第一章

组织考试作弊罪

一、《刑法》规定

第 284 条之一　在法律规定的国家考试中,组织作弊的,处三年以下有期徒刑或者拘役,并处或者单处罚金;情节严重的,处三年以上七年以下有期徒刑,并处罚金。

为他人实施前款犯罪提供作弊器材或者其他帮助的,依照前款的规定处罚。

为实施考试作弊行为,向他人非法出售或者提供第一款规定的考试的试题、答案的,依照第一款的规定处罚。

二、司法解释指引

1.《最高人民法院关于审理走私、非法经营、非法使用兴奋剂刑事案件适用法律若干问题的解释》(法释〔2019〕16 号)

2.《最高人民法院、最高人民检察院关于办理组织考试作弊等刑事案件适用法律若干问题的解释》(法释〔2019〕13 号)

三、构成要件解析

本罪的主体要件为一般要件,即具有《刑法》所规定的刑事责任条件即可。客体要件:

1.“法律规定的国家考试”。

该要素为客观要件的构成要件要素,积极的构成要件要素,成文的构成要件要素,规范的构成要件要素,真正的构成要件要素。因此,在认定犯罪构成时,该构成要件要素是不可或缺的,需要通过规范的概念来进行认定。

《刑法》第284条之一规定的“法律规定的国家考试”,仅限于全国人民代表大会及其常务委员会制定的法律所规定的考试。

根据有关法律规定,下列考试属于“法律规定的国家考试”:

(1)普通高等学校招生考试、研究生招生考试、高等教育自学考试、成人高等学校招生考试等国家教育考试;

(2)中央和地方公务员录用考试;

(3)国家统一法律职业资格考试、国家教师资格考试、注册会计师全国统一考试、会计专业技术资格考试、资产评估师资格考试、医师资格考试、执业药师职业资格考试、注册建筑师考试、建造师执业资格考试等专业技术资格考试;

(4)其他依照法律由中央或者地方主管部门以及行业组织的国家考试。

前款规定的考试涉及的特殊类型招生、特殊技能测试、面试等考试,属于“法律规定的国家考试”。

解析:司法实践中,很多非“法律规定的国家考试”中发生组织考试作弊的情况,也会适用本罪名。因此,在辩护过程中特别需要注意的是,需要对考试的性质的证据进行充分审查,看其是否属于“法律规定的国家考试”。也存在一些情况,属于“法律规定的国家考试”,但是没有证据予以证明。

2.“作弊器材”。

具有避开或者突破考场防范作弊的安全管理措施,获取、记录、传递、接收、存储考试试题、答案等功能的程序、工具,以及专门设计用于作弊的程序、工具,应当认定为《刑法》第284条之一第2款规定的“作弊器材”。

对于是否属于《刑法》第284条之一第2款规定的“作弊器材”难以确定的,依据省级以上公安机关或者考试主管部门出具的报告,结合其他证据作出认定;涉及专用间谍器材、窃听、窃照专用器材、“伪基站”等器材的,依照相关规定作出认定。

解析:“作弊器材”并非组织考试作弊罪真正的构成要件要素,但是司法解释专门予以说明。在涉及作弊器材的组织考试作弊罪案件中，有必要对“作弊器材”进行规范的法律认定，从而对该罪的客观行为进行进一步的认定。

3. “情节严重”。

在法律规定的国家考试中，组织作弊，具有下列情形之一的，应当认定为《刑法》第 284 条之一第 1 款规定的“情节严重”：

（1）在普通高等学校招生考试、研究生招生考试、公务员录用考试中组织考试作弊的；

（2）导致考试推迟、取消或者启用备用试题的；

（3）考试工作人员组织考试作弊的；

（4）组织考生跨省、自治区、直辖市作弊的；

（5）多次组织考试作弊的；

（6）组织 30 人次以上作弊的；

（7）提供作弊器材 50 件以上的；

（8）违法所得 30 万元以上的；

（9）其他情节严重的情形。

解析：本罪的构罪只要符合组织考试作弊罪的构成要件即可，但是“情节严重”的认定将直接导致量刑档次的确定。因此，在进行案件证据审查时，如果指控认定已经达到情节严重的标准，那么需要对对应的证据予以审查。

四、案例指引

参考案例：（2018）川 20 刑终 73 号；（2020）渝 0116 刑初 60 号；（2021）津 01 刑终 591 号；（2018）云 03 刑终 4 号；（2022）粤 06 刑终 499 号；（2017）沪 02 刑终 959 号。

第二章

虚开增值税专用发票罪、用于骗取出口退税、抵扣税款发票罪

一、《刑法》规定

第 205 条　虚开增值税专用发票或者虚开用于骗取出口退税、抵扣税款的其他发票的，处三年以下有期徒刑或者拘役，并处二万元以上二十万元以下罚金；虚开的税款数额较大或者有其他严重情节的，处三年以上十年以下有期徒刑，并处五万元以上五十万元以下罚金；虚开的税款数额巨大或者有其他特别严重情节的，处十年以上有期徒刑或者无期徒刑，并处五万元以上五十万元以下罚金或者没收财产。

单位犯本条规定之罪的，对单位判处罚金，并对其直接负责的主管人员和其他直接责任人员，处三年以下有期徒刑或者拘役；虚开的税款数额较大或者有其他严重情节的，处三年以上十年以下有期徒刑；虚开的税款数额巨大或者有其他特别严重情节的，处十年以上有期徒刑或者无期徒刑。

虚开增值税专用发票或者虚开用于骗取出口退税、抵扣税款的其他发票，是指有为他人虚开、为自己虚开、让他人为自己虚开、介绍他人虚开行为之一的。

二、构成要件及辩点解析

（一）“增值税”的认定及范围

增值税是对货物或应税服务的最终销售按照不含税价征收的比例税款。《刑事审判参考》总第 111 集第 1209 号案例中提出，认定虚开税额，应当以该部分虚

开或者可能让国家税款流失的税额为限。

(二)“增值税专用发票”的认定

“增值税专用发票”属于规范的构成要件要素、必备的构成要件要素。增值税专用发票不同于普通发票,其可以用于抵扣税款,抵扣税款会直接造成国家税收损失。

(三)客观行为

本罪的客观行为包含四种:为他人虚开、为自己虚开、让他人为自己虚开、介绍他人虚开行为之一。该四种行为方式,属于成文的构成要件要素,其在《刑法》条文中进行了封闭式的列举。

(四)“其他发票”的认定

《刑法》规定的“出口额退税、抵扣税款的其他发票”,是指除增值税专用发票以外的,具有出口退税、抵扣税款功能的收付凭证或完税凭证。(《全国人民代表大会常务委员会关于〈中华人民共和国刑法〉有关进出口退税、抵扣税款的其他发票规定的解释》)

(五)数额或情节的认定

在新的司法解释颁行前,对虚开增值税专用发票刑事案件定罪量刑的数额标准,可以参照《最高人民法院关于审理骗取出口退税刑事案件具体应用法律若干问题的解释》(法释〔2002〕30号)第3条的规定执行,即虚开的税款数额在5万元以上的,以虚开增值税专用发票罪处3年以下有期徒刑或者拘役,并处2万元以上20万元以下罚金;虚开的税款数额在50万元以上的,认定为《刑法》第205条规定的“数额较大”;虚开的税款数额在250万元以上的,认定为《刑法》第205条规定的“数额巨大”。

表2-1　《刑法》第205条罪名分析

罪名	处罚对象	主刑刑期	情节
虚开增值税专用发票、用于骗取出口退税、抵扣税款发票罪	自然人犯罪或单位犯罪对其直接负责的主管人员和其他直接责任人员的处罚	3年以下有期徒刑或者拘役	虚开增值税专用发票或者虚开用于骗取出口退税、抵扣税款的其他发票的:5万元以上
		3年以上10年以下有期徒刑	虚开的税款数额较大或者有其他严重情节的:50万元以上
		10年以上有期徒刑或者无期徒刑	虚开的税款数额巨大或者有其他特别严重情节的:250万元以上

(六)主观目的

有实际销售货物或行为人实际进行经营活动的,因挂靠后利用他人名义进行活动的,主观上没有骗取抵扣税款的故意,客观上也没有造成税款损失的,不认定为本罪。(《最高人民法院〈关于如何认定以"挂靠"有关公司名义实施经营活动并让有关公司为自己虚开增值税专用发票行为的性质〉征求意见的复函》)该要件要素属于消极的构成要件要素,具备上述条件,可以进行出罪的有效辩护。

《刑事审判参考》总第17集第110号案例中提出,行为人即使实施了虚开增值税专用发票的行为,但是没有抵扣税款的故意,也不能以虚开增值税专用发票罪定罪处罚。

(七)"高开低征""开大证小"的行为认定

1. 税务机关实施"高开低征"或"开大证小"的不属于虚开增值税专用发票罪的犯罪行为。如果造成国家税收损失的,以渎职相关犯罪追究刑事责任。

2. 但是,税务机关将不具备条件的小规模纳税人虚报为一般纳税人,进行"高开低征"的方法为他人代开增值税专用发票的行为,属于虚开增值税专用发票罪。

3. 另外,税务机关利用代管监开的增值税专用发票"高开低征"的行为,应当以虚开增值税专用发票罪定罪量刑。

第三章

危险驾驶罪

一、《刑法》规定

第133条　在道路上驾驶机动车，有下列情形之一的，处拘役，并处罚金：

（一）追逐竞驶，情节恶劣的；

（二）醉酒驾驶机动车的；

（三）从事校车业务或者旅客运输，严重超过额定乘员载客，或者严重超过规定时速行驶的；

（四）违反危险化学品安全管理规定运输危险化学品，危及公共安全的。

机动车所有人、管理人对前款第三项、第四项行为负有直接责任的，依照前款的规定处罚。

有前两款行为，同时构成其他犯罪的，依照处罚较重的规定定罪处罚。

二、构成要件及辩点解析

（一）"道路"的认定

对危险驾驶罪中"道路"的理解应重点把握驾驶行为发生地是否具有"公共性"，只要具有"公共性"，就应当认定为"道路"。

《刑法》设置危险驾驶罪时并没有对"道路"作限制性规定，故"道路"的范围应当与《道路交通安全法》的规定保持一致。小区道路是否属于危险驾驶罪罪状中的"道路"，关键是要看该道路是否允许社会车辆通行。

（二）“小区道路”的认定

“公共性”是“道路”的核心标准，对于“小区道路”的认定关键是看，涉案小区的道路是封闭式管理的，即只允许本小区的住户车辆通行；还是开放式管理的，即非住户车辆可以自由出入小区、在小区停放。小区道路具有公共性，属于《道路交通安全法》规定的“道路”。在该小区内醉酒驾驶机动车，属于在道路上醉酒驾驶，其行为构成危险驾驶罪。

（三）电动自行车能否认定为机动车

《刑事审判参考》总第94集第892号案例中提出，不宜将超标电动自行车认定为“机动车”，在道路上醉酒驾驶超标电动自行车的，不构成危险驾驶罪。

（四）“挪车”是否属于驾驶行为

醉酒后在道路上挪动车位的行为是否构成危险驾驶罪，构成危险驾驶罪，但属情节轻微，可以不起诉或者免予刑事处罚。

（五）“追逐竞驶，情节恶劣”的认定

其一，对“追逐竞驶”的认定应当坚持主客观相统一原则。

其二，对本罪“情节恶劣”的认定应当重点考察追逐竞驶行为对道路交通安全造成的危险程度。

行为人在道路上驾驶机动车追逐竞驶，具有以下情节：一是驾驶的机动车系无牌、套牌的大功率改装摩托车；二是高速驾驶，在多处路段超速50%以上；三是具有多次闯红灯、曲折变道穿插前车的违章驾驶行为；四是驾驶路段为市区主干道，沿途有多处学校、公交地铁站点、居民小区等人员密集区域，且事发于周五晚上，车流、人流密集；五是在民警设卡拦截盘查时驾车高速逃离。综合上述情节，可以认定行为人追逐竞驶行为对道路交通安全造成了紧迫的危险，属于《刑法》第133条之一规定的“情节恶劣”。

三、实务运用

1. 醉酒驾驶机动车致使本人重伤的是否构成交通肇事罪？

醉酒驾驶机动车致使本人重伤的不构成交通肇事罪，而构成危险驾驶罪。犯

罪是对他人法益的侵害,一般情况下自损行为不构成犯罪(对生命权的处分除外),除非这种自损行为危及国家和公共安全。因此,《最高人民法院关于审理交通肇事刑事案件具体应用法律若干问题的解释》规定的“致一人以上重伤”中的“人”不应当包括本人,且对致本人重伤的行为定罪有违社会一般人的观念。司法实践中,行为人酒后驾驶机动车,致车上乘客受轻伤,其行为后果尚未达到《最高人民法院关于审理交通肇事刑事案件具体应用法律若干问题的解释》规定的严重程度,其行为不构成交通肇事罪,但行为人在道路上醉酒驾驶机动车的行为符合危险驾驶罪的构成要件,故应当以危险驾驶罪定罪处罚。

2. 醉酒驾驶并抗拒检查的是应当从一重处还是数罪并罚?

醉酒驾驶并抗拒检查的分别构成危险驾驶罪和妨害公务罪(袭警罪),应当数罪并罚。行为人明知在道路上醉酒驾驶机动车具有危险性,仍在醉酒状态下驾驶汽车在城市高速路上行驶,置公共安全于不顾,其行为构成危险驾驶罪。该行为造成的危险状态一直持续到其被执勤民警拦下为止。此时,行为人的危险驾驶行为已经构成犯罪既遂。此后行为人弃车逃跑,被民警抓获并带至检查站依法检查时,其推搡、拉扯民警,阻碍检查,并将民警打成轻微伤,这一系列举动已经超出危险驾驶罪的行为范畴,属于妨害公务罪中阻碍国家机关工作人员依法执行职务的行为,扰乱了国家管理秩序。综上,行为人在不同故意的支配下,先后实施了两个不同行为,分别符合危险驾驶罪和妨害公务罪(袭警罪)的构成特征,应当按照数罪并罚的原则予以处罚。

3. 醉驾逃逸后找人“顶包”并指使他人提供虚假证言,导致无法及时检验血液酒精含量的案件如何处理?

在缺少对行为人的血液酒精含量鉴定意见这一关键性证据,但上述证据也可以形成完整的证据链,足以认定行为人危险驾驶的犯罪事实。行为人醉酒驾驶机动车发生交通事故后逃逸,为逃避法律追究,找人“顶包”,并指使他人作伪证,导致公安机关无法及时进行血液酒精含量检验,妨碍了对其醉酒驾驶机动车追究法律责任的正常办案程序,也导致多名证人因提供虚假证言被行政处罚,侵害了司法机关正常的诉讼活动和公民依法作证的权利,其行为构成妨害作证罪,应当与其所犯危险驾驶罪数罪并罚。

4. 追逐竞驶造成交通事故尚不构成交通肇事罪的,是构成危险驾驶罪还是以危险方法危害公共安全罪?

追逐竞驶造成交通事故尚不构成交通肇事罪的,构成危险驾驶罪。行为人在驾驶途中出于争强好胜的斗气心理,临时起意追逐对方车辆,其碰撞上停放在路边的其他车辆后即停止驾驶行为,并下车持砖头砸坏汽车的前挡风玻璃,由此体现出其主观上并不希望或者放任其危险驾驶行为对他人人身财产造成损害,因此,不符合以危险方法危害公共安全罪的主观构成特征。行为人虽实施了危险驾驶行为,并造成一定的财产损失,但该行为尚未达到与放火、决水、爆炸、投放危险物质等行为相当的危害程度,应当认定其行为构成危险驾驶罪。

5. 对未当场查获行为人醉酒驾驶机动车且系“零口供”的案件如何通过证据审查定案?

其一,审查有无证明案件犯罪事实的直接证据。

其二,审查有无证明案件主要事实、情节的间接证据。

其三,审查判断行为人供述的真实性。

行为人归案后虽然始终否认醉酒驾车,但其所作无罪辩解存在自相矛盾、不合常理之处,反证了其辩解的虚假性。行为人的无罪辩解前后不一,不合常理,且与在案的其他证据相矛盾,不足采信。综上,对于未被当场查获的行为人“零口供”的危险驾驶案件:除通过审查判断直接证据、间接证据外,还应结合现有证据对行为人的无罪辩解进行综合分析判断,从而进一步加强内心确信。司法实践中,正是运用这一综合审查判断证据的方法,查明行为人危险驾驶的犯罪事实。

6. 行为人拒绝配合交警进行酒精检测情形下的司法认定。

其一,认定行为人构成醉驾的基础为血液酒精含量检验鉴定意见。

其二,血液酒精含量检验鉴定的实体、程序均应合法有效。

其三,呼气酒精含量检验结果与血液酒精含量检验鉴定意见存在冲突时,应当以后者为准。

交警部门依法对行为人先后进行了呼气酒精含量检验和血液酒精含量检验鉴定。血液酒精含量,也应行为人的申请而进行了重新鉴定。因此,只要该鉴定意见合法,就应当将其作为定案的依据。

第四章

非法占用农用地罪

一、《刑法》规定

第 342 条　违反土地管理法规，非法占用耕地、林地等农用地，改变被占用土地用途，数量较大，造成耕地、林地等农用地大量毁坏的，处五年以下有期徒刑或者拘役，并处或者单处罚金。

二、构成要件及辩点解析

（一）“土地管理法规”

“土地管理法规”是指《土地管理法》《森林法》《草原法》等法律以及有关行政法规中关于土地管理的规定。此处的“法规”是规范的构成要件要素，特指法律或行政法规。

（二）“非法占用耕地”的行为认定

“非法占用耕地”是指建窑、建坟、建房、挖沙、采石、采矿、取土、堆放固体废物或者进行其他非农业建设。

（三）“改变被占用土地用途”

“改变被占用土地用途”是指未经依法办理农用地转用批准手续、土地征用、占用审批手续，在被占用的农用地上从事建设、采矿、养殖等活动，改变土地利用总体规划规定的农用地的原用途。

（四）“数量较大”的认定标准

1. 非法占用基本农田 5 亩以上或者基本农田以外的耕地 10 亩以上的；

2. 非法占用防护林地或者特种用途林地数量单种或者合计 5 亩以上的；

3. 非法占用其他林地数量 10 亩以上的；

4. 非法占用本款第 2 项、第 3 项规定的林地，其中一项数量达到相应规定的数量标准的 50% 以上，且两项数量合计达到该项规定的数量标准的；

5. 非法占用其他农用地数量较大的情形。

三、实务运用

1. 认定犯罪应当具备主客观一致原则，即行为人主观上应当明知是林地仍改变用途，客观上实际实施了造成土地原有植被或种植条件严重毁坏或严重污染的行为。案发时，行为人并非实际耕种人。在案证据中，构成犯罪的客观要件缺失，认定行为人具有犯罪故意，实施了犯罪行为，构成非法占用农用地罪的证据不足。

2. 毁坏林地的实质在于破坏林地土壤种植条件或者原有生态功能。非法占用林地并进行修建道路、厂房等非林业生产、建设，造成林地被严重污染或者原有植被、林业生产条件被严重破坏的，应当认定为“毁坏”林地；符合《刑法》第 342 条规定的，应当以非法占用农用地罪论处。

3. 林地是依法规划确定的用于发展林业的土地。保证林地专门用途，对于有效保护地上原有植被，维持森林生态系统的多样性、稳定性、持续性，确保森林资源发挥应有生态功能，至关重要。在林地上进行非林业生产、建设，造成原有植被、林业生产条件被严重破坏的，属于毁坏林地；符合《刑法》第 342 条规定的，应当以非法占用农用地罪论处。

4. 村民小组随意变更土地性质、用途并将土地发包，数量较大，造成耕地、林地等农用地大量毁坏的，可以依法追究作为直接负责的主管人员的村民小组组长的刑事责任。

5. 被告单位虽然取得采矿许可证，但未依法办理土地征用、林地占用手续，采取劳务分包方式化整为零、转嫁法律责任，造成农用地大量毁坏、严重破坏生态环境的，应当对全部非法占用的农用地面积承担刑事责任和民事责任。

6. 行为人主动购买林业碳汇修复受损生态环境，有效弥补了补种树木成活期、幼龄期的固碳增汇损失，弥补了生态环境受到损害至修复完成期间的损失，既是自愿履行其应当承担的修复受损生态环境责任的具体行动，也是其真诚悔罪、认罪认罚的具体表现。对此，在刑罚裁量时可以酌情从轻处罚。

7. 现有证据不能证明涉案地块的土地使用权属和原有树木种类、林地面积等情况，鉴定意见不符合相关文件的要求，所以，该鉴定意见不应作为定案根据。因此，认定行为人构成非法占用农用地罪事实不清、证据不足。

8. 行为人以治沙造林为由，在土地上栽种柳树的事实存在，但是其为优化涉案土地的生态环境，对涉案土地沙化现场进行治理，并无非法占用的犯罪故意。相关鉴定报告明确认定，涉案土地在栽种柳树后并无生态遭到破坏的后果，栽种柳树起到了防风固沙、涵养水源的作用，没有造成土地毁坏的结果。行为人的行为不符合非法占用农用地的犯罪构成要件，认定行为人犯非法占用农用地罪证据不足。

9. 行为人甲系行为人乙为植树造林雇佣的工人，行为人甲客观上与行为人乙共同实施了破坏草原的行为，但行为人甲的主观目的是挣取工资，而行为人乙的主观目的是在草原上植树造林，获取利益，且行为人乙已明确告知行为人甲其有合法手续。故行为人甲与行为人乙没有共同的犯意联络，公诉机关对行为人甲犯非法占用农用罪的指控不能成立。

第五章

滥伐林木罪

一、《刑法》规定

第 345 条第 2 款　违反森林法的规定，滥伐森林或者其他林木，数量较大的，处三年以下有期徒刑、拘役或者管制，并处或者单处罚金；数量巨大的，处三年以上七年以下有期徒刑，并处罚金。

二、构成要件及辩点解析

（一）“森林法”

“森林法”特指《森林法》，是规范的构成要件要素，必备的构成要件要素。

（二）“个人林木”的认定

属于个人所有的林木也是国家森林资源的一部分。行为人滥伐属于自己所有权的林木构成滥伐林木罪。其行为已违反国家保护森林法规，破坏了国家的森林资源，滥伐的林木不再是受保护的合法财产而应当作为犯罪分子违法所得依照《刑法》规定予以追缴。

（三）超范围采伐的认定

违反《森林法》的规定，在林木采伐许可证规定的地点以外，采伐本单位或者本人所有的森林或者其他林木的除农民采伐自留地和房前屋后个人所有的零星林木以外属于滥伐林木罪。“农民采伐自留地和房前屋后个人所有的零星林木”属于消极的构成要件要素，可以作为出罪条件。

三、实务运用

1. 未经林业和草原行政主管部门审批毁坏公益林或自留山地商品林并种植经济作物的行为，或未按照有关规定完成更新造林的行为，不仅侵害了国家对森林资源的保护和管理制度，也因不同树种所具备的生态功能差异而对当地生态系统稳定性造成不利影响。

2. 森林资源是国家宝贵的生态资源，对改善人类生存环境具有重要意义。司法实践中，行为人应通过环剥树皮的方式造成树木“自然”死亡的假象，待其枯死后再择机砍伐，不仅导致大量松、杉树木慢性死亡，还破坏了区域生态系统。

3. 未经林业和草原行政主管部门审批毁坏公益林或自留山地商品林并种植经济作物，是滥伐林木罪的行为。

4. 明知他人砍伐的林木为滥伐的情况下，为谋取利益，仍非法运输，获利数千元，构成非法运输滥伐的林木罪。

5. 不履行行政机关责令补种树木的决定，法院在执行过程中可以确定行政相对人在自有土地上异地补种；补种完成后，由行政机关现场验收。

6. 新《森林法》第 56 条改变了“采伐林木必须申请采伐许可证”的规定，现规定“采伐林地上的林木应当申请采伐许可证”。同时，规定了采伐自然保护区以外的竹林，虽然不需要申请采伐许可证，但应当符合林木采伐技术规程；非林地上的农田防护林、防风固沙林、护路林、护岸护堤林和城镇林木等的更新采伐必须符合有关主管部门的管理规定。这样的规定变化改变了滥伐林木罪的客观方面，在未办理采伐许可证的情况下采伐非林地上一般林木的行为不再构成滥伐林木罪。

7. 行为人经有权机关告知其不需要自行办理采伐许可证的情况下无证采伐，应认定为不具有犯罪故意。

第六章

非法采矿罪

一、《刑法》规定

第343条第1款　违反矿产资源法的规定，未取得采矿许可证擅自采矿，擅自进入国家规划矿区、对国民经济具有重要价值的矿区和他人矿区范围采矿，或者擅自开采国家规定实行保护性开采的特定矿种，情节严重的，处三年以下有期徒刑、拘役或者管制，并处或者单处罚金；情节特别严重的，处三年以上七年以下有期徒刑，并处罚金。

二、构成要件及辩点解析

（一）“采矿许可证”

“采矿许可证”除采矿许可证外，还涵括采砂许可证、海砂开采海域使用权证等开采河砂、海砂所应取得的许可证。

（二）“未取得采矿许可证擅自采矿”的认定

1.“未取得采矿许可证擅自采矿”的情形包括：无许可证的；许可证被注销、吊销、撤销的；超越许可证规定的矿区范围或者开采范围的；超出许可证规定的矿种的（共生、伴生矿种除外）；其他未取得许可证的情形。

2.特殊情形：

（1）如果依法取得采矿许可证并在到期前向行政机关申请延续，但由于行政机关的执法不规范、不作为而未能在法定期限内获得采矿许可的延续批准的，不应认定为“未取得采矿许可证擅自采矿”。

(2)《最高人民法院、最高人民检察院关于办理非法采矿、破坏性采矿刑事案件适用法律若干问题的解释》第2条对《刑法》第343条规定的“未取得采矿许可证”有明确的界定,即“无许可证的;许可证被注销、吊销、撤销的;超越许可证规定的矿区范围或者开采范围的;超出许可证规定的矿种的以及其他未取得许可证”的情形,并未将许可证到期列举进去。实践中采矿许可证到期后继续开采的情形、成因比较复杂,判断其是否属于上述规定的“其他未取得许可证”情形,应当综合行政机关对采矿权延续申请的受理、是否作出决定等情节进行审查。如果依法取得采矿许可证并在到期前向行政机关申请延续,但由于行政机关的执法不规范、不作为而未能在法定期限内获得采矿许可的延续批准的,不应认定为“未取得采矿许可证擅自采矿”。

(3)采矿权承包不属于“未取得采矿许可证”。在判断采矿权承包合同的效力问题时,不应仅根据合同名称中的“承包”字眼的有无来判断,而应根据合同内容尤其应结合采矿权人是否获得矿产品,是否参与矿山企业的日常管理,承包人在生产经营活动中是否以发包人名义,开采期限是否过长等事实进行判断。对于发包人未退出矿山管理,承包人仅劳务承包;发包人证照齐全,实际承担经营风险;发包人把控矿产资源开采后的销售流程等情形,即便当事人之间在履行合同过程中发生争议,进入刑事司法视野的,也应当认定为民事领域可以妥当处理的采矿权承包经营纠纷,不属于刑事领域变相转让采矿许可证,不宜认定为犯罪。

三、实务运用

1. 非法采砂造成流域生态环境损害,检察机关在刑事案件中提起附带民事公益诉讼,请求被告人承担生态环境修复责任、赔偿损失和有关费用的,人民法院依法予以支持。

2. 非法采矿罪的对象矿产资源应系地质作用形成的自然资源。人工开采矿石后的剥离物、废石,并非经地质作用自然形成,不符合自然状态的属性,不属于非法采矿罪的对象。

3. 行为人未取得采矿许可证,在其承包的集体土地上非法采砂,破坏矿产资源和生态环境,符合《刑法》第 343 条第 1 款规定的,构成非法采矿罪。

4. 对仅获得探矿许可的采矿行为,在认定行为性质时应综合考量行为人主观恶意、开采矿产品价值或者造成矿产资源破坏的价值、开采时间长短等因素。被告人在取得探矿许可的情况下,未办理采矿权证手续,擅自采矿,开采的矿产品价值大,符合《刑法》第 343 条规定的,应当认定为构成非法采矿罪。

5. 在合法承建项目工程施工中,超出项目工程范围,违反《矿产资源法》的规定,未取得采矿许可证而擅自大量采挖项目工程所在地的砂石等矿产资源牟利的,属于非法采矿。

6. 违反国家法律法规规定,未经许可在黄河河道管理范围内非法采砂,沉砂池构筑成的砂场高度在一定程度上形成阻水障碍,影响行洪安全的,构成非法采矿罪。被告人除应依法承担刑事责任外,还应就其非法采砂行为造成生态环境损害承担侵权责任。就侵权责任的承担方式而言,为保障河道行洪安全,应当清除砂场,恢复河道原貌。

7. 在非法采矿案件中,应当准确认定被告人开采矿石行为的非法性。若被告人开采矿石是为了保护财产、排除安全隐患的避险行为,则应当认定其为《刑法》允许实施的合法开采行为,不具有社会危害性和非法性,不构成非法采矿罪。但是,对于同一案件中同一被告人既有避险行为又有非法开采行为的,应当作出明确区分,分别依法进行裁判。

8. 被告人实际采挖数量远超自然资源主管部门的批准量的,系超范围采矿行为,符合《刑法》第 343 条规定的,应当以非法采矿罪定罪处罚。

9. 公益诉讼起诉人、生态环境侵权人分别委托有关机构出具生态环境修复方案的,法院应当着重对方案的生态修复效果进行审查,必要时可以参考专家意见,采纳更加科学、合理,更有利于实现生态环境修复效果的方案。

第七章

开设赌场罪

一、《刑法》规定

第 303 条第 2 款　开设赌场的，处五年以下有期徒刑、拘役或者管制，并处罚金；情节严重的，处五年以上十年以下有期徒刑，并处罚金。

二、立法解读及相关司法解释解析

根据开设赌场罪的立法解读，所谓“开设赌场”，是指开设专门用于进行赌博的场所。这种场所既可以由本人直接支配，也可以委托他人间接支配；行为人提供场所既可以是自己的住宅或者他人的住宅，也可以是旅馆、宾馆等提供的房间。实践中，常见的大多是不法分子利用一些偏僻的场院、宾馆或地下室等不易被发现的地方，雇用一些看家护院的打手，配有专门用于进行赌博的设备。开设赌场的人是否直接参与赌博，以及开设赌场是否以营利为目的都不影响本罪的成立。

随着科技的发展，赌博的形式在发生变化，在网上进行网络赌博的情况也不断增加。实践中，网络赌博的形式多种多样，有的是面向公众的公开性网络赌博，这类赌博通过国外开设的合法赌博网站公开进行赌博，任何人都可自由登录网站进行网上赌博活动，赌资可在线支付。有的是面向特定群体的隐蔽性网络赌博，这类赌博，有的网站具有固定网址，大多实行会员制，需要专用账号和密码才能登录；有的采用动态网址，不断变换域名，参赌人员需要和各地赌博代理人联系才能获得网址，登录网站进行赌博。有的是在网络游戏中衍生出赌博活动，即变相的赌博类网络游戏，涉及网络游戏服务、虚拟货币、第三方交易平台等多个环节，赌资往往不直接与货币挂钩,隐蔽性极强。随着移动通讯的发展,不法分子利用移动通讯设计形式多样的赌博活动,吸引越来越多的人员参与。

为依法惩治网络赌博犯罪活动,2005 年《最高人民法院、最高人民检察院关于办理赌博刑事案件具体应用法律若干问题的解释》第 2 条规定,以营利为目的,在计算机网络上建立赌博网站,或者为赌博网站担任代理,接受投注的,属于“开设赌场”。2010 年《最高人民法院、最高人民检察院、公安部关于办理网络赌博犯罪案件适用法律若干问题的意见》第 1 条规定,利用互联网、移动通讯终端等传输赌博视频、数据,组织赌博活动,具有下列情形之一的,属于“开设赌场”行为:(1)建立赌博网站并接受投注的;(2)建立赌博网站并提供给他人组织赌博的;(3)为赌博网站担任代理并接受投注的;(4)参与赌博网站利润分成的。

近年来,利用游戏机赌博的也越来越多,实践中,有的是在合法的游戏机娱乐室内设置赌博机;有的对游戏机稍加改造就可进行类似“老虎机”式赌博。由于赌博游戏机在商铺、小卖部等地分散摆放,造成取证困难,赌徒无法一一找到,赌资也无法计算。为依法惩治利用具有赌博功能的电子游戏设施设备开设赌场的犯罪活动,2014 年《最高人民法院、最高人民检察院、公安部关于办理利用赌博机开设赌场案件适用法律若干问题的意见》进一步明确了赌博机的认定、利用赌博机组织赌博的性质认定、利用赌博机设赌场的定罪处罚标准以及赌资的认定标准。如该意见第 2 条规定,设置赌博机组织赌博活动,具有下列情形之一的,应当按照开设赌场罪定罪处罚:(1)设置赌博机 10 台以上的;(2)设置赌博机 2 台以上,容留未成年人赌博的;(3)在中小学校附近设置赌博机 2 台以上的;(4)违法所得累计达到 5000 元以上的;(5)赌资数额累计达到 5 万元以上的;(6)参赌人数累计达到 20 人以上的等。

《刑法》第 303 条对开设赌场罪规定了两档刑,第一档,构成犯罪的,处 5 年以下有期徒刑、拘役或者管制,并处罚金。第二档,对情节严重的,处 5 年以上 10 年以下有期徒刑,并处罚金。所谓“情节严重”,一般是指曾多次开设赌场或者开设的赌场规模较大、影响恶劣的情况。根据 2010 年《最高人民法院、最高人民检察院、公安部关于办理网络赌博犯罪案件适用法律若干问题的意见》第 1 条规定,利用互联网、移动通讯终端等传输赌博视频、数据，组织赌博活动，构成开设赌场犯罪，具有下列情形之一的，应当认定为“情节严重”：(1)抽头渔利数额累计达到3万元以上的；(2)赌资数额累计达到30万元以上的；(3)参赌人数累计达到120人以上的；(4)建立赌博网站后通过提供给他人组织赌博，违法所得数额在3万元以上的；(5)参与赌博网站利润分成，违法所得数额在3万元以上的；(6)为赌博网站招募下级代理，由下级代理接受投注的；(7)招揽未成年人参与网络赌博的等。

三、辩点解析

对开设赌场罪进行辩护，首先要从开设赌场罪的犯罪构成要件及相关司法解释上进行分析，以构罪与非罪，构罪后量刑档次，各案所特有的法定、酌定量刑情节的顺序进行逐步分析，进而达到有效辩护的目的。

(一)开设赌场罪犯罪构成要件及量刑

1. 行为人有实施开设赌场罪的客观行为。

开设赌场客观方面表现为行为人为赌博提供场所为社会公众所知悉，通过制定赌博规则、提供赌具等方式对赌博活动进行组织管理，使赌场得以持续一定时间，行为主体对所开设的赌场具有控制性、组织性，其赌场具有一定程度公开性，即参赌人员并非特定人，不局限于行为人亲友范围内，其赌场具有一定稳定性。

2. 行为人具有开设赌场的主观故意。

行为人具有开设赌场的主观故意，仅参与赌博的行为不构成开设赌场罪。开设赌场罪的主观方面表现为故意，并且以营利为目的。根据《刑法》第303条的规定，第1款对赌博罪的罪状有“以营利为目的”的表述，第2款对开设赌场罪虽然并未明确要求“以营利为目的”，但秉承同一语境下的省略表达习惯，“以营利为目的”同样属于开设赌场罪的主观要件。此外，《最高人民法院、最高人民检察院关于办理赌博刑事案件具体应用法律若干问题的解释》第2条规定：以营利为目的，在计算机网络上建立赌博网站，或者为赌博网站担任代理，接受投注的，属于《刑法》第303条“开设赌场罪”之规定。也可以看出开设赌博罪具有以营利为目的的主观要件。

3. 开设赌场罪量刑标准。

根据《最高人民检察院、公安部关于公安机关管辖的刑事案件立案追诉标准的规定(一)》第 44 条第 1 款的规定,开设赌场的,应予立案追诉。因此涉嫌开设赌场罪的应当予以立案追诉,无涉案金额和人数标准。目前法律法规和司法解释尚未对传统型开设赌场罪"情节严重"的标准进行规定,但可以参照《最高人民法院、最高人民检察院、公安部关于办理网络赌博犯罪案件适用法律若干问题的意见》和《关于办理利用赌博机开设赌场案件适用法律若干问题的意见》中对开设网络赌场和利用赌博机开设赌场中对情节严重的认定。所谓"情节严重",一般是指曾多次开设赌场或者开设的赌场规模较大、影响恶劣的情况。根据 2010 年《最高人民法院、最高人民检察院、公安部关于办理网络赌博犯罪案件适用法律若干问题的意见》第 1 条规定,利用互联网、移动通讯终端等传输赌博视频、数据,组织赌博活动,构成开设赌场犯罪,具有下列情形之一的,应当认定为"情节严重":(1)抽头渔利数额累计达到 3 万元以上的;(2)赌资数额累计达到 30 万元以上的;(3)参赌人数累计达到 120 人以上的;(4)建立赌博网站后通过提供给他人组织赌博,违法所得数额在 3 万元以上的;(5)参与赌博网站利润分成,违法所得数额在 3 万元以上的;(6)为赌博网站招募下级代理,由下级代理接受投注的;(7)招揽未成年人参与网络赌博的等。

(二)辩点详解

1. 对行为人是否以营利为目的辩护。

不以营利为目的,进行带有少量财物输赢的娱乐活动,以及提供棋牌室等娱乐场所只收取正常的场所和服务费用的经营行为等,不以赌博论处。"以营利为目的",在开设赌场案件中则表现为所收取的场所或服务费用超过正常标准范围。如上文所述,开设赌场罪与赌博罪一样均须以营利为目的。司法实务主流观点(包括最高人民法院第 105 号、第 106 号指导案例)均持该观点。因此,无论是赌博活动,还是类似"开设赌场"活动,只要行为人不以营利为目的,而是只进行带有少量财物输赢的娱乐活动或者提供棋牌室等娱乐场所并只收取正常的场所和服务费用的经营行为等,既不应以赌博罪论处,也不应以开设赌场罪论处。对此,司法实践中有大量的不起诉案例或免予刑事处罚判例。

2. 对行为人在赌场开设中的角色及作用的辩护。

对于非赌场开设的出资者、组织者、规则制定者等“股东”身份人员,仅为开设赌场中的“普通工作者”身份人员,应当贯彻宽严相济的刑事政策,重点打击赌场的出资者、经营者。对受雇用为赌场从事接送参赌人员、望风看场、发牌坐庄、兑换筹码等活动的人员,除参与赌场利润分成或者领取高额固定工资的外,一般不追究刑事责任,可由公安机关依法给予治安管理处罚。对设置游戏机,单次换取少量奖品的娱乐活动,不以违法犯罪论处。

3. 对网络开设赌场的共犯认定的辩护。

根据司法解释之规定,明知是赌博网站,而为其提供下列服务或者帮助的,属于开设赌场罪的共同犯罪:(1)为赌博网站提供互联网接入、服务器托管、网络存储空间、通讯传输通道、投放广告、发展会员、软件开发、技术支持等服务,收取服务费数额在 2 万元以上的;(2)为赌博网站提供资金支付结算服务,收取服务费数额在 1 万元以上或者帮助收取赌资 20 万元以上的;(3)为 10 个以上赌博网站投放与网址、赔率等信息有关的广告或者为赌博网站投放广告累计 100 条以上的。实施前款规定的行为,数量或者数额达到前款规定标准 5 倍以上的,应当认定为《刑法》第 303 条第 2 款规定的“情节严重”。网络赌博的“明知”认定。除非有证据证明确实不知道:(1)收到行政主管机关书面等方式的告知后,仍然实施上述行为的;(2)为赌博网站提供互联网接入、服务器托管、网络存储空间、通讯传输通道、投放广告、软件开发、技术支持、资金支付结算等服务,收取服务费明显异常的;(3)在执法人员调查时,通过销毁、修改数据、账本等方式故意规避调查或者向犯罪嫌疑人通风报信的;(4)其他有证据证明行为人明知的。

4. 从网络赌博电子证据的收集与保全,对网络赌博犯罪的参赌人数、赌资数额和网站代理的认定的辩护。

侦查机关对于能够证明赌博犯罪案件真实情况的网站页面、上网记录、电子邮件、电子合同、电子交易记录、电子账册等电子数据,会作为刑事证据予以提取、复制、固定;侦查人员对提取、复制、固定电子数据的过程制作相关文字说明,记录案由、对象、内容以及提取、复制、固定的时间、地点、方法,电子数据的规格、类别、文件格式等,并由提取、复制、固定电子数据的制作人、电子数据的持有人签名或者盖章,附所提取、复制、固定的电子数据一并随案移送;对于电子数据存储在境外的计算机上的,或者侦查机关从赌博网站提取电子数据时犯罪嫌疑人未到案的,或者电子数据的持有人无法签字或者拒绝签字的,应当由能够证明提取、复制、固定过程的见证人签名或者盖章,记明有关情况。必要时,可对提取、复制、固定有关电子数据的过程拍照或者录像。因电子证据较难固定,对其形式的要求很高。

赌博网站的会员账号数可以认定为参赌人数,如果查实一个账号多人使用或者多个账号一人使用的,应当按照实际使用的人数计算参赌人数;赌资数额可以按照在网络上投注或者赢取的点数乘以每一点实际代表的金额认定;对于将资金直接或间接兑换为虚拟货币、游戏道具等虚拟物品,并用其作为筹码投注的,赌资数额按照购买该虚拟物品所需资金数额或者实际支付资金数额认定;对于开设赌场犯罪中用于接收、流转赌资的银行账户内的资金,犯罪嫌疑人、被告人不能说明合法来源的,可以认定为赌资;向该银行账户转入、转出资金的银行账户数量可以认定为参赌人数。如果查实一个账户多人使用或多个账户一人使用的,应当按照实际使用的人数计算参赌人数;有证据证明犯罪嫌疑人在赌博网站上的账号设置有下级账号的,应当认定其为赌博网站的代理。

因网络赌博的特殊性,对于参赌人数的认定应认真审查在案证据,确认每个IP、ID 等所具体到的个体自然人,网络赌场所计算的轮次、注资,每场结算的方式不同,在对网络赌场轮次及赌资数据导出中,经常会出现多次计算、重复计算的情况,这样就会导致赌资特别虚高,辩护时要根据司法解释的规定认真审查该证据,往往会左右案件的走向及关键量刑。

5. 辩护时应注意若行为人犯罪情节是否显著轻微,可以不认定为刑事犯罪,依据《治安管理处罚法》处罚。

行为人情节显著轻微,或者犯罪情节轻微且犯罪数额刚达到立案标准的,可不予起诉。

公安部2005年《关于办理赌博违法案件适用法律若干问题的通知》第1条规定:“一、具有下列情形之一的,应当依照《中华人民共和国治安管理处罚条例》第三十二条的规定,予以处罚:(一)以营利为目的,聚众赌博、开设赌场或者以赌博为业,尚不够刑事处罚的;(二)参与以营利为目的的聚众赌博、计算机网络赌博、电子游戏机赌博,或者到赌场赌博的;(三)采取不报经国家批准,擅自发行、销售彩票的方式,为赌博提供条件,尚不够刑事处罚的;(四)明知他人实施赌博违法犯罪活动,而为其提供资金、场所、交通工具、通讯工具、赌博工具、经营管理、网络接入、服务器托管、网络存储空间、通讯传输通道、费用结算等条件,或者为赌博场所、赌博人员充当保镖,为赌博放哨、通风报信,尚不够刑事处罚的;(五)明知他人从事赌博活动而向其销售具有赌博功能的游戏机,尚不够刑事处罚的。”《治安管理处罚法》(2012年修正)第70条规定:“以营利为目的,为赌博提供条件的,或者参与赌博赌资较大的,处五日以下拘留或者五百元以下罚款;情节严重的,处十日以上十五日以下拘留,并处五百元以上三千元以下罚款。”

鉴于《治安管理处罚法》与《刑法》均对开设赌场行为作了相应的规定,这便涉及治安管理处罚与刑罚的衔接问题。对此:首先,必须严格把握刑事立案标准,对于情节显著轻微或者尚未达到开设赌场罪立案标准的行为人,不应追究其刑事责任;其次,对于开设赌场犯罪情节轻微且犯罪数额刚刚达到立案标准的行为人,如有其他诸多法定从轻、减轻处罚情节的,亦可争取相对不起诉或者免予刑事处罚。

四、实务运用

1. 行为人仅负责赌场打杂等实务,作用轻微,不参与股东会议,没有参与实际利益分配,不构成开设赌场罪。

在(2015)长刑初字第15号案例中,2013年5月19日至10月13日,被告人张某甲、李某甲出资,在原石家庄市桥东区中国盒子商务楼内开设赌博场所。被告人柳某作为场地经理,负责赌场内服务员的管理及赌场内的协调管理工作;被告人冯某甲负责赌场的财务管理工作;被告人于某为赌场买菜、帮助做饭。经检查，该赌博场所设置3台百家乐电脑服务器、2台捕鱼机、32台电脑显示器供他人赌博。经石家庄市公安局高新技术产业开发区分局治安警察大队认定，捕鱼机2台，百家乐电脑服务器2台，电脑显示器32台，均系电子赌博机设备。

一审法院认为：被告人于某辩称其在赌场工作仅20天有余，平时帮忙做饭，买过一次菜，工资还没有发过，同案犯李某甲当庭供述没见过于某几回，不清楚被告人于某负责什么，同案犯张某甲、柳某、冯某甲均当庭供述被告人于某只在赌场工作了20天左右，只是帮忙做饭、赌场关门后于某在赌场看屋子，本案5名被告人对于某在赌场内的工作供述基本一致，故本院认为，被告人于某的行为不构成犯罪。最终判决被告人于某无罪。

2. 行为人仅提供场地，无开设赌场的故意，不构成开设赌场罪。

在(2014)辽中刑初字第417号案例中，2012年4月，“小强”(身份未查实)经翟某甲介绍，与沈阳某有限公司负责人翟某乙及其妻子花某某认识。不久“小强”将百家乐赌具运送至辽中县某镇某村沈阳某有限公司后院仓库内。随后，2012年7月30日、8月1日在某有限公司后院仓库内发生两次以百家乐形式赌博的犯罪事实，其中罗某甲、左某甲、马某甲、蒋某甲(均已判决)在赌场负责兑换筹码、管理账目、担任荷官，组织多人赌博。

法院认为：公诉机关提供的现有证据无法查明被告人花某某明知他人欲在其酒厂开设赌场及2012年7月30日、8月1日两次在其酒厂设立赌场是明知的，同时，亦无证据证明被告人花某某有收取场地使用费或抽头获利、招揽参赌人员的行为，以及本案关键人“小强”亦未到案，故现全案证据达不到确实、充分的证明标准，不足以证明被告人花某某有开设赌场的行为。故公诉机关指控被告人花某某犯开设赌场罪的事实不清，证据不足。最终判决花某某无罪。

第八章

强　奸　罪

一、《刑法》规定

第 236 条　以暴力、胁迫或者其他手段强奸妇女的，处三年以上十年以下有期徒刑。

奸淫不满十四周岁的幼女的，以强奸论，从重处罚。

强奸妇女、奸淫幼女，有下列情形之一的，处十年以上有期徒刑、无期徒刑或者死刑：

(一)强奸妇女、奸淫幼女情节恶劣的；

(二)强奸妇女、奸淫幼女多人的；

(三)在公共场所当众强奸妇女、奸淫幼女的；

(四)二人以上轮奸的；

(五)奸淫不满十周岁的幼女或者造成幼女伤害的；

(六)致使被害人重伤、死亡或者造成其他严重后果的。

二、立法解读及相关司法解释解析

根据强奸罪的立法规定及立法解读，《刑法》第 236 条对强奸对象作了区分规定，对象为妇女的，行为人客观上需以暴力、胁迫等同等手段强迫妇女发生性关系为构罪要件；对幼女(未满 14 周岁)即使是自愿也以强奸论；女性因帮助等行为也可构成强奸罪的帮助犯。

具体解析：强奸罪是指违背妇女的意志，以暴力、胁迫或者其他手段强行与妇女发生性关系的行为。本罪的犯罪主体一般是男子，教唆、帮助男子强奸妇女的女子，也可以成为强奸罪的共犯。本罪在客观方面表现为违背妇女意志强行与妇女发生性关系的行为。这种行为具有以下特征：

1.必须是违背了妇女的真实意愿。判断与妇女发生性关系是否违背妇女的意志，要结合性关系发生的时间、周围环境、妇女的性格、体质等各种因素进行综合分析，不能将妇女是否有明显的抗拒举动作为违背其意愿的唯一要件。对于有的被害妇女由于害怕等而不敢反抗、失去反抗能力的，也应认定是违背了妇女的真实意愿。同无责任能力的妇女（如呆傻妇女或精神病患者）发生性关系的，由于这些妇女无法正常表达自己的真实意愿，因此无论其是否“同意”，均构成强奸罪。

2.行为人必须以暴力、胁迫或者其他手段，强行与妇女发生性关系。这里所说的“暴力”手段，是指犯罪分子直接对被害妇女采取身体强制，如施以殴打等危害妇女人身安全和人身自由，使妇女不能抗拒的手段；“胁迫”手段，是指犯罪分子对被害妇女施以威胁、恐吓，进行精神上的强制，迫使妇女就范，不敢抗拒的手段，如以杀害被害人、加害被害人的亲属相威胁的；以揭发被害人的隐私相威胁的；利用职权、教养关系、从属关系等形成的优势地位，以及妇女孤立无援的环境相胁迫的；等等。“其他手段”，是指犯罪分子使用暴力、胁迫以外的使被害妇女不知抗拒、无法抗拒的手段，如假冒为妇女治病而进行奸淫的；利用妇女患病、熟睡之机进行奸淫的；将妇女灌醉、麻醉后进行奸淫的；等等。依照本款规定，对于犯强奸罪的，处3年以上10年以下有期徒刑。

第2款对奸淫幼女及其处罚作了规定。幼女身体发育尚不成熟，欠缺自我保护能力，为了加强对幼女的保护，《刑法》规定了奸淫幼女的犯罪。奸淫幼女，是指与不满14周岁的幼女发生性关系的行为。奸淫幼女的，无论幼女是否“同意”，即构成强奸罪。构成本罪应具有两个要件：（1）被害人必须是不满14周岁的幼女；（2）必须具有奸淫幼女的行为。不论行为人采用什么手段，也不论幼女是否同意，只要与幼女发生了性关系，就构成本罪。依照本款的规定，奸淫不满14周岁的幼女的，以强奸论，从重处罚。

第3款规定了对犯强奸罪情节严重的应如何处罚。对于强奸妇女、奸淫幼女情节严重的,本款共列了六项情形:

(1)强奸妇女、奸淫幼女情节恶劣的。这里的“情节恶劣”是指除本款已经列举之外的其他各种恶劣情节、欺凌等恶劣手段。

(2)强奸妇女、奸淫幼女多人的,是指强奸妇女、奸淫幼女人数比较多的情况,包括一次多人、多次累计多人等情况。司法实践中一般掌握为3人(含)以上的。

(3)在公共场所当众强奸妇女的、奸淫幼女的。这里的“公共场所”包括群众进行公开活动的场所,如商店、影剧院、体育场、街道等;也包括各类单位,如机关、团体、事业单位的办公场所,企业生产经营场所,医院、学校、幼儿园等;还包括公共交通工具,如火车、轮船、长途客运汽车、公共电车、汽车、民用航空器等。“当众”既包括故意使他人看到,也包括不避讳他人看到的情况。在公共场所强奸妇女、奸淫幼女,只要有其他人在场,不论在场人员是否实际看到,均可以认定为在公共场所“当众”强奸妇女、奸淫幼女。

(4)二人以上轮奸的。这里所说的“轮奸”,是指两个以上的男子在同一犯罪活动中,以暴力、胁迫或者其他手段对同一妇女或幼女进行强奸或者奸淫的行为。

(5)奸淫不满10周岁的幼女或者造成幼女伤害的。奸淫不满10周岁的幼女,通常会给幼女造成严重的身体伤害,同时对幼女的身心健康也会带来严重的不良影响,对于这种行为必须予以严惩。“造成幼女伤害的”是指因奸淫幼女行为给幼女造成身体、精神伤害结果的。这里的“奸淫不满十周岁的幼女”与“造成幼女伤害的”是并列的两种情形,行为人有奸淫幼女的行为,符合上述条件之一的,即应当处10年以上有期徒刑、无期徒刑或者死刑。

(6)致使被害人重伤、死亡或者造成其他严重后果的。这里所说的“致使被害人重伤、死亡”,是指因强奸妇女、奸淫幼女导致被害人性器官严重损伤,或者造成其他严重伤害,甚至死亡的。强奸妇女、奸淫幼女,只要具有上述所列六种情形之一的,就属于情节严重的情况,依法应当予以严惩,依照本款规定,属于上述情况的,处10年以上有期徒刑、无期徒刑或者死刑。

三、辩点解析

(一)强奸罪的构成要件

1. 强奸妇女的构成要件为“违背妇女意志,使用暴力、胁迫等其他手段强行与妇女发生性关系”,其中构罪的关键认定在于“违背妇女意志”,则重要无罪辩点在于在案证据如何证明性关系发生时违背了妇女的意志?

2. 强奸幼女的构成要件为“奸淫幼女”,重要无罪辩点在于如何证明行为人“不明知”与其发生性关系的女性为幼女?至于轮奸、当众强奸等加重情节的认定,于后文中予以详述。

(二)辩点详述

1. 任何案件都要遵守《刑事诉讼法》规定的“事实清楚,证据确实、充分”的证明标准,在强奸罪的辩护中,对于审查、判断证据应当从两方面入手:一是审查证据的证据能力,这是解决证据适格性的问题,即证据必须合法取得才具有证据资格,才能作为案件事实的认定依据;二是判断证据的证明力,即证据事实对案件事实有无证明作用以及证明程度如何。既要将被告人供述与被害人陈述两者间进行比较分析,发现是否存在矛盾之处,也要将间接证据与被告人供述或被害人陈述进行比较分析,在比较分析的基础上,确定各个证据的证明力。

通过将被害人陈述与被告人供述进行比较分析、分析被害人陈述本身的内容、分析间接证据对被害人陈述的印证力以及分析被告人供述并将被告人供述与间接证据进行比较分析,在此过程中经常可以分析出矛盾之处,若可以认定被告人供述的证明力高于被害人陈述,则关键证据被害人的陈述不足以完全采信。此外,可以从正面论证、反面论证以及补充论证等多角度对证据的充分性问题进行论证,排除被害人酒醉导致不知反抗或不能反抗等情形,也可以排除被告人采用胁迫手段迫使被害人不敢反抗而强行与之发生性行为的情形,则可以达到左右案件定罪的效果。

2. 对强奸罪犯罪构成要件“违背妇女意志”的辩护:

强奸罪案件中,若存在明显违背妇女意志强行与其发生性关系的,构罪认定不存在争议,此类案件多表现为被害人身体留下强迫、胁迫性交之伤或有明确、充分的证据证实被害人有明显反抗。若案件中,被害人无明显反抗行为或意思表示时,如何进行辩护?

一般而言,可以从以下三个方面来分析判断被告人的行为是否“违背妇女意志”,进而进行辩护。第一,被害人的认知能力是被害人意思表示的前提。在强奸犯罪中,被害人的意思表示直接影响犯罪的成立与否,但在判断其意思表示之前,首先需要对被害人的认知能力进行判断和识别。第二,案发时被害妇女的反抗能力。妇女有无反抗能力,不能单纯地从行为人使用暴力、胁迫手段的程度来评价,还要结合妇女自身对所处环境的认知和可能遭遇更大伤害的风险预估心理,以及妇女自身身体状况等因素综合考虑。第三,被害人未作明确意思表示的客观原因。应当从案发当时的环境、双方是否熟人关系、被害人的身体状况、行为人的人数等因素,综合判定被害妇女是否具有选择表达不同意的意思自由。以上三点,不局限于在案证据中,应运用普通人的思维逻辑,综合分析现实情况(如结合案发现场进行评估、分析),综合提出辩护意见。最后,注意案件中存在暴力、胁迫行为是否与行为人和被害人发生性关系的手段,即二者是否具有因果关系。

3. 奸淫幼女案件中,对行为人“应当知道”被害人系幼女的辩护:

首先,与不满 12 周岁的被害人发生性关系的,一律认定行为人“应当知道”对方是幼女。

在与已满 12 周岁不满 14 周岁的被害人发生性关系案件中,对行为人辩解“不明知”被害人是幼女的例外情况的辩护,可以从三个方面把握:一是必须确有证据或者合理依据证明行为人根本不可能知道被害人是幼女;二是行为人已经足够谨慎行事,仍然对幼女年龄产生了误认,即使其他一般人处在行为人的场合,也难以避免这种错误判断;三是客观上被害人身体发育状况、言谈举止、衣着、生活作息规律等特征明显更像已满 14 周岁。在对该类案件的辩护中,因对幼女保护的特殊性,“应当知道”被害人系幼女包含“推定知道”,在“明知”范围内的出罪标准极高,认定极其严格,在辩护过程中注意此点的辩护,避免出罪不能反致量刑提高。

4. 行为人与被害人双方皆为“未成年人”的辩护：

对未成年人与幼女正常交往过程中自愿发生性关系案件的政策较为宽松，很大程度上可以争取适用缓刑。对未成年人与幼女正常交往过程中自愿发生性关系的，在确定罪与非罪时，可以考虑以下几点：首先，行为人一般应当处于已满 14 周岁不满 16 周岁的年龄阶段；行为人应当是与年龄相当的幼女在正常交往、恋爱过程中基于幼女自愿而与之发生性关系，综合考察，未成年人与幼女发生性关系情节轻微、未造成严重后果。一般情况下，如果成年犯罪分子强奸幼女，包括强行与幼女发生性关系和基于幼女自愿与幼女发生性关系，一般情况下不适用缓刑，特殊情形例外。对于未成年犯罪分子奸淫幼女情节较轻的，很多情况为，行为人与被害人系同学或朋友，期间多次自愿发生性关系，二人均属懵懂少年。被告人所犯强奸罪情节较轻，且认罪态度好，有悔罪表现，没有再犯罪危险，宣告缓刑对所居住社区没有重大不良影响，多数可以适用缓刑。

5. 对“共谋轮奸”，但一人得逞，未得逞的人是否构成强奸既遂，以及在该类案件中如何区分主、从犯地位的辩护：

第一，在共同轮奸犯罪案件中，其中某行为人的强奸行为是否得逞，不影响对各行为人具有轮奸情节的认定。第二，在共同犯罪中，部分行为人强奸行为已得逞，未得逞的行为人亦应认定为强奸犯罪既遂。第三，强奸行为未得逞的行为人是否认定为共同犯罪的从犯，应当综合未得逞者在案件中的分工、地位、作用、实际参与程度等多方面因素予以全面分析，不应仅从其是否完成自身的强奸行为进行片面认定。

各个行为人共同实行强奸被害人的行为，其中一名被告人得逞，综合分析各行为人，首先看是谁提出强奸被害人的犯意，其余表示同意的程度，后商定轮流强奸被害人的具体分工和细节，综合在共同犯罪中所处的地位和作用，其参与犯罪的环节多少，参与犯罪的过程的完整程度，行为与结果之间的直接因果关系程度，作主犯、从犯的辩护。

四、实务运用

(一)常见辩护理由

涉嫌强奸罪的案件事实经过在实践中表现形式多,对幼女及妇女的保护政策力度逐年加大,这既是社会文明的进步体现,也是公平正义的要求所在,进而强奸罪一旦进行刑事诉讼程序,想要出罪便比普通涉经济、公共秩序类型犯罪困难。辩护中要多研究辩护理由及无罪案件,提取要点及精华。总结一些辩护要点:(1)主客观证据能否相互印证,仅有被害人陈述不能作为认定案件事实的依据。(2)公安机关的物证取得是否规范。侦查机关取证违反程序规定,不能排除物证检材被污染和造假的可能,相关证据应当予以排除。(3)鉴定书的证明力。在没有通过 DNA 鉴定方式将相应检材作同一认定的情况下,不能仅因两者血型相同就得出唯一结论,不能证明强奸行为。(4)言词证据的属性。证人证言是传来证据的,证人并不在案发现场,所证明的内容并非本人直接感知,故该证言不能证明被害人被强奸的过程。(5)被害人多次陈述是否存在矛盾。被害人陈述存在矛盾,缺乏连续性和稳定性的,其真实性无法确认。(6)被害人的报警时间。被害人若在案发后没有立即报警,而是之后因与被告人产生其他矛盾后才报案,应当综合全案其他事实谨慎认定强奸行为。(7)被害人有报警和求救的机会却并未有呼救、求助行为,不能证明违背主观意愿。(8)事发前的聊天记录证明被害人对性行为的发生存在心理预期,事发后被害人的情绪不存在异常,不能认定为违背其意愿。(9)被害人为未成年人,被害人的言谈举止、穿着打扮、身高长相及日常生活习惯,无法推定其不满 14 周岁,不能认定被告人明知被害人为不满 14 周岁的未成年人。(10)网友、情人、已发生过性关系、被害人证言不稳定、发生性关系时有言语交流并使用情趣用品、未及时报警。(11)途中多次变换姿势,他人(丈夫、婆婆、男友)报警,被害人陈述存疑。(12)半推半就,有的妇女与人通奸,一旦翻脸,关系恶化,或者事情暴露后,怕丢面子,或者为推卸责任、嫁祸于人等情况,把通奸说成强奸的,可以视为“半推半就”,一般不宜按强奸罪处罚。(13)网络约炮,事后女方索要钱财,男方不给,女方报警强奸,不认为是强奸。

（二）无罪案件分析

1.“明知幼女”案，只有被害人陈述，多次陈述前后不一，存在矛盾，客观性不足，无其他客观证据予以佐证，根据证据存疑有利于被告原则，无罪。

在（2018）冀0322刑初324号案例中，检察院指控被告人朱某（1998年11月生）与刘某某网上聊天相识。2017年6月10日上午，朱某与刘某某相约见面，后朱某带刘某某去了莱尚网吧上网。当晚，朱某与刘某某及朋友去了黄金海岸海边游玩，后回到朱某在昌黎县的某出租屋内，朱某与刘某某发生了性关系。公诉机关认为，被告人朱某对不满14周岁的被害人刘某某实施奸淫等性侵害行为，应当认定朱某“明知”对方是幼女，其行为触犯了《刑法》第236条第2款之规定，应当以强奸罪追究其刑事责任。刑事案件事关刑事责任的承担，采取的是严格证据标准，即事实清楚，证据充分，排除一切合理怀疑。

后经法庭核实，公诉机关指控本案被告人朱某犯有强奸罪的直接证据只有被害人刘某某的陈述，并无其他客观证据予以佐证，且被告人朱某始终否认。

被害人刘某某关于案发经过的多次陈述前后不一，存在矛盾，客观性不足。其第一次陈述与被告人朱某发生性关系的地点及具体情节与在案其他证据明显不符，所作陈述动机存疑。其第一、二次陈述与被告人朱某发生性关系时下体出血，与昌黎县人民医院出具的诊断证明，查体见被害人幼女外阴，阴道外口5点处黏膜稍充血，处女膜未见新鲜裂痕不符。其第二、五次陈述发生完性关系后用卫生纸擦拭，但侦查机关未能提取相关物证。综合鉴定机构并未从送检样本被害人的阴道分泌物内检测到人体精液成分这一事实，公诉机关指控被告人朱某犯有强奸罪的证据之间不能闭合，达不到结论唯一的刑事证据证明标准。被害人刘某某颈部、阴道外口5点处黏膜稍充血的事实客观存在，但侦查机关未能提取相应生物检材，被害人刘某某与被告人朱某是否存在肢体接触及阴道外口5点处黏膜稍充血的形成原因不明，应作出有利于被告人朱某的认定。

2."网络约炮"案,网络约炮后,被害人索要财物,行为人不给,被害人报警强奸,二审法院宣告无罪。

在(2017)晋04刑终28号案例中,一审认定:2015年6月17日,被告人冯某通过陌陌聊天软件认识被害人李某某并且开始聊天。6月18日10时许,冯某主动和李某某在陌陌上聊天,并提出想和李某某见面,双方约好在李家庄村附近见面后,冯某将李某某带到李家庄村自己家中,二人在其家中客厅聊天,后冯某在客厅内沙发上强行将李某某衣服脱掉,对李某某进行抚摸、亲吻,强行与李某某发生了性关系。一审判决:被告人冯某犯强奸罪,判处有期徒刑3年。

上诉人冯某与李某某对两人发生性关系的事实均予以认可,冯某是否使用暴力、胁迫或者其他手段和是否违背李某某意志是构成强奸罪的关键:

(1)本案李某某多次陈述和冯某多次供述内容稳定,都证明没有使用暴力、胁迫手段,也没有采取其他手段使李某某处于不能反抗、不敢反抗、不知反抗状态,也不存在冯某在李某某不知、无法反抗的状态下乘机实行奸淫的情况。

(2)是否违背李某某意志。

一是从陌陌聊天记录分析:二人的陌陌聊天记录已被侦查机关固定,客观反映了二人当时的真实心理。从事发前聊天记录分析,二人认识仅一天,在冯某要求和李某某见面时,李某某开始以种种理由拒绝,但在冯某的一再要求下,还是同意了见面要求,并且其打车赴约,在冯某提出到其家后,李某某在证实只有冯某一个人的情况下,仍然同意并且与冯某一同到了冯某家。因此,李某某与冯某见面以及到冯某家都是出于其自愿,并不存在被强迫的行为。事发后聊天记录反映李某某不愿意,但并不能因此推测其在发生性关系当时也不愿意。二是从发生性关系时二人的言行分析:李某某陈述不愿意,但发生性关系时其并没有明显反抗等行为,当时时间正值中午1点多,周围邻居下班在家,其并没有呼救,其解释没有呼救的原因是冯某是男的,又在他家,这样的解释也难以令人信服。从冯某供述来看,李某某不仅愿意,而且予以配合,双方各执一词,是否违背李某某意志无法认定。

故二审法院认为,强奸罪是指违背妇女意志,使用暴力、胁迫或者其他手段,强行与妇女发生性交的行为。上诉人冯某与李某某对两人发生性关系的事实均予以认可,都证明没有使用暴力、胁迫手段,也没有采取其他手段使李某某处于不能反抗、不敢反抗、不知反抗状态,也不存在上诉人冯某在李某某不知、无法反抗的状态下乘机实行奸淫的情况。虽然李某某陈述发生性关系时其说过不愿意,并且有哭和推上诉人的行为,但并没有其他证据予以印证,因此,上诉人冯某与李某某发生性关系时不存在使用暴力、胁迫或者其他手段。是否违背李某某意志根据以上证据也无法认定。撤销一审判决,改判上诉人无罪。

3.“证据存疑”案,物证取得不规范,血型鉴定不能得出唯一结论,误把转述的传来证据当成补强证据。

在(2017)皖刑再2号案例的诉讼过程中,河南省鄢陵县人民法院于2004年7月28日作出(2004)鄢刑初字第32号刑事判决,认定被告人王某军犯强奸罪,判处有期徒刑3年。王某军提出上诉,河南省许昌市中级人民法院于2004年10月13日作出(2004)许中刑一终字第110号刑事裁定,驳回上诉,维持原判。王某军提出申诉。2005年5月16日,河南省许昌市中级人民法院作出(2005)许立通字第19号驳回申诉通知,驳回其申诉。2007年3月29日,河南省高级人民法院作出(2007)豫法立刑字第9号刑事决定,指令河南省许昌市中级人民法院再审。河南省许昌市中级人民法院于2007年10月29日作出(2007)许刑再终字第5号刑事判决,维持该院(2004)许中刑一终字第110号刑事裁定和河南省鄢陵县人民法院(2004)鄢刑初字第32号刑事判决。王某军不服,提出申诉。2008年6月26日,河南省高级人民法院作出(2008)豫法刑三再字第002号再审决定,指令河南省许昌市中级人民法院再审。河南省许昌市中级人民法院于2008年11月14日作出(2008)许刑再终字第6号刑事裁定,维持该院(2007)许刑再终字第5号刑事判决。王某军不服,再次提出申诉。河南省高级人民法院于2009年5月3日作出(2009)豫法刑再申字第011号驳回申诉通知,驳回其申诉。王某军之父王某江向最高人民法院提出申诉。2017年11月6日,最高人民法院作出(2017)最高法刑申256号再审决定书,指令安徽省高级人民法院对本案进行再审。

经再审查明:2000年10月12日下午,王某军在河南省鄢陵县九妹美容美发店理发、洗面后，经店老板樊某同意，将服务员田某和田某某约出到街上吃饭。三人在县城南街吃饭后，王某军表示想和田某单独说会话，让田某某先回店里并告知店老板樊某。王某军与田某到县城十字街再次吃饭后，要田某当晚不回店里，并安排一名三轮车夫到九妹美容美发店将此情况告知店老板樊某。之后，王某军将田某带到商业浴池，买了一张单间票后两人共同洗浴。洗浴后，王某军将田某领到县城丽晶宾馆住宿。第二天早上，王某军将田某送回九妹美容美发店即离开，田某向樊某哭诉其被王某军强奸的经过后，二人早上即来到商业浴池，找到头天晚上的售票员贺某，将田某与王某军在单间浴室的毛巾被取回。下午，当王某军再次来到九妹美容美发店时，田某打电话向公安机关报案，王某军被抓获。原裁判认定2000年10月12日晚，原审被告人王某军将田某领到商业浴池拉入一单间浴室内，不顾田某推搡反抗，将其衣服脱光，对其进行了奸淫。经审查认为，这一认定事实不清、证据不足，不予确认。具体评判如下：

原裁判根据公诉机关的指控，依据被害人的陈述、证人证言、提取笔录、法医学物证检验鉴定书等证据印证王某军构成强奸罪。经审查，本案中王某军从未作过有罪供述，除被害人田某的陈述外，无其他证据证实王某军实施了强奸行为，在案证据存在疑点且不能合理排除。一是物证的取得不规范。本案中，唯一的物证商业浴池毛巾被不是由办案人员直接从案发现场提取，而是由被害人田某和证人樊某案发第二天上午自行前往案发现场提取，提取后没有立即移交给办案人员，而是在下午报案后才将商业浴池毛巾被移交给办案人员，不能排除该物证检材存在被作假或污染的可能。二是法医学物证检验鉴定书的证明力不强。该鉴定所依据的检材是田某血液、田某的裤头、商业浴池毛巾被，检验结果为田某的裤头和商业浴池毛巾被上未检出精斑，商业浴池毛巾被上的人血血型与被害人田某的血型均为O型。由于商业浴池系公共场所，在没有通过DNA鉴定方式将毛巾被上血迹与被害人田某相应检材作同一认定的情况下，不能仅因两者血型相同就得出毛巾被上血迹系被害人田某所留的唯一结论，更不能证明系王某军强奸行为所致。三是证人贺某的证言虽可证明王某军与被害人田某一道去浴室洗澡时，田某曾表达对男女洗单间不情愿的意思，但不能证明王某军有使用暴力手段强制田某进单间浴室的行为。四是证人樊某的证言虽证明听被害人田某说其被王某军强奸,但该证言属于传来证据,其中关于强奸行为发生的内容都是被害人田某事后向其转述的,樊某当时并不在案发现场,所证明的内容并非本人直接感知,故该证言不能证明被害人田某被强奸的过程。综上,原裁判据以定案的证据没有形成完整的有机联系且相互印证的证据锁链,没有达到证据确实、充分的法定证明标准,不能排除合理怀疑得出王某军实施强奸行为的唯一结论。最终判决了申诉人王某军无罪。

4.“半推半就”案,熟人型强奸案件,试探行为逐渐升级但未有反抗、事后未主动报警。不能排除被害人系在半推半就情况下发生性关系后出于双方之间的特殊关系而事后反悔的合理怀疑。

在(2018)川0116刑初599号案例中,检察院指控:2015年12月8日20时许,被害人庞某和奶奶来到其表姐曾某1家中,处理曾某1和丈夫(被告人)陈某的家庭矛盾。次日11时许,陈某进入庞某居住的房间,强行与其发生性关系。2015年12月16日,庞某因此事吃安眠药自杀,后被送至医院抢救获救。

被害人陈述:我不是自愿与陈某发生性关系的,整个过程中我没有明确说不愿意或呼救,我没有怎么说话,只有他刚进来钻到我被子诉苦的时候我回答了他一下,他脱我裤子的时候问我是不是处女,我没有回答,其他时候我都没有说话。他刚钻进我被子用手把我要抱住的时候我推了一下他,亲我的时候我把头偏开避开他,他掰我腿的时候我把腿夹住,还是让他掰开了。他插入的时候我“啊”的叫了一声,我不想让他进去,但是我肢体上没有动作。我当时很紧张害怕已经不敢动了的感觉,就没有向他表达不愿意的想法。因为2013年的时候我看到过他打我姐姐,我晓得他力气很大,最主要是都是家里亲戚,我从来没有遇到过这种情况,完全不知所措。

强奸罪是指使用暴力、胁迫或者其他手段,违背妇女意愿,强行与妇女发生性关系的行为。本案中,控辩双方对被告人陈某与被害人庞某发生性关系这一事实无争议。控辩双方争议焦点:(1)被告人陈某是否违背被害人庞某的意愿与其发生性关系;(2)被告人陈某有无使用暴力、胁迫或者其他手段与被害人发生性关系。

法庭查明事实，针对控辩双方各自阐述意见及理由，对本案争议焦点分析如下：

(1)对于被告人陈某是否违背被害人庞某的意愿与其发生性关系。

法院认为，被告人与被害人系表姐夫与表妹关系，被告人陈某进入被害人庞某的房间后，躺在床上用手搂腰、向其诉苦，随后拉被害人庞某的手抚摸其生殖器、亲吻，进而与其发生了性关系，整个过程系自然而逐步完成的，根据被告人陈某的供述与被害人庞某的陈述，在发生性关系的过程中，被害人庞某并无明显的反抗行为或拒绝的意思表示，虽然被害人庞某事后揭发此事并称其不是自愿与被告人陈某发生性关系，但在整个事发过程中，被害人作为有性经验的人，应当认知接下来会发生的事情，但被害人没有任何反抗行为，没有呼救，也没有企图冲出房间向他人求救，同时在案发过程中，被告人还询问被害人是否为处女，可见，两人在发生性关系过程中双方言行较为平和。根据被害人的解释称被告人力气大，又是在被告人家中，不敢呼救，这样的解释难以令人信服。案发后，被害人在其小姨追问下说了此事，但未提到想报警，在其表姐回家后也未表达过报警的意愿，事后受害人向其表姐反映与被害人发生关系系不自愿，但不能由此推断其在发生性关系时也不自愿。故现有证据不足以证明在发生性关系时被告人陈某有违背被害人庞某意愿的主观故意，但不能排除被害人庞某系在半推半就情况下发生性关系后出于双方之间的特殊关系而事后反悔的合理怀疑。

(2)对于被告人陈某是否使用暴力、胁迫或其他手段强行与被害人庞某发生的性关系。

法院认为，被告人陈某多次供述稳定，与被害人庞某陈述在基本事实上能够吻合，证实被告人陈某在发生性关系的过程中并没有使用任何暴力和胁迫手段。本案案发时间在上午 11 时许，地点在空港晶座 13 栋 1707 号家中，结合时间、地点等因素，法院认为发生性关系时被害人庞某所处并非系一种完全孤立无援的境地，不足以使其不敢反抗或不能反抗，根据本案证据显示其在发生性关系的过程中并无呼救或逃跑等任何语言和肢体上的反抗行为。被害人庞某陈述系因曾看到过被告人陈某殴打其妻子（本案证人曾某1）而不敢反抗，但根据被告人陈某的供述、被害人庞某的陈述及证人曾某1的证言，所谓被告人陈某殴打其妻子系正常的夫妻之间因生活琐事发生争执后的肢体冲突，双方互有动手行为，在被告人无意将受害人推倒在地时，立即将受害人拉起并道歉，被告人的行为不足以致受害人产生畏惧心理。且被告人陈某在发生性关系的过程中亦没有就此暗示或威胁被害人对其造成心理钳制，此事亦不足以使被害人庞某在人身权利受到严重侵害时不敢反抗。

故一审法院综合上述情况，认定本案没有充分的证据证明被告人陈某系违背被害人庞某意志与其发生了性关系，亦没有充分证据证明被告人陈某客观上实施了暴力、胁迫或其他手段强行与被害人庞某发生性关系，不能认定被告人陈某的行为构成强奸罪。判决陈某无罪。

第九章

诈 骗 罪

一、《刑法》规定

第266条　诈骗公私财物，数额较大的，处三年以下有期徒刑、拘役或者管制，并处或者单处罚金；数额巨大或者有其他严重情节的，处三年以上十年以下有期徒刑，并处罚金；数额特别巨大或者有其他特别严重情节的，处十年以上有期徒刑或者无期徒刑，并处罚金或者没收财产。本法另有规定的，依照规定。

依据该条款的规定，诈骗罪在我国刑法体系中必须满足"行为人实施欺骗行为—对方陷入或者继续维持认识错误—对方基于认识错误处分财产—行为人取得或者使第三者取得财产—被害人遭受财产损失"的基本构造。当欺诈行为、牟取财物、法定数额、非法占有四个必要关联的要素全部符合时，可以认定为诈骗罪。

二、辩点解析

（一）从"非法占有"目的的角度

1. 非法占有及非法占用的区分。

诈骗罪属于典型的"非法占有目的"类犯罪，对于行为人是否具有非法占有目的的认定不仅涉及此罪与彼罪的区分，同时也涉及罪与非罪的界限。在判断行为人主观目的过程中，既要避免根据损害后果进行客观归罪，也不能仅依据行为人的供述进行主观归罪，而必须综合案件客观事实和证据材料来判断行为人是否具有"非法占有目的"。首先，"非法占有目的"应当有排除之意，行为人为了达到自己占有他人财物的目的,排除财物所有人的权利。同时,还应当具有利用而非损毁的意思,表现在根据物品的经济属性、物品的自身用途等形式来利用财物。

非法占用目的指的是行为人通过虚构事实或者隐瞒真相的方法取得他人财物后,短暂地使用、利用其价值,但主观上不存在非法占有的意图,具有在一定期限内归还的心态。可见非法占有和非法占用的区别在于行为人在取得他人财物后是否具有排除他人占有建立新的占有意思。在司法实践中,存在大量空手套白狼的情况,行为人将骗取的他人财物用于投资,导致他人财物亏损,行为人自身无力偿还,此时很难区分行为人是非法占有还是非法占用他人财物,影响着诈骗罪"非法占有目的"的认定。

2. 从行为认定层面认定非法占有目的。

根据哪些行为可以认定被告人具有非法占有目的呢?我们先对几类常见诈骗案件进行考察。

最典型的诈骗案件是针对陌生人的诈骗。如易拉罐中奖等街头诈骗,近年较为多发的电信网络诈骗,都是针对陌生人的诈骗。在这类案件中,被害人不知道犯罪分子的姓名、住址,犯罪分子一旦骗得被害人财物就逃之夭夭,切断与被害人的联系,非法占有目的非常明显。对这类案件的非法占有目的判断,在实践中不会产生争议。

在熟人之间也可能出现诈骗,较为常见的是以借贷为名实施的诈骗。在这类案件中,被告人取得"借款"的方式与民间借贷没有差别,但是,从被告人取得"借款"后的行为表现可以判断其具有非法占有目的。被告人或者居无定所,取得"借款"后即携款逃匿,躲避被害人催债;或者将"借款"转移、隐匿,拒不返还;或者将"借款"用于赌博、挥霍等,致使款项无法返还。

1996 年发布的《最高人民法院关于审理诈骗案件具体应用法律的若干问题的解释》(已失效)对合同诈骗案件中如何认定非法占有目的作了规定:"行为人具有下列情形之一的,应认定其行为属于以非法占有为目的,利用经济合同进行诈骗:(一)明知没有履行合同的能力或者有效的担保,采取下列欺骗手段与他人签订合同,骗取财物数额较大并造成较大损失的:1. 虚构主体;2. 冒用他人名义;3. 使用伪造、变造或者无效的单据、介绍信、印章或者其他证明文件的;4. 隐瞒真相,使用明知不能兑现的票据或者其他结算凭证作为合同履行担保的;5. 隐瞒真相,使用明知不符合担保条件的抵押物、债权文书等作为合同履行担保的;6. 使用其他欺骗手段使对方交付款、物的。(二)合同签订后携带对方当事人交付的货物、货款、预付款或者定金、保证金等担保合同履行的财产逃跑的。(三)挥霍对方当事人交付的货物、货款、预付款者定金、保证金等担保合同履行的财产,致使上述款物无法返还的。(四)使用对方当事人交付的货物、货款、预付款或者定金、保证金等担保合同履行的财产进行违法犯罪活动,致使上述款物无法返还的。(五)隐匿合同货物、货款、预付款或者定金、保证金等担保合同履行的财产,拒不返还的。(六)合同签订后,以支付部分货款,开始履行合同为诱饵,骗取全部货物后,在合同规定的期限内或者双方另行约定的付款期限内,无正当理由拒不支付其余货款的。"这些规定详尽地列举了合同诈骗案件中常见的足以认定为具有非法占有目的的情形对实践具有重要指导意义。

最高人民法院于 2001 年印发的《全国法院审理金融犯罪案件工作座谈会纪要》对金融诈骗案件中如何认定非法占有目的作了归纳总结:"根据司法实践,对于行为人通过诈骗的方法非法获取资金,造成数额较大资金不能归还,并具有下列情形之一的,可以认定为具有非法占有的目的:(1)明知没有归还能力而大量骗取资金的;(2)非法获取资金后逃跑的;(3)肆意挥霍骗取资金的;(4)使用骗取的资金进行违法犯罪活动的;(5)抽逃、转移资金、隐匿财产,以逃避返还资金的;(6)隐匿、销毁账目,或者搞假破产、假倒闭,以逃避返还资金的;(7)其他非法占有资金、拒不返还的行为。但是,在处理具体案件的时候,对于有证据证明行为人不具有非法占有目的的,不能单纯以财产不能归还就按金融诈骗罪处罚。"这虽然是针对金融诈骗罪的归纳,但对于其他诈骗犯罪中非法占有目的的判断也有重要意义。

2010 年发布的《最高人民法院关于审理非法集资刑事案件具体应用法律若干问题的解释》(已被修改)第 4 条第 2 款对集资诈骗案件中如何认定非法占有目的作了规定:"使用诈骗方法非法集资,具有下列情形之一的,可以认定为'以非法占有为目的'：（一）集资后不用于生产经营活动或者用于生产经营活动与筹集资金规模明显不成比例，致使集资款不能返还的；（二）肆意挥霍集资款，致使集资款不能返还的；（三）携带集资款逃匿的；（四）将集资款用于违法犯罪活动的；（五）抽逃、转移资金、隐匿财产，逃避返还资金的；（六）隐匿、销毁账目，或者搞假破产、假倒闭，逃避返还资金的；（七）拒不交代资金去向，逃避返还资金的；（八）其他可以认定非法占有目的的情形。"

现有司法解释和文件关于非法占有目的的认定思路，至少反映出以下特点：（1）都是围绕非法集资或者金融诈骗规定的情形，而且几乎都是以行为人获取资金后的态度和对资金的处分行为来认定行为人是否具有非法占有目的。（2）认定非法占有目的的具体情形整体上呈现扩大化趋势，比如《关于办理互联网金融犯罪案件有关问题座谈会纪要》所列明的"大部分资金未用于生产经营活动""资金使用成本过高""对资金使用的决策极度不负责任或肆意挥霍"等新增条款均是此前因在实践中产生争议较大而没有规定的情形。（3）重视综合判断。从上述列举的情形来看，认定诈骗案件被告人具有非法占有目的，不仅要求证明被告人有非法占有他人财物的行为，还要证明被告人有逃避返还骗取的财物的行为，即被告人为被害人追回被骗财物设置障碍，使得被害人无法通过民事救济途径追回被骗的财物。前述冒用他人名义、携款逃匿、挥霍骗取的资金等，都是逃避返还骗取的财物的行为表现。因此，非法占有并逃避返还骗取的财物，是认定诈骗案件非法占有目的的总标准。

3.具体认定情形。

现有规定着眼于资金用途、履行能力、履行意愿三个层面，在判断是否具有非法占有目的时，可以从这三个角度逐级判断。

首先，改变资金用途的需要达到使行为人的偿还能力降低的程度。

其次，在履行能力上，认定非法占有目的需要在钱款交付时，行为人就已经不具有履行能力。

最后，在履行意愿上，虽然有履行能力但是不具有履行意愿仍然是可以认定为非法占有目的。具体而言可分为以下13种情形：

(1)以资金用途为着眼点的5种情形。

①资金不用于生产经营活动或者用于生产经营活动与筹集资金规模明显不成比例;

②资金使用成本过高,生产经营活动的盈利能力不具有支付全部本息的现实可能性;

③对资金使用的决策极度不负责任造成资金缺口较大;

④肆意挥霍骗取资金;

⑤使用资金进行违法犯罪活动。

在第1种情形中,即便资金不用于生产经营活动或者用于生产经营活动与筹集资金规模明显不成比例,不足以直接由此认定行为人具有非法占有目的,从而构成犯罪。

以是否会为被害人创造危险来判断,将资金用于约定以外的用途,有时不会降低行为人的清偿能力,如将资金用于偿还公司债务、日常合理开支等行为,虽然没有用于约定的用途,但这类行为没有使得行为人的偿还能力变差,在认定犯罪时应当将该部分排除。

但当将资金用于偿还赌债、高利贷等会损害行为人的偿还能力的用途时,可认定具有非法占有目的。

在第2、3、4种情形中,行为人不计后果地使用骗取的资金,使得其经济状况急剧恶化,被害人即使民事胜诉,也无法顺利执行到财产。被害人无法通过民事手段获得有效救济,只能通过刑事手段补充保护,在此三种情形下,认定具有非法占有是毋庸置疑的。

在第5种情形中,在资金被用于违法犯罪活动的场合,不能当然地认定非法占有目的。因为资金用途是否违法与非法占有目的之间没有必然关联。在挪用公款罪中,挪用公款进行非法活动的构成挪用公款罪,而不是贪污罪就足以充分说明。

(2)以履行能力为着眼点的4种情形。

①明知没有还款能力而骗取资金或大量透支;

②使用虚假资信证明申领信用卡后透支;

③归还本息主要通过借新还旧来实现；

④使用虚假的产权证明作担保。

第2、3、4种情形均是“明知没有还款能力而骗取资金或大量透支”的具体体现，使用虚假资信证明、虚假产权凭证在大部分情况下是因为行为人不具有履行能力，只能虚构资产。拆东墙补西墙的归还方式说明行为人无法通过自己的财产进行偿还。但并非有以上情形的就可以认定为有非法占有目的，还需要行为人的履行能力达到一定的欠缺程度。

(3)以履行意愿为着眼点的4种情形。

①拒不交待资金去向，逃避返还资金；

②获取资金后逃匿；

③抽逃、转移资金、隐匿财产，以逃避返还资金；

④隐匿、销毁账目，或搞假破产、假倒闭，以逃避返还资金。

在这四种情形中，行为人通过各种手段，逃避返还资金，表明其完全没有履行的意愿，具有明显的非法占有目的。当事人没有履行意愿，即使存在履行能力，也将被认定为具有非法占有目的。

4. 不应认定具有非法占有目的的情形。

(1)明知企业经营亏损的情况下借入资金，试图改善经营状况，获取更多的利润，扭亏为盈，是多数经营者的惯常思维。这种行为本身不具有任何犯罪意图，没有社会危害性可言，将其定性为诈骗有违公平正义。要求经营者在经营亏损的情况下不做任何努力，坐以待毙，显然也是强人所难。在经营亏损的情况下借入资金继续经营的情况在经济生活中非常普遍，其中也不乏成功的事例。我国法律、司法解释没有规定这种情形可以认定为具有非法占有目的，显然不是立法者的疏漏，而是经过慎重考虑，认为不宜将这种行为入罪。将这种行为定性为诈骗，显然不利于鼓励企业创业创新，对经济的发展不利。

如果经营者在经营亏损的情况下借入资金并携款逃匿，或将款项隐匿、挥霍，则可以认定为诈骗。但是，这种情形认定为具有非法占有目的，是因为行为人携款逃匿或将款项隐匿、挥霍，而不是因为其在经营亏损的情况下借入资金。

（2）借后债还前债是否构成诈骗，不能一概而论，应具体情况具体分析：

①在企业生产经营过程中出现资金周转困难，经营者采用借后债还前债的方式维持生产经营，则说明经营者仍在为偿还债务而努力，一般不宜认定为具有非法占有目的。

②企业的生产经营状况已严重恶化，经营难以维持，明显无力清偿债务，经营者采用虚构投资项目等欺骗手段大量借入资金，用于归还以前所欠的债务，则属于“明知没有归还能力而大量骗取资金”的情形，可以认定为具有非法占有目的。

③民事纠纷的债务人因背负债务无力清偿而被催债或被法院强制执行，向亲友或放贷者借入资金用于清偿债务，未采用虚构借款用途等欺骗手段的，则出借方应当知道借出的资金可能无法收回，系出于帮助亲友或牟取高利的动机而自甘冒险，不能认定借款人诈骗。

综上，借后债还前债一般不能成为认定具有非法占有目的的充分理由。

（3）在市场交易过程中漫天要价是很常见的现象，如某幅赝品字画，价值仅数千元，某商店却声称是真迹，以数万元的价格卖出。在此情形下，只要买方知道商店的地址，交易后商店仍正常营业，则买方可以存在重大误解或交易显失公平为由在法定期限内主张撤销买卖合同要求对方返还价款。如买方不主张权利，则商店可以占有字画价款，一般不能认定为具有非法占有目的。因此，这种情形可以认定为民事欺诈，字画买卖合同可撤销。这种情形也不符合《刑法》、司法解释规定的能够认定为“具有非法占有目的”的情形，不应认定为诈骗罪。

（4）“一物二卖”不能一律认定为具有非法占有目的。如果“一物二卖”后，行为人将所得款项转移、隐匿、挥霍或携款潜逃，拒不返还的，则应认定为具有非法占有目的，构成诈骗。如果“一物二卖”后，行为人没有逃避承担民事责任的行为，则属于民事纠纷，不宜以诈骗罪论处。

5. 认定诈骗罪非法占有目的应注意的几个问题。

（1）准确把握《刑法》和司法解释规定的精神。

对于司法解释规定的能认定为具有非法占有目的的情形，应当根据司法解释规定的完整意思，准确地加以理解。例如，司法解释规定有虚构主体冒用他人名义、提供虚假担保、逃匿等情形,可以认定具有非法占有目的。不能简单地理解为凡有虚构主体或冒用他人名义、提供虚假担保、逃匿等行为,一律认定为具有非法占有目的。结合相关条款的上下文可以看出,司法解释的本意是指:行为人采用虚构主体或冒用他人名义签订合同、提供虚假担保、携款逃匿等手段逃避返还骗取的财产的,能够认定为具有非法占有目的。如果行为人虚构主体、冒用他人名义、提供虚假担保、逃匿等行为不是为了逃避返还财产,则不能认定具有非法占有目的。

(2)积极运用经验常识来判断诈骗罪的非法占有目的。

诈骗犯罪属于自然犯,是一种明显违反伦理道德的犯罪。它区别于违反法律但没有明显违反伦理道德的法定犯,一个具有正常理性的普通人可能不需要借助法律知识,凭自己的社会生活经验和朴素的伦理道德观念,就能判断哪些行为属于诈骗。因此,对诈骗罪非法占有目的的判断,直觉和经验的作用有时比概念分析和逻辑推理大得多,也更加准确。例如,对于拆迁安置过程中弄虚作假获取安置利益的行为,如果单纯地进行概念分析,它似乎属于虚构事实、隐瞒真相骗取财物的行为,可以定性为诈骗罪;但是,如果运用普通人的直觉进行判断,我们将会发现这种行为与常见的街头诈骗、电信网络诈骗以及经济生活中的诈骗相去甚远。这时,我们应当相信普通人的直觉而不是概念分析。因为,“法律的生命不在于逻辑而在于经验”。很多法律概念的界限是模糊不清的,什么是“以非法占有为目的”,什么是“虚构事实、隐瞒真相”、什么是“财物”,都会产生歧义。法律推理的过程有时会布满陷阱,有的概念很容易在推理的过程中被偷换,把推理引入歧途。因此,通过概念分析、逻辑推理得出的结论必须接受经验的验证,未经经验验证的逻辑结论是不可靠的。

司法解释规定的可以认定为具有非法占有目的的情形,都是司法机关在长期的办案实践中总结出来的,体现了对普通人直觉和经验法则的尊重。事实上,司法解释规定的虚构主体、冒用他人名义、使用虚假证明文件、携款潜逃挥霍赃款等情形已囊括了常见的能够认定为具有非法占有目的的情形。司法机关办理绝大多数案件,只要严格执行司法解释的规定就能对诈骗罪的非法占有目的作出正确认定。实践中要克制权力扩张的冲动，不得随意创制非法占有目的的认定标准，对于少数特殊案件，需要认定为具有非法占有目的的“其他情形”的，也应当遵循司法解释的精神，尊重普通人的直觉和经验法则。

(3)欺骗行为造成的损失能够通过民事救济的，一般不宜认定为诈骗罪。

诈骗并不泛指一切采用欺骗手段取得财物的行为，只有达到一定严重程度、有较大社会危害的骗取财物行为，才构成诈骗。将能够通过民事途径救济的骗取财物行为排除在诈骗犯罪之外，也符合刑法的谦抑性原则。刑法之所以把诈骗行为规定为犯罪，是因为这种行为严重侵犯他人财产权益，犯罪分子骗取他人财产或者隐匿了身份、住址，或者没有留下被害人主张权利的证据，或者将骗取的财产挥霍、藏匿等，被害人无法通过正常的民事救济途径维护其权益，不采用刑事手段制裁不足以维护正常的社会秩序。也就是说，正是在民法不敷用的情况下，才产生了刑法。因此，构成诈骗罪的行为，应当是不能通过民事途径进行救济的行为。欺骗行为尚不严重，不影响被害人通过民事途径进行救济的，一般不宜认定为诈骗犯罪。在司法实践中，应当把被骗的财产损失能否通过民事救济途径予以挽回作为有无非法占有目的的重要判断标准。例如，王某向他人借款 10 万元，取得借款后明确表示不想偿还，但其向出借人出具了真实姓名的借条，出借人知道其家庭住址，其本人也有足够的财产可供执行。这种情况下虽然根据其本人的口头表示似乎非法占有目的明确，但出借人的损失能够通过民事途径加以救济，则没有必要将这种行为定性为诈骗罪。

当然，能否通过民事途径救济是针对一般情形而言。在某些特殊案件中，被诈骗的财产也能够通过民事救济途径予以追回，但只要采用该种欺骗手段造成的财产损失在通常情况下不能通过民事途径加以救济，就不影响诈骗罪的认定。

6. 交易型诈骗中非法占有目的的认定。

交易型诈骗，指的是行为人以售卖或购买特定商品、服务等为由，骗取他人财物的行为类型。秉持诚实，恪守承诺是市场交易的前提和基础，但在经济交易中人们又不得不容忍某种程度的欺诈，所以只有那些法益侵害性与非难可能性达到一定程度的欺诈才可能进入诈骗罪的调整范围。在交易型的场合下，行为人虚构事实、隐瞒真相,如果完全不具备进行真实交易的行为事实,明显可以肯定其主观具有将他人财物非法占有的目的,依法构成诈骗罪。

例如,《刑事审判参考》总第 113 集第 1247 号指导案例李某等诈骗案,被告人李某等明知无法为不符合国家成人教育招生条件和程序的人员办理正规有效的成人高等教育文凭,仍对外谎称能够办理并能上网认证,骗取被害人财物。第 1264 号吴某、张某某、刘某诈骗案,被告人与网络“关键词”注册持有人取得联系,虚构有买家欲予高价收购的事实,以制作网络监测报告、专利证书、国际端口申诉等配套产品为由收取高额费用,事后查明这些业务根本不存在。这两起案例中,行为人完全捏造交易的能力和事实骗取他人财物,行为的定性比较清晰。

举例说明,其一,甲公司和张某声称能提供有广泛销路的韩国化妆品,结果提供产品为国内厂家生产;其二,李某冒充自己是具有更高信誉资质的主任医师坐诊、开药。上述两例中行为人客观上都实施了虚构事实、隐瞒真相的行为,虽存在真实的商品、服务,但上述案件中交易相对方是为了特定品牌产品或有特定资质的服务才支付的费用,而实际上交易对象为行为人所虚构,但我国《刑法》规定的诈骗罪保护的法益是财物所有权以及其他本权,例 1 和例 2 涉及的是特定商品或服务的出售,该类案件中,行为人以商品或服务的使用价值换取交易相对方的财物价值,行为人主观上是否具有非法占有目的和客观上是否属于非法占有行为,重点需要考察有无形成交易对价关系。

如果行为人交付的商品、服务不具备应当具备的价值功效,非法占有目的往往会被肯定,比如《刑事审判参考》总第 124 集第 1373 号阚某诈骗案,“被害人以投资、收藏的目的向行为人购买高档普洱茶、支付货款,行为人实际交付的却是低档普洱茶,虽然该普洱茶也有确定的市场价值,能够满足普通消费者的食用需求,但是高档普洱茶所具有的收藏和投资价值是其独有的特征,也是低档普洱茶所不具备的价值”。本案中商品明显不具备其本应具备的收藏价值,交付行为只是行为人对其非法所有他人财物的一种掩饰,依法成立诈骗罪。与此不同的是,例 1 中双方约定的交易对象是可供销售的化妆品,事实上行为人也提供了具有真实效用、价格适中的产品,尽管对于品牌产地、销售前景实施了欺骗,但这并不影响化妆品的使用和正常销售,对于产地、商业前景或声誉度等的包装或夸大只是违反了诚实信用原则,不能简单地将此行为认定为刑事诈骗。同样地,例 2 中的病人需要具备医疗资质、知识的医生提供问诊、开药服务,最终也确由行为人所提供,不能因为在职称上存在欺骗行为就否认存在交易对价,进而认为行为人具有非法占有财物的目的。

刑法介入平等主体之间交易关系的正当性,应有别于民法充分保障契约自由与诚实信用原则的立场。行为仅仅是为了赢得交易机会而夸大商品或服务的品质、效果,与根本上就没有交易意愿和交易对价的诈骗犯罪存在本质区别。如果前述案例中行为人提供的是价值低廉、质量粗劣"三无"化妆品或者没有任何医术冒充医生给病人看病,虚开药物谋取非法利益,由于交易事实与对价根本不存在,行为依法构成刑事诈骗,而非民事欺诈。我国司法实践一直以来也是坚持这一判断思路,最高人民检察院在发布的典型案例"吴某强、吴某祥等 60 人诈骗案——虚构基因缺陷引诱被害人购买增高产品套餐骗取钱款"中明确指出:"在网络销售型诈骗中,被告人为了达到骗取钱款的目的,需要对其出售的商品进行虚假宣传,其中存在与民事欺诈、虚假广告罪之间的界分问题。在办理这类案件时,检察人员要从商品价格、功能、后续行为等角度综合考虑。……行为人为了拓宽销路、提高销量,对所出售的商品作夸大、虚假宣传的,可按民事欺诈处理;情节严重的,符合虚假广告罪构成要件的,依法可以虚假广告罪论处。"

为了进一步理解交易事实与交易对价对于认定非法占有目的的意义,这里再举两个案例予以说明。

例 1:行为人采取欺骗手段与汽车租赁公司签订租赁协议,后为了从他人处借款,谎称车主委托自己将车辆办理质押,获得借款后将大部分借款用于挥霍。例 2:李某在某大学租赁张某的房屋从事水果零售生意,合同约定房屋租期为 3 年,双方约定未经协商一致房屋不得随意转租。合同签订后,李某发现水果生意不景气,于是尝试将该水果店转租给王某,租期为剩余的 2 年 6 个月。李某担心张某不同意房屋的转租和避免转租中的麻烦,于是找到自己的朋友占某冒充张某并签字同意房屋转租,与王某签订了 2 年 6 个月的水果店租赁(转租)合同。后房东张某发现经营水果店的不是李某,问及其中缘故,才知道事情的过程及真实情况。张某和王某遂以李某犯合同诈骗罪向公安机关报案。

上述例 1 中行为人对借款人隐瞒了其对于车辆仅享有使用权的事实,行为明显具有欺骗性,但是,行为人也确实使借款人占有车辆并依法享有质押权,即便款项最终无法归还,由于质押权的优先受偿受到法律保护,借款方并不存在财产损失,这种情况下,如果认定行为人存在不支付代价就取得借款的行为和意图显然与案件事实存在矛盾。与例 1 行为人不具备办理质押的权限而行使这一权能类似,例 2 中李某谎称自己从所有权人处获得了转租许可,其与王某签订的租赁(转租)合同明显存在权利瑕疵,不过这同样没有影响交易相对方获得实际对价,在本案中具体表现为王某事实上获得水果店的经营权,其所支付的租金并没有遭受损失,李某的行为不构成诈骗罪。相反,如果说上述案例中的行为人对车辆并不实际占有,或者说对于房屋没有任何的权利基础,虚构事实、隐瞒真相与他人签订合同,导致交易相对方根本无从获得相应对价,行为则可能构成诈骗罪。

(二)被害人是否陷入错误认识

根据刑法基础理论,“被害人陷入错误认识”是诈骗和骗取类犯罪的构成要件之一,在不区分是否具有非法占有目的的情况下,其逻辑都是:被告人有欺骗行为→被害人陷入错误认识→基于错误认识处分财产→造成财产损失,这四个要件环环相扣,前后要件均存在因果关系。被害人陷入错误认识,是其中一个必不可少的要件,即被害人因为被告人欺骗行为,产生处分财产的错误认识,并且处分了财产。

有这样一个案例:张某称认识某领导,有关系,能帮助李某的儿子免试上大学,只要李某拿出 30 万元就行。他保证能让李某的儿子免试上大学。因张某平常自吹自擂,不太靠谱,李某不相信张某有这样的能力,就只是推辞。谁知道张某来劲了,三天两头找张某要其拿钱帮他跑关系,李某几次三番推脱,可是张某就是咬死不放,李某不胜其烦,就报了警,后张某被以诈骗罪刑事拘留,在接受讯问时,张某供称他根本不认识什么领导,也没什么关系,他也没有能力帮助李某的儿子上大学,他就是想骗李某几个钱花花。

我们判断行为人的涉案行为是否构成犯罪的根本标尺就是对照其所涉罪名的犯罪构成要件来判断其行为是否符合构成要件，如果符合，则其行为构成犯罪；如果不符合所涉罪名的构成要件，其行为就不构成犯罪。

从本案来看，行为人张某在客观方面确实实施了虚构事实隐瞒真相的欺骗行为，具备了诈骗犯罪构成第一个构成条件。但是，因为被害人李某根本不相信张某的许诺，没有上当受骗，没有陷入错误认识，更没有支付任何钱财给张某，张某的行为不具备诈骗犯罪所必需具备的被害人因行为人的欺骗行为陷入错误认识和被害人因为错误认识将钱款支付给行为人两个基本的必不可少的犯罪构成要件，行为人的行为不构成诈骗罪。

（三）未基于错误认识交付财物

案例：甲某与李某系多年好友，甲某平时沉溺赌博，外欠赌资较多。为归还赌资，弥补亏空，甲某虚构工程项目，邀约李某共同投资 10 万元。李某一开始信以为真，承诺投资 10 万元。但在商谈过程中，李某发现了甲某所谓投资工程可能是骗局，但出于同情、怜悯甲某，还是支付了 10 万元“投资款”给甲某，并且没有拆穿甲某。甲某获取款项后用于归还赌债，并中断了与李某的联系。案发后，李某向办案人员证实，确实在当时就察觉到甲某的骗局，但因后来无法联系到甲某，遂报案。

本案甲某以非法占有为目的，明知无还款能力的情况下，虚构工程项目，欲骗取被害人李某的财物。李某在该过程中已经察觉骗局，虽然支付了 10 万元，但是系出于同情、怜悯以及帮助朋友的目的，不是主观上受到欺骗，李某支付财物不是因为被骗，故该 10 万元与甲某的诈骗行为没有刑法上的因果关系，本案缺失了“基于错误认识处分财产”这一环节，该情况并不在诈骗罪评价范围之内，应认定不构成诈骗罪。

但根据 2011 年《最高人民法院、最高人民检察院关于办理诈骗刑事案件具体应用法律若干问题的解释》第 5 条之规定，“诈骗未遂，以数额巨大的财物为诈骗目标的，或者具有其他严重情节的，应当定罪处罚”。甲某以数额巨大财物为诈骗目标，可以认定为诈骗未遂。这个争议具有很大的辩护空间。

（四）注意民事欺诈与诈骗犯罪的界分

民事欺诈属于民事不法，诈骗犯罪属于刑事犯罪，二者之间存在重大区别，但司法实践中极易混淆，主要原因在于民事欺诈与刑事诈骗的内涵中都包含"欺骗"要素。但是，除"欺骗"的共性内容外，民事欺诈与刑事诈骗之内涵具有本质区别，二者内涵中的不一致要素则是区分二者的根基。

民事欺诈，是指故意将不真实的情况当作真实的情况加以表示，以使他人产生误解，进而作出意思表示的行为。《民法典》第 148 条规定："一方以欺诈手段，使对方在违背真实意思的情况下实施的民事法律行为，受欺诈方有权请求人民法院或者仲裁机构予以撤销。"因此，可以抽象出民事欺诈的内涵要素：客观上"一方内容表示不真实→对方违背真实意思实施民事行为"+主观上"故意"+法律后果"可撤销"。

刑事诈骗，是以非法占有为目的，采用虚构事实或者隐瞒真相的方法，骗取数额较大的公私财物。在我国《刑法》中，除了普通诈骗罪，还规定了特殊诈骗罪，包括合同诈骗罪和金融诈骗罪（集资诈骗罪、贷款诈骗罪、金融票据诈骗罪、金融票证诈骗罪、信用证诈骗罪、信用卡诈骗罪、有价证券诈骗罪、保险诈骗罪）。根据法律法规和刑法理论，可以抽象出刑事诈骗的内涵要素：客观上"行为人实施虚构事实、隐瞒真相的行为→被害人陷入认识错误→被害人基于错误认识处分财物→被害人损失财物→行为人取得财物"+主观上"故意且具有非法占有目的"+法律后果"刑事犯罪"。

显然，虽然民事欺诈与刑事诈骗都包含"欺骗"要素，但是二者的内涵具有本质区别，主要体现在三个方面：一是行为手段方面，民事欺诈要求内容不真实，刑事诈骗要求虚构事实，后者欺骗程度大于前者；二是因果关系方面，民事欺诈要求违背真实意愿作出意思表示，刑事诈骗要求该错误认识必须直接导致处分财物，进而致使财物损失，后者关系限制多于前者；三是主观方面，民事欺诈要求故意，刑事诈骗要求在故意的基础上必须对财物具有非法占有目的，后者要素多于前者。简言之，刑事诈骗的内涵要素多于民事欺诈，当一个欺诈行为是局部欺骗、低程度欺骗时，它属于民事欺诈；当一个欺诈行为是整体欺骗、高程度欺骗、非法占有型欺骗时,它属于刑事诈骗。

根据“先客观后主观”的刑事定罪思维,区分民事欺诈与刑事诈骗应当首先判断事实行为是否符合诈骗犯罪的逻辑结构,进而再判断主观方面是否具有非法占有目的。但是司法实践中,某些情况下民事欺诈和刑事诈骗在行为方式上完全相同,最终只能借助“非法占有目的”予以区分,所以在区分二者时,主观方面占据主导地位,重要程度恰与定罪思维相反。

三、实务运用及案例解析

1. 请托型诈骗案件的实务解析。

(1)未陷入错误认识,可出罪。

“请托办事、找关系”型诈骗案件的欺骗行为为虚构自己具有办成某事的能力,则其辩护概要为须确认行为人是否存在虚构行为、是否主动向被害人展示能力以及虚构行为是否足以使被害人产生认识错误,并交付财物。

如在(2011)穗中法刑二初字第47号案例中,法院认为:至于赵某甲以“赵悦诚”的名义签写收据一节,并不当然得出赵某甲虚构本案事实的结论,本诈骗案的虚构事实系指虚构周某某具备特殊关系进而能行贿国家工作人员,并能让苏某丙军免予刑事处罚的事实,赵某甲是否以“赵悦诚”的名义签写收据并非上述虚构事实的范围,该行为亦不推进诈骗活动的进程,且证人袁某、同案人苏某甲等人均知悉赵某甲的真实姓名和身份。因此,认定被告人赵某甲实施隐瞒真相、虚构事实的行为证据不足。

在(2016)渝0103刑初41号案例中,法院认为:从在案证据来看,蒋某向周某吹嘘自己在北京有关系和背景,可以为周某办理加油站经营合同续签事宜,并非完全虚构。且蒋某与周某约定的事项具有非正当性,周某对此也是明知。在此前提之下,蒋某未向周某告知其真实的关系,并不能以此认定蒋某有诈骗的故意。同时,虽然双方委托的事项具有非正当性,但蒋某取得周某的300万元是基于双方约定。蒋某虽有吹嘘、夸大其关系的欺骗行为,但该欺骗行为并不足以导致周某对300万元的处分,周某对委托事项可能失败有所预见,故约定“此事未办成,此款如数退回”。

在瑞检公诉刑不诉〔2021〕Z18 号案例中，检察院认为：刘某某没有虚构事实、隐瞒真相，欧阳某乙没有陷入错误认识进而交付钱财。刘某某并没有虚构曾某某是刘某某舅舅的身份并在江西省公安厅上班的事实，并且是欧阳某乙主动通过郭某某找到刘某某帮忙的。刘某某答应欧阳某乙尽量帮忙时，刘某某并没有虚构或者夸大自身影响力，没有保证欧阳某甲能够取保候审或者判处缓刑。从刘某某来讲，具有找关系的现实可能性，刘某某主观上也希望通过曾某某的关系促成请托事项。从欧阳某乙来讲，其对刘某某与曾某某的关系有着清晰的认识，主动向刘某某送钱财时目的很明确，就是希望通过曾某某在省公安厅的影响力来疏通关系争取欧阳某甲能够取保候审或者判处缓刑，欧阳某乙对刘某某答应帮忙的内容及后果（事情可能办成也可能办不成）并没有陷入错误认识，欧阳某乙交付给刘某某 22 万元不属于陷入错误认识而交付的钱财。

（2）为请托事情付出努力，虽未成，也可能出罪。

俗语云：受人之托，忠人之事。“盗亦应有道”，诚信乃是受托办事者所应谨守的帝王原则。收人钱财，就得付出诚挚努力，诚心办事。行为人所受托之事常具有非正当性，是否能够办成具有相当的不确定性。能力大小、关系有无、事情难易、法与不法考量均可能影响事情的办成。因此，事情虽未办成，但行为人没有获得钱财，或虽取得财物，但确实付出努力、将获得财物用以办事，并希望办成请托事宜的，则有可能因无诈骗的行为与故意而出罪。

如在（2012）同刑初字第 157 号案例中，法院认为：巩某武得到王某某给予的 280 万元活动费及好处费后，为王某某进行了活动，虽然没有实现双方期望达到的目的，但能够证明巩某武为实现双方的目的，进行了活动。在双方商议过程中，巩某武虽有夸大自己办事能力的行为，而王某某亦过分相信了巩某武的办事能力，但双方对各自行为的性质、目的并未发生认识上的错误，王某某交予巩某武钱财让其进行活动与巩某武获得王某某给予的钱财为其进行活动，均是双方合意内的行为，双方的目的是共同的，利益是一致的……故在现有证据情况下，认定被告人巩某武以虚构事实，隐瞒真相的方法骗取他人财物，证据不足。其行为不构成诈骗罪,应宣告无罪。

在(2014)榆中刑二终字第00081号案例中,法院认为:综观本案,上诉人任某从开始办理井田手续之际,即承认其本人并不具备办理能力,被害人郝某也认为依靠任某的人脉关系来办成此事,任某正是为了赚取办理煤矿扩井田成功后的手续费而轻信了李某的谎言,才将钱汇给李某;任某的辩护人所提供的材料证明,在办理扩展煤矿井田手续未果后,任某先于受害人郝某的报案时间,去西安调查核实由李某提供的所谓陕西省国土资源厅、陕西省国资委的文件系虚假文件,说明任某一直在履行自己的应尽义务,其没有伙同李某共同虚构事实、隐瞒真相的行为……故任某犯诈骗罪的事实不清,证据不足。

在(2017)冀02刑终149号案例中,法院认为:原审认定刘某以非法占有为目的、隐瞒事实真相,骗取他人财物人民币120万元的证据不能形成完整的证据链条,不能排除刘某系为了帮助张某2、张某1二人通过其他关系找人帮忙办理海域使用证收取运作费用可能性的存在,不能认定上诉人刘某的行为构成诈骗罪。经查,在案现有证据证实,刘某在帮助张某2、张某1办理海域使用证,收取办证运作费用之前,已就相关风险与二人有过明确约定;在办证过程中,刘某多次与相关人员会面,询问办证事宜,不排除期间使用了部分运作费。

在信检公诉刑不诉〔2014〕19号案例中,检察院认为:现有证据证实李某某在收取了被害人用于走关系的钱财后,找过信丰县公安局有关人员和到工业园派出所进行过打听案件的进展和处理情况,并没有为了个人占有该钱款而不办事不过问的事实,也没有虚构花了多少钱走关系办事或走通关系办事花了多少钱的事实,故不存在虚构事实和隐瞒真相的行为。

在袁检刑不诉〔2020〕58号案例中,检察院认为:被不起诉人钟某甲以疏通关系帮忙安排到村委会工作为由向李某某收取财物,其在收到财物后,向钟某乙提出了该事项的请托,且经本院查实,钟某乙事后找了时任洪江镇政府党委书记胡某某提出过该事项的请托。故现有证据不足以认定被不起诉人钟某甲客观上虚构了可以疏通关系的事实。

在掇检一部刑不诉〔2021〕19号案例中,检察院认为:被不起诉人杨某某在本案中受被害人李某甲、李某乙的委托帮忙办理学生入学事项，并按照每个学生收取5000～6000元的活动费用，共计收取58,000元。虽然其明知自己没有能力办成受委托事项，需要再找人帮忙且找人也不一定能办成，但还是找了教育系统的相关人员帮忙想办法办理受托事项，并且转给相关人员活动费用。其主观上没有虚构事实或者隐瞒真相的故意。其接受委托后没有办成受托事项，将58,000元的活动费用用于个人开支，不符合诈骗罪的构成要件。

(3)没有非法占有的目的，则不能认定诈骗。

如前所述，非法占有并逃避返还款项是认定非法占有目的的重要标准。具体而言，行为人将所获得的款项用于个人挥霍还是协调办事，行为人是否具有还款意愿以及还款能力均是焦点所在。当然，也就不能因为行为人未还款而径行认定非法占有目的，而是要具体分析未能及时还款的原因。

如在(2016)渝0103刑初41号案例中，法院认为：蒋某与周某之间的约定具有非正当性，双方对可能的结果均有预见，故才约定如此事未办成，此款如数退回。在此种关系中，蒋某如何找关系、如何处分约定支付的钱款属自决事项，周某也陈述只要蒋某能把事办好，这300万元就是她的。哪怕她一分钱不花，只靠自己的关系。故也不能根据蒋某处分涉案钱款的客观事实认定其主观具有非法占有的故意。蒋某将大部分款项用于归还个人债务、投资、发放民工工资、购买材料等，而非用于个人挥霍。在不能排除蒋某有偿还能力的前提下，也不能因为事后未还款就认定其事前具有非法占有故意。

在(2014)绥北刑初字第339号案例中，被告人李某某为尹某某也联系了办事人，其办事人也为其联系了相关人员，在请托事项未办成后，请托人要求返款，被告人亦同意返款，足以说明被告人李某某没有非法占有的目的。

在瑞检公诉刑不诉〔2021〕Z18号案例中，检察院认为：刘某某不具有非法占有的主观目的。首先是欧阳某乙就欧阳某甲的事情主动找到刘某某，在多人的见证下就此事进行了商量，并且刘某某在收取22万元现金的时候出具了收条。后刘某某则找到其朋友章某某帮忙找关系、找律师，章某某推荐了李某某律师……在欧阳某甲一审被判处有期徒刑3年(具备缓刑条件，但未判处缓刑)后，欧阳某乙要求刘某某全额退还22万元款项,刘某某也邀请了多名证人一起与欧阳某乙协商退款事宜,并未拒绝返回,双方仅因为刘某某称找关系产生了实际费用要求扣除部分而未达成一致意见。虽然刘某某在收取22万元款项后仅有一小部分用于为欧阳某乙办理相关事宜,大部分用于支付工程的工人工资和材料款,但从刘某某收取22万元前后的行为来看,刘某某是在为请托事项积极"走关系",刘某某的主观目的应为借通过曾某某疏通关系的名义收取欧阳某乙的财物,自己则通过其他途径为被害人实现"走关系"的目的,进而获取经济利益,并非非法占有。

2. 行为人未实施虚构事实或者隐瞒真相的行为,被害人也不存在陷入错误认识后作出财产处分的情况,不构成诈骗罪。

参见(2012)浙湖刑终字第43号案例,案情如下:杨某忠因投资证券、期货等资金短缺,以高息向李某某借款,借款时杨某忠并未隐瞒其炒股的事实,借款也实际用于炒股。2012年6月至2014年1月,李某某在明知杨某忠真实的借款用途后仍自愿先后从亲戚朋友20余人处付息借款,并将借款通过银行柜台或者ATM向杨某忠转款246.8万元。其间,杨某忠在炒股过程中也曾告知过李某某盈亏情况,2014年3月20日,杨某忠才告诉李某某所借的资金已全部亏损。至案发,杨某忠共归还李某某167万元,未归还79.8万元。法院最终判决杨某忠无罪。

评析:杨某忠一直都在积极归还李某某的借款,且对剩余未归还的部分借款也出具了借条,并仍在设法归还中,因此杨某忠主观上不具有非法占有目的;在客观方面,杨某忠以支付高息向李某某借款用于证券、期货交易,借款时未向李某某隐瞒借款的真实用途(用于炒股等高风险投资),借款实际也用于炒股等高风险投资,鉴于杨某忠客观上未实施虚构事实或者隐瞒真相的行为,且李某某明知炒股有很高的亏损风险,但其为了赚取高额利息仍向杨某忠提供借款用于炒股,李某某也不存在陷入错误认识后作出财产处分的情况。

3. 无证据证实被害人因行为人的欺骗行为陷入错误认识,所借钱款用于合法经营活动,且案发后王某智并未逃匿,甚至还在积极采取措施挽回资金,不构成诈骗罪。

参见(2017)津01刑终635号案例,案情如下:王某智系元盛公司和宝隆公司的实际经营者,高某峰系元丰公司的总经理。二人分别通过元盛公司、元丰公司从事民间资金拆借业务。2011年,王某智与高某峰约定,王某智以元盛公司名义从元丰公司处借款800万元。2011年10月,王某智以元盛公司名义与元丰公司签订借款合同,借款合同约定:元盛公司向元丰公司借款800万元,期限为1个月,月息为6%,借款用途为偿还银行贷款。王某智提供了元盛公司800万元远期支票作为质押,个人为此笔借款提供连带担保。合同签订后,王某智陆陆续续收到了元丰公司交付的800万元借款(签订借款合同前已交付750万元借款)。2011年11月,王某智以元盛公司名义与元丰公司再次签订借款合同,该借款合同内容及担保方式与前一份借款合同完全一致,王某智将第二次收到的800万元借款用于清偿第一笔借款。2011年10月至2012年4月,王某智共计向元丰公司付息288万元后,无力再支付利息,元丰公司以王某智构成诈骗罪报案。法院判决王某智不构成诈骗罪。

评析:诈骗罪需要满足欺骗行为使被害人陷入错误认识。“被害人陷入错误认识”的本质是“财物处分人没有按照自己没有瑕疵的意志处分财物”。实践中,如果行为人实施了欺骗行为,但被害人已识破或系基于其他原因(如同情或者投机等原因)而处分财产,并非基于行为人欺骗行为所虚构的事实陷入错误认识而处分财产(被害人作出处分财产的意志没有任何瑕疵),使得行为人的欺骗行为落空的,行为人不构成诈骗罪。

王某智及高某峰从事资金拆借业务,双方之间的资金借贷是以高息为目的的投资性借贷行为。元丰公司与元盛公司约定800万元的借款仅用于偿还银行贷款,但王某智实际未将上述钱款用于偿还银行贷款,其存在欺诈行为,但现有证据无法证明高某峰因陷入错误认识而交付钱款,此外结合王某智将所借钱款用于合法经营活动,且案发后王某智并未逃匿,甚至还在积极采取措施挽回资金的情况,不构成诈骗罪。

4. 行为人无非法占有的目的,不构成诈骗罪。

(1)参见(2014)牟刑初字第209号案例、(2015)郑刑一终字第379号案例,案情如下:李某、黑某玉以及袁某系朋友关系,2006年和2007年,李某为袁某开办的某炼铁厂供应煤炭,因袁某欠付李某部分煤炭货款,李某于2008年年初向法院起诉要求袁某还款(诉讼标的额21万余元),后法院以未提供袁某具体地址、未交公告费为由裁定驳回起诉。袁某开办的炼铁厂倒闭后,又开办了一家某金属贸易公司,经营生铁。本案发生前,袁某与李某、黑某玉曾一同向合作方联系过卖铁业务。2008年4月,李某和黑某玉通知袁某,找到了客户,每吨生铁收购价3900元,袁某在黑某玉的要求下让肖某把生铁送交给黑某玉。前述货物被黑某玉以32.4万元的价格售卖给第三方,李某指使黑某玉不要把此笔货款交付袁某,等与袁某算账之后再说,但此事最终还是被袁某知悉。送货人员肖某在李某的指使下找到李某,李某出具了《收条》,内容为收到袁某生铁98吨,单价3900元,并注明剩余货款算账后多退少补。之后,袁某和李某算账时,因双方就账目金额未达成一致意见,袁某报案。经查,袁某曾向李某出具过一张金额近32万元的欠条。

评析:李某不具有非法占有的目的。李某与袁某之间存在经济纠纷,袁某欠李某货款。虽然李某采取欺骗的手段,将生铁的货款据为己有,但李某主观上是为抵销债权。本案现有证据不足以证明李某具有非法占有的目的,故李某的行为不构成诈骗罪。

(2)参见(2015)闽刑终字第194号案例,案情如下:2010年11月至2011年6月,黄某章以工厂生产经营需要资金为由,向林某平借款共计1000万元。林某平要求黄某章提供担保,黄某章将伪造的某鞋模公司土地证和三本房产证抵押给林某平。2012年5月,黄某章再次出具欠条并伪造某鞋模公司的股东会决议,谎称以公司的房地产权证作为抵押,约定2012年10月8日前还清借款。至2012年5月16日,黄某章共归还林某平279.5万元。因黄某章迟延偿还借款,林某平提起民事诉讼要求“抵押人”某鞋模公司承担担保责任,但因担保无效,林某平最后仅参与有关执行案件拍卖余款的分配分得173万余元。此外,2012年2月,黄某章向王某德借款100万元,并以伪造的房产证、土地证各一本作为抵押,黄某章仅归还4万元;2012年6月,黄某章仍以伪造的房产证抵押向工商银行申请贷款600万元。黄某章以贷款600万元的手续已经审批及贷款审批下来之后会用该笔贷款偿还薛某辉为由,向薛某辉借款560万元,后薛某辉因发现工商银行的600万元贷款未发放、黄某章无力偿还欠款后报案。

评析：黄某章向他人借款，并出具借据，借款资金用于股市投资和偿还银行贷款等合法经营活动，本案认定黄某章具有非法占有为目的依据不足，黄某章虽确有虚构部分事实或者隐瞒真相的行为，但其实施这一欺骗行为并非为了实现非法占有的目的，故其行为不符合诈骗罪的构成要件，应属于民事欺诈行为，其与多个债权人之间应属于民间借贷纠纷，不应予以刑事追究，最终判决黄某章无罪。

诈骗罪在主观方面要求行为人具有非法占有他人财物的目的。非法占有目的认定，在实务中要结合行为人有无履约能力、未履约的原因、履约态度以及财物的处置形式等事实进行综合判断，需注意：如果行为人与被害人之间有合法的债权债务关系，行为人使用欺骗手段骗取财物系为抵销债权的情况下，不能据此认定行为人主观上具有非法占有目的。

5. 诈骗金额认定有误的部分应予扣除。

参见（2022）琼0107刑初379号刑事判决、（2023）琼01刑终30号刑事裁定，案情如下：2021年8月，任某与李某通过微信社交软件相识，不久之后双方确定男女朋友关系。2021年9月至2022年1月，任某多次虚构其母亲做手术住院、父亲去世、妹妹上大学等事由，骗取女友李某钱款共计60万余元，但实际上任某将骗取的钱款均用于赌博和本人开销等。

评析：任某以非法占有为目的，通过虚构事实、隐瞒真相，骗取他人财物，数额特别巨大，其行为已构成诈骗罪。对于诈骗金额，任某与李某系情侣关系，双方存在共同生活的事实，因此在60万余元中应当将用于双方共同生活的费用予以扣除，对该部分款项，任某不具有非法占有目的，即不应当将该部分款项计入诈骗数额内。

参见（2022）京02刑终151号案例，案情如下：2012年11月至2013年2月，丁某功虚构能够帮助冯某余办理建设用地审批手续的事实，以需要费用办理审批手续为由，骗取冯某余钱款50万元。案发前，冯某余通过其妻子白某兰的名义收到丁某功支付的1万元。2021年10月中旬，丁某功被公安机关抓获归案。

评析：本案的争议焦点是冯某余通过其妻子白某兰在案发前收到丁某功1万

元,是否应从诈骗数额中扣除。冯某余认可收到该笔1万元的钱款,鉴于没有其他证据证明双方还有其他经济交往,故认可冯某余关于此笔款项系向丁某功借款的说法,并将该笔被害人从行为人处挽回的损失金额从诈骗数额中予以扣除。

诈骗数额是行为人实际骗取的数额,即被害人基于错误认识而处分的、最终给被害人财产造成直接损失的数额。需要注意的是,第一,犯罪成本即行为人为实施犯罪购买作案工具、伪装道具等诈骗成本应当计入诈骗数额内;第二,被害人非基于错误认识而处分的数额应当在诈骗数额中予以扣除;第三,案发前行为人已经归还的数额以及案发前被害人已从行为人处挽回的损失一般也应在诈骗数额中予以扣除。

6. 被告人因诈骗而向被害人交付的财物,应否扣除,应结合利用可能性具体分析。

理论上,多将侵害"利用可能性"作为财产类犯罪非法占有目的认定考量因素排除意思的情形之一。例如,当行为人虽然具有返还的意思,但具有侵害相当程度的利用可能性的意思时,由于存在可罚的法益侵害的危险,应认为排除意思的存在,进而确定行为人具有非法占有的目的。

近来,也有以此为由认定行为人具有非法占有目的的实例,如在(2019)内0522刑初302号案例中,法院认为:非法占有目的由"排除意思"和"利用意思"构成,前者重视的是法的侧面,后者重视的是经济的侧面。结合本案,被告人那顺某力根自2016年6~12月多次骗取被害人柳某等人钱款后长期非法占有,其主观上具有持续性地侵害被害人柳某等人对财物的利用可能性的意思,应认定被告人那顺某力根存在排除意思。

事实上,"利用可能性"也可用来确认被告人因诈骗而向被害人交付的财物应否扣除。毕竟,犯罪的实质在于侵犯法益,如果被告人交付的财物能够有效弥补被害人的损失,且对被害人效用目的,被侵害的法益将会得到有效弥补,基于罪责刑适应原则,对于该财物的价值理应在计算诈骗数额予以扣除。

如在(2021)鄂1002刑初522号案例中,法院认为:经查,通过扣押物品清单、发还清单,结合受害人明细表可以得出案发后,黄某某、王莫某、唐某某、黄顺某将所持有的床上用品交给后,四人又主动取回床上用品,并且没有领取退款,足以说明四人认可该床上用品财产价值,并有使用意向,对该物品有利用可能性;同时,综合全案现有证据,无法证实被告人购买上述四件套、羽绒被等床上用品的真实价格,无法查明与四人所支付的金额是否价值相当,故应在诈骗金额中扣除四人交付给被告人的7800元。

在(2015)高刑初字第84号案例中,法院认为:由于被告人孙某给予的多充话费及赠品对于被害人均具有经济价值和利用可能性,该价值应当在认定诈骗数额时予以扣除。

当然,被告人所交付的财物若对被害人没有利用可能性或不符合被害人效用目的的,对弥补被害人的损失没有意义,则可能不会扣除。

如在(2021)闽01刑终894号案例中,法院认为:本案中,桩基在数量、长度、质量上不符合设计要求,相较于货币及其他一般等价物,陈某和、陈某兆等人偷工减料过程中支出的施工成本,没有实际的市场价值、使用价值,对于被害单位没有利用可能性,无法实现签订施工合同的预期目的,对于弥补长乐区交通局的损失没有实际意义,应视作陈某兆等人实施诈骗行为的犯罪成本,不予从犯罪金额中扣除。

在《刑事审判参考》总第124集第1373号案例中,法院认为:被害人购买"97水蓝印"普洱茶的目的是收藏和投资,不是日常饮用,被告人以低档普洱茶冒充高档普洱茶向被害人交货,无法满足被害人的上述收藏和投资需求,对弥补被害人所受的财产损失没有实际意义,不应将云南海鑫堂普洱茶的价值从被告人骗得的货款中扣除。

分析前述案例,关于被告人向被害人交付的财物应否扣除,可考虑以下因素:

(1)被告人是否直接向被害人交付了财物,被害人业已接受,财物权利是否由被害人享有。若不是被告人直接向被害人交付,即使财物对应权利由被害人实际享有,金额是否应予以扣除,存在争议,需要精确分析并据理力争。

如在被告人从租房者短期租入房屋又将房屋长期出租给第三人诈骗案件中,检方观点为,此类案件是对房屋出租者及第三人的双重诈骗,虽然出租者在被告人已交付的租金的范围免除第三人的责任,但仅以第三人的实际损失数额来定罪量刑不足以评价行为人的主观恶性及社会危害性。

显然,检方上述观点忽略了被告人在于出租者租房是真实的承租且付了与租期相应的对价,本案被害人仅有第三人,而被害人实际是享有了被告人已支付对价对应的权利的,符合第三人的效用目的,也具有利用可能性,应当予以扣除。

(2)被告人所交付财物对于被害人既要有经济价值,又要符合被害人的利用目的。经济价值不难证明,金钱交付可以直接认定,其他财物交付可辅以其他证据或由鉴定确定。至于被害人的利用目的,则只能结合间接证据予以确定,而不能仅以被害人的主观认知进行确定。

7. 属于诈骗共同犯罪中的从犯。

参见(2019)京 02 刑初 161 号案例,案情如下:2018 年 3 月至 2019 年 1 月,于某文在参加"民族资产解冻项目"被骗后,仍然接受"中华民族资产解冻最高管理委员会旗下北京片区总代理"的任命,不断发展壮大诈骗队伍,成立"爱国某某慈善基金会"并自任会长,宣传缴纳少量费用就可以从"解冻的民族资产"中获得高额扶贫款或房产、汽车奖励等,帮助他人骗取被害人钱款共计 6600 余万元。

评析:尽管于某文明知"民族资产解冻项目"是他人虚构的事实,但仍为获取自身利益为他人实施诈骗提供帮助。由于王某文只是整个诈骗犯罪链条中的一环,其非法获利较少,在诈骗共同犯罪中起辅助作用,可认定系从犯,对其依法减轻处罚。

在诈骗罪的共同犯罪案件中,根据行为人所处的地位、参与程度、犯罪情节以及对造成危害结果产生作用的大小等因素可以分为主犯和从犯。如果行为人在共同犯罪中起次要或辅助作用,则可以争取从轻、减轻处罚甚至免除处罚。

8. 其他情形。

除以上情形外,最高人民法院、最高人民检察院还以指导案例的形式,总结了以下不构成诈骗罪的情形:

(1)有归还意愿和归还能力,即便以虚构事实、隐瞒真相的手段取得财产,亦不构成犯罪,参见《刑事审判参考》总第 122 集第 1342 号案例。

(2)借款用于合法活动,即使虚构借款理由、伪造抵押凭证,仍然不构成诈骗罪,参见《刑事审判参考》总第124集第1372号案例。

(3)无法查明案件关键事实,依据存疑有利于被告人原则,宣告被告人无罪,参见广东省珠海市中级人民法院(2018)粤04刑终47号案例。

(4)行为人为保证借款本息安全,制造银行流水,虚构债务,并向法院起诉的行为,不构成诈骗罪,参见江西省宜春市中级人民法院(2019)赣09刑终177号案例。

(5)双方有多笔经济往来的,不能认定为诈骗罪,其借款是为了赚取高额利润,并不是为了非法占为已有的可能性,故现有证据不足以认定被告人具有非法占有的主观故意,参见(2016)粤0606刑初2724号案例。

(6)借款时设定担保的,即使有隐瞒真相的行为,也不构成诈骗罪,因为当事人仍可以通过其他方式实现债权,参见(2014)盘中刑二终字第00097号案例。

(7)各证据存在突出矛盾,无法排除合理怀疑的,不构成诈骗罪,参见山西省忻州市中级人民法院(2020)晋09刑终46号案例。

(8)应当将案涉的4次交易行为放在双方多次业务来往和连续交易中进行评价,且依据现有证据,不能认定被告人对4次提货的货物具有非法占有的目的。且查明本案系对全部交易未经最终对账结算而产生的履约争议,不能认定为诈骗,参见(2018)最高法刑再6号案例。

(9)《刑事审判参考》登载的《如何认定诈骗罪的非法占有目的》一文中详细解析"从事可享受国家补贴的农业经营开发项目,但达不到政策规定的应享受补贴条件,而弄虚作假申领国家农业补贴,全部或主要用于农业经营开发的,属于农业补贴申报中的违规行为,不应当以诈骗罪定性",参见湖南省益阳市资阳区人民法院(2019)湘0902刑初20号案例。

四、律师案件梳理重点

鉴于诈骗罪属于典型的刑民交叉的复杂案件,有必要对案卷中的如下证据和事实做重点梳理:

以诈骗实行行为为中心，按照犯罪时空顺序的一维性和不可逆性，将案件事实拆分为事前、事中、事后三个阶段，在每个阶段确立应予梳理的"重点事实"。

首先，事前阶段应着重梳理以下三类事实：

1. 行为人的资产状况。"以借为名"的诈骗犯罪案件中，有的行为人没有房产和稳定收入，前期向他人高息借款背负巨额债务，早已呈现"资不抵债"的状态；有的行为人虽然名下缺乏足够资产，但其对外享有尚未兑付的大量债权，对此不应遗漏，均应纳入资产评估的范围。

2. 行为人的经营情况。市场经济条件下，即便行为人运营的公司缺乏足够账面资金，但对于其是否缺乏履约能力的认定不应"一刀切"，应当结合涉案公司的经营场所、人员、业务类型等对其经营能力和市场前景作出准确判断，确认是否存在资金链断裂、经营失败等明显时间节点。

3. 行为人与被害人的关系。有的行为人虽然骗取被害人钱款，但双方事前存在债务纠纷或侵权纠纷等财产给付事由，或存在夫妻、同居等密切关系，导致财产混同难以区分；还有的行为人与被害人案发前即存在经济往来，其为了骗取被害人钱款，首先会"赔本"使被害人获得一定的经济利益，产生对其履约能力的信任，对于该种情形应当查明。

其次，事中阶段应着重梳理以下四类事实：

1. 涉案人员的层级关系。在公司化运作的电信诈骗犯罪案件、"套路贷"诈骗犯罪案件中，涉案人员可分为公司实际控制人、部门负责人和普通员工三个层级，准确认定各个行为人的具体行为，对于落实宽严相济刑事政策具有重要意义。

在层层"转请托"的诈骗犯罪案件中，行为人接收被害人的请托并收取财物后，又请托第三人帮忙办事，第三人继续请托他人，每个环节都会截留下一部分财物，如果未能查明涉案人员之间的关系，将会给案件的定性带来较大困难。

2. 行为人与被害人的联络情况。当诈骗犯罪案件发生在不相识的双方之间时，应查明行为人是否使用化名、"黑灰手机卡"、虚拟网络电话，或采取虚构公司地址等隐蔽经营方式，这些欺诈手段与被害人陷入错误认识处分财物之间可能并无必然联系，其目的是防止被害人察觉行为人真实身份而追索财物，但是可以将其剥离出来作为认定行为人具有非法占有目的的重要依据。

3. 涉案财物的给付事由。行为人获取被害人财物总是基于特定的事由，实践中因各种因素的影响，可能出现形式约定与实质内容不尽一致的情况。如有的行为人与被害人之间的约定“名为买卖，实为借贷”，双方表面上签订房屋认购协议，但真实目的是给借款提供担保。对此，应当查明双方约定的真实内容，这决定了行为人应当付出何种对价才能占有对方当事人的财物，可以此作为认定诈骗罪的基础。

4. 被害人处分财物时的心态。诈骗类犯罪以被害人（有处分权的第三人）因诈骗行为而产生错误认识、基于错误认识作出财产处分决定为前提，如果行为人实施了欺骗行为，但是相对方并未产生错误认识，或者虽然产生了错误认识但该错误认识的产生并非缘于行为人的欺骗行为，那么就不属于被欺骗。

如有的行为人申请贷款时虽然采取冒用他人名义等欺诈手段，但金融机构负责人“明知”申请贷款材料有问题依然发放贷款，那么双方之间存在合意而非被骗。

最后，事后阶段应着重梳理以下三类事实：

1. 涉案财物的用途。集资诈骗犯罪案件中，行为人骗取被害人钱款后可能用作多种用途，应当查明涉案资金的主要用途，包括“用于生产经营活动”“发放员工工资和提成”“消费挥霍”“提取现金”等，以此作为认定“非法占有目的”的重要根据。

有的行为人采取极为隐蔽的资金转移方式，骗取被害人钱款后首先转给其他公司账户，看似用于生产经营，但如果调取第二手、第三手账户交易明细，可发现资金层层回流至行为人控制的其他账户，后被其挥霍。

2. 行为人的事后表现。应当查明行为人案发后是否携带钱款逃匿，是否实施了变更个人身份信息、联系方式、“拉黑”被害人、删除通信记录、卸载聊天软件等异常行为。如有的行为人案发后与被害人“失联”，但其逃匿是基于其他犯罪事实，与涉嫌的诈骗犯罪行为并无因果关系，对此不能简单视为“携带钱款逃匿”。

3. 被害人追回财产的情况。根据相关司法解释规定，诈骗类犯罪的数额以实际骗取的金额计算,案发前已被追回的被骗金额应予以扣除。有的被害人因诈骗遭受经济损失后,会直接向行为人追索钱款,行为人迫于种种压力,案发前可能已向被害人返还全部或部分财物。还有的行为人承诺向被害人返还钱款并引入第三人提供担保、实施“债转股”等,此时应查明该担保、股权是否有效,是否足以弥补被害人的损失数额等。

在疑难复杂案件中,涉案人员的层级关系、涉案公司架构、重大时间节点、资金流向极为复杂,必要时可引入思维导图分析方法,实现“诉讼可视化”。思维导图是指以电子化构图或技术操作为理念,将法律、事实问题清晰化呈现的一种表达方法,通过图表形式梳理案件事实,厘清法律关系,清晰表达案件主体、法律关系、时间顺序等要素,从而将案件的各种要素清晰地呈现给案件各方主体。

思维导图分析法并非简单地制作图表、动画、视频等,而是在分析全案证据的基础上,通过人物关系图、时间坐标图、行为环节图、资金流向图等,将“碎片化”的事实按照特定的逻辑顺序进行分类、组装、合并,使复杂案情呈现逻辑清晰、层层递进的样态。

第十章

贪污罪

一、《刑法》规定

第 382 条　国家工作人员利用职务上的便利，侵吞、窃取、骗取或者以其他手段非法占有公共财物的，是贪污罪。

受国家机关、国有公司、企业、事业单位、人民团体委托管理、经营国有财产的人员，利用职务上的便利，侵吞、窃取、骗取或者以其他手段非法占有国有财物的，以贪污论。

与前两款所列人员勾结，伙同贪污的，以共犯论处。

第 383 条　对犯贪污罪的，根据情节轻重，分别依照下列规定处罚：

（一）贪污数额较大或者有其他较重情节的，处三年以下有期徒刑或者拘役，并处罚金。

（二）贪污数额巨大或者有其他严重情节的，处三年以上十年以下有期徒刑，并处罚金或者没收财产。

（三）贪污数额特别巨大或者有其他特别严重情节的，处十年以上有期徒刑或者无期徒刑，并处罚金或者没收财产；数额特别巨大，并使国家和人民利益遭受特别重大损失的，处无期徒刑或者死刑，并处没收财产。

对多次贪污未经处理的，按照累计贪污数额处罚。

犯第一款罪，在提起公诉前如实供述自己罪行、真诚悔罪、积极退赃，避免、减少损害结果的发生，有第一项规定情形的，可以从轻、减轻或者免除处罚；有第二项、第三项规定情形的，可以从轻处罚。

犯第一款罪，有第三项规定情形被判处死刑缓期执行的，人民法院根据犯罪情节等情况可以同时决定在其死刑缓期执行二年期满依法减为无期徒刑后，终身监禁，不得减刑、假释。

第 394 条　国家工作人员在国内公务活动或者对外交往中接受礼物，依照国家规定应当交公而不交公，数额较大的，依照本法第三百八十二条、第三百八十三条的规定定罪处罚。

二、辩点解析

1. 贪污罪的犯罪主体是国家工作人员，不是国家工作人员实施的侵吞、窃取、骗取或者以其他手段非法占有公共财物的行为，不以贪污罪定罪论处。

国家工作人员的认定，关键在于行为人是否从事公务，不在于行为人在其单位的职务和工作。根据《最高人民法院关于印发〈全国法院审理经济犯罪案件工作座谈会纪要〉的通知》《全国人民代表大会常务委员会关于〈中华人民共和国刑法〉第九十三条第二款的解释》的规定，贪污贿赂犯罪和渎职犯罪的主体区分为以下几类：

(1)国家机关工作人员。

国家机关工作人员，是指在国家机关中从事公务的人员，包括在各级国家权力机关、行政机关、司法机关和军事机关中从事公务的人员。

根据有关立法解释的规定，在依照法律、法规规定行使国家行政管理职权的组织中从事公务的人员，或者在受国家机关委托代表国家行使职权的组织中从事公务的人员，或者虽未列入国家机关人员编制但在国家机关中从事公务的人员，视为国家机关工作人员。在乡(镇)以上中国共产党机关、人民政协机关中从事公务的人员，司法实践中也应当视为国家机关工作人员。

(2)国有公司、企业、事业单位、人民团体中从事公务的人员。

财产属于国家所有、投资的公司、企业、单位中从事公务的人员。需要特别注意的是，原国企中国家工作人员在国有企业改制过程中仍属于国家工作人员。

(3)国家机关、国有公司、企业、事业单位委派到非国有公司、企业、事业单位、社会团体从事公务的人员。

所谓委派,即委任、派遣,其形式多种多样,如任命、指派、提名、批准等。不论被委派的人身份如何,只要是接受国家机关、国有公司、企业、事业单位委派,代表国家机关、国有公司、企业、事业单位在非国有公司、企业、事业单位、社会团体中从事组织、领导、监督、管理等工作,都可以认定为国家机关、国有公司、企业、事业单位委派到非国有公司、企业、事业单位、社会团体从事公务的人员。如国家机关、国有公司、企业、事业单位委派到国有控股或者参股的股份有限公司从事组织、领导、监督、管理等工作的人员,应当以国家工作人员论。国有公司、企业改制为股份有限公司后,原国有公司、企业的工作人员和股份有限公司新任命的人员中,除代表国有投资主体行使监督、管理职权的人外,不以国家工作人员论。

国有保险公司的工作人员和国有保险公司委派到非国有保险公司从事公务的人员利用职务上的便利,故意编造未曾发生的保险事故进行虚假理赔,骗取保险金归自己所有的,以贪污罪追究刑事责任。

(4)其他依照法律从事公务的人员。

其他依照法律从事公务的人员具有两个特征:一是在特定条件下行使国家管理职能;二是依照法律规定从事公务。具体包括:①依法履行职责的各级人民代表大会代表;②依法履行审判职责的人民陪审员;③协助乡镇人民政府、街道办事处从事行政管理工作的村民委员会、居民委员会等农村和城市基层组织人员;④其他由法律授权从事公务的人员。

(5)村民委员会等村基层组织人员协助人民政府从事下列行政管理工作时,属于《刑法》第93条第2款规定的"其他依照法律从事公务的人员":

①救灾、抢险、防汛、优抚、扶贫、移民、救济款物的管理;

②社会捐助公益事业款物的管理;

③国有土地的经营和管理;

④土地征收、征用补偿费用的管理;

⑤代征、代缴税款;

⑥有关计划生育、户籍、征兵工作；

⑦协助人民政府从事的其他行政管理工作。

(6)“从事公务”的理解：

从事公务，是指代表国家机关、国有公司、企业、事业单位、人民团体等履行组织、领导、监督、管理等职责。公务主要表现为与职权相联系的公共事务以及监督、管理国有财产的职务活动。如国家机关工作人员依法履行职责，国有公司的董事、经理、监事、会计、出纳人员等管理、监督国有财产等活动，属于从事公务。不具备职权内容的劳务活动、技术服务工作，如售货员、售票员等所从事的工作，一般不认为是公务。

2.“受委托管理、经营国有财产”，是指因承包、租赁、临时聘用等管理、经营国有财产。

3.如何认定“利用职务上的便利”？

利用职务上的便利是指行为人利用主管、管理、经手公共财物的职权及与职务有关的方便条件，既包括利用本人直接管理、经手公共财物的职务便利，也包括利用职务上有隶属关系的其他国家工作人员的职务便利。值得注意的是，担任单位领导职务的国家工作人员通过不属于自己主管的下级部门的国家工作人员的职务上的便利，但是利用了本人职权或者地位形成的便利条件也属于“利用职务上的便利”。

4.贪污罪主观方面必须表现为故意，并具有非法占有公共财物的目的，过失不构成此罪。

若无法证明行为人主观上为故意，则行为人不构成贪污罪，但只要行为人故意实施了利用职务之便非法占有公共财物的行为，无论出于何种动机，均构成贪污罪。

5.如何认定“公共财物”？

根据《刑法》第91条规定，本法所称公共财产，是指下列财产：(1)国有财产；(2)劳动群众集体所有的财产；(3)用于扶贫和其他公益事业的社会捐助或者专项基金的财产。在国家机关、国有公司、企业、集体企业和人民团体管理、使用或者运输中的私人财产,以公共财产论。

认定贪污罪中“公共财物”,不在于财物的归属,而在于财物是否由国家工作人员管理或控制或使用。若涉案财物是国家工作人员依照职权管理、使用、运输的,即便是他人的私人财产,不是国有财产,仍然可以认定为公共财物。

需要注意的是,贪污罪的对象不应仅限于动产,国家工作人员利用职务上的便利,采用欺骗手段非法占有公有房屋的行为,仍应以贪污罪定罪处罚。

6. 如何认定贪污罪中的“数额较大或其他较重情节”?

《最高人民法院、最高人民检察院关于办理贪污贿赂刑事案件适用法律若干问题的解释》第 1 条规定:“贪污或者受贿数额在三万元以上不满二十万元的,应当认定为刑法第三百八十三条第一款规定的‘数额较大’,依法判处三年以下有期徒刑或者拘役,并处罚金。

贪污数额在一万元以上不满三万元,具有下列情形之一的,应当认定为刑法第三百八十三条第一款规定的‘其他较重情节’,依法判处三年以下有期徒刑或者拘役,并处罚金:

(一)贪污救灾、抢险、防汛、优抚、扶贫、移民、救济、防疫、社会捐助等特定款物的;

(二)曾因贪污、受贿、挪用公款受过党纪、行政处分的;

(三)曾因故意犯罪受过刑事追究的;

(四)赃款赃物用于非法活动的;

(五)拒不交待赃款赃物去向或者拒不配合追缴工作,致使无法追缴的;

(六)造成恶劣影响或者其他严重后果的。

受贿数额在一万元以上不满三万元,具有前款第二项至第六项规定的情形之一,或者具有下列情形之一的,应当认定为刑法第三百八十三条第一款规定的‘其他较重情节’,依法判处三年以下有期徒刑或者拘役,并处罚金:

(一)多次索贿的;

(二)为他人谋取不正当利益,致使公共财产、国家和人民利益遭受损失的;

(三)为他人谋取职务提拔、调整的。”

7. 如何认定贪污罪中的“数额巨大或者有其他严重情节”？

《最高人民法院、最高人民检察院关于办理贪污贿赂刑事案件适用法律若干问题的解释》第 2 条规定：“贪污或者受贿数额在二十万元以上不满三百万元的，应当认定为刑法第三百八十三条第一款规定的‘数额巨大’，依法判处三年以上十年以下有期徒刑，并处罚金或者没收财产。

贪污数额在十万元以上不满二十万元，具有本解释第一条第二款规定的情形之一的，应当认定为刑法第三百八十三条第一款规定的‘其他严重情节’，依法判处三年以上十年以下有期徒刑，并处罚金或者没收财产。

受贿数额在十万元以上不满二十万元，具有本解释第一条第三款规定的情形之一的，应当认定为刑法第三百八十三条第一款规定的‘其他严重情节’，依法判处三年以上十年以下有期徒刑，并处罚金或者没收财产。”

8. 如何认定贪污罪中的“数额特别巨大或者有其他特别严重情节”？

《最高人民法院、最高人民检察院关于办理贪污贿赂刑事案件适用法律若干问题的解释》第 3 条规定：“贪污或者受贿数额在三百万元以上的，应当认定为刑法第三百八十三条第一款规定的‘数额特别巨大’，依法判处十年以上有期徒刑、无期徒刑或者死刑，并处罚金或者没收财产。贪污数额在一百五十万元以上不满三百万元，具有本解释第一条第二款规定的情形之一的，应当认定为刑法第三百八十三条第一款规定的‘其他特别严重情节’，依法判处十年以上有期徒刑、无期徒刑或者死刑，并处罚金或者没收财产。受贿数额在一百五十万元以上不满三百万元，具有本解释第一条第三款规定的情形之一的，应当认定为刑法第三百八十三条第一款规定的‘其他特别严重情节’，依法判处十年以上有期徒刑、无期徒刑或者死刑，并处罚金或者没收财产。”

三、实务运用

1. 行为人并非犯罪主体。

贪污罪的犯罪主体是国家工作人员，行为人不是此类主体，不应以贪污罪进行评价。如在《刑事审判参考》总第 8 集第 63 号案例肖某华贪污、挪用公款案中，法院认为定额承包者占有或支配本人上缴定额利润后的营利部分不构成贪污罪。被告人肖某华是作为一个经营者而不是副局长同司法局签订了承包协议；协议采取的承包方式决定了在上缴足额利润后不存在可贪污的公共财产；定额承包者占有或支配本人承包经营应得利润不构成贪污罪。辽宁省高级人民法院认定检察机关指控肖某华犯贪污罪不能成立，判决宣告肖某华无罪。

本案中，被告人肖某华签订承包协议的身份为民事主体承包方，并非国家工作人员，不符合贪污罪的构成要件，检察机关指控不能成立。

2. 国家工作人员的认定。

认定国家工作人员主要有两个标准，一是单位的性质，二是是否在单位中从事公务。而对于行为人是否为单位的正式员工，并不是判断其是否为国家工作人员的依据。根据（2022）鲁04刑初5号、（2023）辽0411刑初58号、（2013）沪二中刑终字第116号案例的观点，国家机关、国有公司、企业、事业单位、人民团体中非正式员工，依法从事公务的人员仍属于国家工作人员。因此，被告人虽属劳务派遣的非正式事业单位员工，仍应认定为受贿罪，而不是非国家工作人员受贿罪。受国有单位委派到具有公共事务管理职能的行业协会中，对公共事务履行领导、管理等职责的人员，属于国家工作人员。

3. 破产管理人工作人员属于国家工作人员。

破产管理人是《企业破产法》设立的破产管理职位，其职责、行为性质与担任破产管理人的单位和个人原先的身份和职责无关。根据（2022）浙10刑终220号案例的观点，破产管理人的职责内容属于协助法院审理破产案件，具有从事公务的性质。关于其民事责任的规定，并不决定其职权的性质，破产管理的事务性质与申请破产企业的所有权性质并无直接关联。因此，破产管理人工作人员在从事破产管理人工作期间，属于《刑法》第93条第2款规定的“其他依照法律从事公务的人员”，应当认定为国家工作人员。

4. 贪污罪主观要件必须为具有非法占有的主观目的，若不能证明行为人具有非法占有公共财物的主观故意，则不构成贪污罪。

在（2017）黑12刑终1号陶某芳、朱某仁贪污无罪案中，黑龙江省绥化市中级人民法院认为：原审被告人陶某芳、朱某仁作为村民委员会基层组织人员，利用登记、核实、上报良种补贴款的职务之便，将应给付农民的良种补贴款，在农民不知情的情况下冒名领出不入账的事实清楚，但原审被告人陶某芳、朱某仁从到检察机关接受讯问就一致供述，领取良种补贴款是为了核销村里经费、招待费等用途。且书证能够证实二人已将43,000元以良种补贴款名义入到村内账中。从款项支出去向看，相关证人证言和书证已证实涉案的51,540.70元中用于后九村维修、扫雪等费用为30,850元，招待用饭费7300元，其余钱款用于招待饭费也有相关证人证实。故证明二原审被告人主观上具有非法占有之目的的证据不足。故对于检察机关所提出的抗诉意见不予支持。

5. 贪污犯罪侵犯的直接客体必须是公共财物，没有侵害公共财物不构成贪污罪。

公报案例——赵某东无罪释放案中，沈阳市中级人民法院认为：赵某东提取的咨询费是科技人员业余从事劳动应得的报酬。我国《刑法》规定，贪污犯罪侵犯的直接客体必须是公共财产，没有侵害公共财产不构成贪污罪。赵某东组织20余名科技人员利用业余时间翻译“PC资料”所得收入，按照中央在科技体制改革的决定中关于“科学技术人员在完成本职工作和不侵犯本单位技术权益、经济利益的前提下，可以业余从事技术工作和咨询服务，收入归己”的规定，提取30%咨询费是合情合理的。赵某东的行为未触犯《刑法》，不构成贪污罪。

类似案例还有宣告王某生无罪案。

6. 国家工作人员套取的公款中用于支付原单位业务回扣费用的部分，不应计入贪污数额。

在《刑事审判参考》总第102集第1071号案例中，被告人对第三方公司替原单位支付的业务回扣费用，在主观上没有非法占有的故意，在客观上也未实际控制和占有；同时，该部分业务费用支出客观上有利于原单位开展业务，各被告人实施的贪污犯罪未造成原单位的财产损失。鉴于此，第三方公司代原单位支出的上述违规业务费用不属贪污对象，不应计入相关被告人的贪污数额。

7.贪污罪既遂与未遂的认定。

《最高人民法院关于印发〈全国法院审理经济犯罪案件工作座谈会纪要〉的通知》规定,贪污罪是一种以非法占有为目的的财产性职务犯罪,与盗窃、诈骗、抢夺等侵犯财产罪一样,应当以行为人是否实际控制财物作为区分贪污罪既遂与未遂的标准。对于行为人利用职务上的便利,实施了虚假平账等贪污行为,但公共财物尚未实际转移,或者尚未被行为人控制就被查获的,应当认定为贪污未遂。

行为人控制公共财物后,是否将财物据为己有,不影响贪污既遂的认定。一是行为人对财物的"实际控制",意味着财物既脱离了所有人的实际控制,又排除了第三人的实际控制。二是"实际控制"并非仅指财物完全转移到行为人手上。如票据、信用卡等财物,行为人虽未实际取得现金,但已使财物所有权人丧失了对该财物的实际控制,而行为人已经现实地具有随时支配财物的可能性时就形成实际控制。三是实际控制财物,并非仅指行为人将财物非法据为己有,还包括转给其亲戚、朋友或者其他单位及个人非法占有。

在指导案例11号——(2009)浙刑二终字第34号杨某虎等贪污案中,浙江省高级人民法院认为:本案案发时,三被告人犯罪所得土地虽未取得有关部门核发的土地使用权证,但地块上建造的房子已竣工并实际使用,且杨某虎之妻已将建成的商铺出租并收取租金。因此,原判认定贪污既遂并无不当。杨某虎等人已对土地实际控制,并从中受益,应认定为贪污罪既遂。

第十一章

挪用公款罪

一、《刑法》规定

第 384 条　国家工作人员利用职务上的便利，挪用公款归个人使用，进行非法活动的，或者挪用公款数额较大、进行营利活动的，或者挪用公款数额较大、超过三个月未还的，是挪用公款罪，处五年以下有期徒刑或者拘役；情节严重的，处五年以上有期徒刑。挪用公款数额巨大不退还的，处十年以上有期徒刑或者无期徒刑。

挪用用于救灾、抢险、防汛、优抚、扶贫、移民、救济款物归个人使用的，从重处罚。

二、辩点解析

1. 挪用公款罪的犯罪主体是国家工作人员，与前述贪污罪中“国家工作人员”的认定原则一致，不再赘述。

2. 挪用公款罪中“利用职务上的便利”与前述贪污罪中“利用职务上的便利”的认定原则一致，不再赘述。

3. 如何认定“挪用公款归个人使用”。

根据《全国人民代表大会常务委员会关于〈中华人民共和国刑法〉第三百八十四条第一款的解释》的规定，有下列情形之一的，属于挪用公款“归个人使用”：(1)将公款供本人、亲友或者其他自然人使用的；(2)以个人名义将公款供其他单位使用的；(3)个人决定以单位名义将公款供其他单位使用，谋取个人利益的。

在司法实践中，对于将公款供其他单位使用的，认定是否属于“以个人名义”，不能只看形式，要从实质上把握。对于行为人逃避财务监管，或者与使用人约定以个人名义进行，或者借款、还款都以个人名义进行，将公款给其他单位使用的，应认定为“以个人名义”。“个人决定”既包括行为人在职权范围内决定，也包括超越职权范围决定。“谋取个人利益”既包括行为人与使用人事先约定谋取个人利益实际尚未获取的情况，也包括虽未事先约定但实际已获取了个人利益的情况。其中的“个人利益”，既包括不正当利益，也包括正当利益；既包括财产性利益，也包括非财产性利益，但这种非财产性利益应当是具体的实际利益，如升学、就业等。

经单位领导集体研究决定或者单位负责人为了单位的利益，决定将公款给个人使用的，不以挪用公款罪定罪处罚。

4. 如何认定“挪用公款数额较大”？

挪用公款罪中挪用公款数额较大分为以下两种情形：

（1）挪用公款归个人使用，进行非法活动的情形。

《最高人民法院、最高人民检察院关于办理贪污贿赂刑事案件适用法律若干问题的解释》第5条规定：“挪用公款归个人使用，进行非法活动，数额在三万元以上的，应当依照刑法第三百八十四条的规定以挪用公款罪追究刑事责任；数额在三百万元以上的，应当认定为刑法第三百八十四条第一款规定的‘数额巨大’。具有下列情形之一的，应当认定为刑法第三百八十四条第一款规定的‘情节严重’：

（一）挪用公款数额在一百万元以上的；

（二）挪用救灾、抢险、防汛、优抚、扶贫、移民、救济特定款物，数额在五十万元以上不满一百万元的；

（三）挪用公款不退还，数额在五十万元以上不满一百万元的；

（四）其他严重的情节。”

（2）挪用公款归个人使用，进行营利活动或者超过3个月未还的情形。

《最高人民法院、最高人民检察院关于办理贪污贿赂刑事案件适用法律若干问题的解释》第6条规定：“挪用公款归个人使用，进行营利活动或者超过三个月未还，数额在五万元以上的，应当认定为刑法第三百八十四条第一款规定的‘数额较大’；数额在五百万元以上的，应当认定为刑法第三百八十四条第一款规定的‘数额巨大’。具有下列情形之一的，应当认定为刑法第三百八十四条第一款规定的‘情节严重’：

（一）挪用公款数额在二百万元以上的；

（二）挪用救灾、抢险、防汛、优抚、扶贫、移民、救济特定款物，数额在一百万元以上不满二百万元的；

（三）挪用公款不退还，数额在一百万元以上不满二百万元的；

（四）其他严重的情节。”

5. 挪用公款罪在主观方面是直接故意，即行为人明知是公款而故意挪用归个人使用，其目的是非法取得公款的，行为人的动机不影响本罪的成立。

6. 挪用公款罪转化为贪污罪的认定。

挪用公款罪与贪污罪的主要区别在于行为人主观上是否具有非法占有公款的目的。挪用公款是否转化为贪污，应当按照主客观相一致的原则，具体判断和认定行为人主观上是否具有非法占有公款的目的。在司法实践中，具有以下情形之一的，可以认定行为人具有非法占有公款的目的：

（1）根据《最高人民法院关于审理挪用公款案件具体应用法律若干问题的解释》第6条的规定，行为人“携带挪用的公款潜逃的”，对其携带挪用的公款部分，以贪污罪定罪处罚。

（2）行为人挪用公款后采取虚假发票平账、销毁有关账目等手段，使所挪用的公款已难以在单位财务账目上反映出来，且没有归还行为的，应当以贪污罪定罪处罚。

（3）行为人截取单位收入不入账，非法占有，使所占有的公款难以在单位财务账目上反映出来，且没有归还行为的，应当以贪污罪定罪处罚。

（4）有证据证明行为人有能力归还所挪用的公款而拒不归还，并隐瞒挪用的公款去向的，应当以贪污罪定罪处罚。

三、实务运用

1. 经单位领导集体研究决定或者单位负责人为了单位的利益，决定将公款给个人使用的，不以挪用公款罪定罪处罚。

在公报案例河南省新郑市人民检察院诉歹某学挪用公款案中，一审法院河南省新郑市人民法院认为：被告人歹某学利用担任农机公司经理职务之便，挪用公款数额巨大，进行营利活动，其行为已构成挪用公款罪。公诉机关指控歹某学犯挪用公款罪的罪名成立，应予支持。一审宣判后，歹某学不服，提出上诉。

二审法院河南省郑州市中级人民法院认为：

被告人歹某学身为国有公司的经理，在任职期间将本公司387,100元挪至金华机械厂使用的事实清楚、证据充分。歹某学虽然是以个人名义注册登记金华机械厂的，但本案的大量证据证实，成立金华机械厂是经农机公司集体研究后作出的决定，并曾经多次向上级行政主管部门的领导汇报，是在取得了上级行政主管部门同意后办理的相关手续，并非歹某学个人的决定。从金华机械厂的资金来源、职工组成、生产场地、利润分配、管理经营方式及挪用款项用途等各方面证据看，均不能证明金华机械厂为歹某学个人所有。故一审判决仅根据该厂在工商营业执照中的记载认定金华机械厂属个体性质，证据不足。

挪用公款罪的主要特征是挪用公款归个人使用。歹某学在担任国有公司经理职务期间，因所在单位经营的需要，经集体研究决定，将公款划拨到名为个体实为集体的其他企业使用，虽情况属实，但其本人并没有从中谋取私人的利益，其行为不符合《刑法》规定的挪用公款罪的构成要件，不构成挪用公款罪。歹某学及其辩护人辩解理由成立，予以采纳。郑州市人民检察院认为应以工商营业执照为依据，认定金华机械厂属私营企业的意见，经调查核实不符合该厂的实际情况，故不予采纳。河南省郑州市中级人民法院判决撤销新郑市人民法院的刑事判决，上诉人歹某学无罪。

2. 个人决定以单位名义将公款借给其他单位使用，没有谋取个人利益的不构成挪用公款罪。

在《刑事审判参考》总第63集第502号案例中，法院认为：张某同将公款借给三正世纪学校，既不是"以个人名义将公款挪给他人使用"，也不是"个人决定以单位名义将公款供其他单位使用，谋取个人利益"，所以张某同个人决定借出公款给三正世纪学校使用的行为不符合立法解释规定的挪用公款"归个人使用"，因此不构成挪用公款罪，二审据此改判张某同无罪是正确的。

3. 侵犯本单位公款使用权是挪用公款罪的必备要件。

在《刑事审判参考》总第69集第574号案例中，法院认为：被告人杨某珍在支付药款时预先征得医药供应商同意后，将真实的银行承兑汇票由医院背书转让用于支付药款，然后让财务开具等额转账支票给其丈夫所在公司的过程中，医院作为付款方支付药款是一种单向的付款行为或清偿债务的行为，杨某珍不管是将转账支票，还是将等额的银行承兑汇票交付给医药供应商，其导致的最终结果都是医院药款的结清或债务的消除，医院的公款不会因这种支付方式的转换而受到损害或承受任何风险，杨某珍的行为没有侵犯本单位公款的使用权，其行为仅是支付方式的转换，影响的仅是医药供应商对承兑汇票载明款项实现的期限，被告人杨某珍的行为不符合挪用公款罪的构成要件，不构成挪用公款罪。

4. 反复挪用同笔公款数额不同但均归还的，应以单次最高挪用公款数额作为认定挪用公款的数额，而不能将每次挪用公款的数额累加计算。

根据《最高人民法院关于审理挪用公款案件具体应用法律若干问题的解释》第4条"多次挪用公款不还，挪用公款数额累计计算；多次挪用公款，并以后次挪用的公款归还前次挪用的公款，挪用公款数额以案发时未还的实际数额认定"的规定，挪用公款数额累计计算的前提在于"多次挪用公款不还"，多次挪用公款不还，每次挪用公款的行为均侵害了不同公款的占有、使用和收益权，应累计计算。对于反复挪用同笔公款数额不同但均归还的，比后次挪用的公款归还前次挪用的公款的社会危害性相对要小，应以单次最高挪用公款数额作为认定挪用公款的数额。

在(2017)鲁16刑终228号刘某志挪用公款案中，二审法院认为：2009年12月23日、2010年2月5日，刘某志分别将学校收取的高考补习费138万元、108万元公款用于购买银行理财产品，并分别于2010年1月4日、3月10日赎回，同年

3 月 10 日，刘某志将其中的 100 万元交至二中财务部，截至 2010 年 3 月 10 日向学校缴纳补习费之前，刘某志持有的保管公款的尾号 4985 账户中，共计公款 138.97 万元。由此可见，刘某志两次分别挪用的公款均为同一笔学生补习费，故其侵犯的是同笔公款的占有、使用、收益权，应以单次最高挪用的公款数额即 138 万元为挪用公款的数额。刘某志反复挪用的是同笔公款，应以单次最高挪用的公款数额即 138 万元作为犯罪数额，而将挪用两次的行为作为量刑情节考虑，应处 5 年以下有期徒刑或拘役。如果对前种行为的数额累计计算，就会导致不合理，危害性较大的处刑反而轻，与此相反，危害性较小的处刑却重。

第十二章
受 贿 罪

一、《刑法》规定

第 385 条　国家工作人员利用职务上的便利,索取他人财物的,或者非法收受他人财物,为他人谋取利益的,是受贿罪。

国家工作人员在经济往来中,违反国家规定,收受各种名义的回扣、手续费,归个人所有的,以受贿论处。

第 386 条　对犯受贿罪的,根据受贿所得数额及情节,依照本法第三百八十三条的规定处罚。索贿的从重处罚。

二、辩点解析

1. 受贿罪的犯罪主体是国家工作人员,与前述贪污罪中“国家工作人员”的认定原则一致,不再赘述。

2. 受贿罪中“利用职务上的便利”与前述贪污罪中“利用职务上的便利”的认定原则一致,不再赘述。

3. 如何认定“财物”?

《最高人民法院、最高人民检察院关于办理贪污贿赂刑事案件适用法律若干问题的解释》第 12 条规定:贿赂犯罪中的“财物”,包括货币、物品和财产性利益。财产性利益包括可以折算为货币的物质利益,如房屋装修、债务免除等,以及需要支付货币的其他利益,如会员服务、旅游等。后者的犯罪数额,以实际支付或者应当支付的数额计算。

4. 如何认定“为他人谋取利益”？

《最高人民法院、最高人民检察院关于办理贪污贿赂刑事案件适用法律若干问题的解释》第 13 条规定：“具有下列情形之一的，应当认定为‘为他人谋取利益’，构成犯罪的，应当依照刑法关于受贿犯罪的规定定罪处罚：

（一）实际或者承诺为他人谋取利益的；

（二）明知他人有具体请托事项的；

（三）履职时未被请托，但事后基于该履职事由收受他人财物的。

国家工作人员索取、收受具有上下级关系的下属或者具有行政管理关系的被管理人员的财物价值三万元以上，可能影响职权行使的，视为承诺为他人谋取利益。”

5. 离职国家工作人员收受财物行为如何认定？

参照《最高人民法院关于国家工作人员利用职务上的便利为他人谋取利益离退休后收受财物行为如何处理问题的批复》规定，国家工作人员利用职务上的便利为请托人谋取利益，并与请托人事先约定，在其离职后收受请托人财物，构成犯罪的，以受贿罪定罪处罚。

6. 以借款为名索取或者非法收受财物行为如何认定？

《最高人民法院关于印发〈全国法院审理经济犯罪案件工作座谈会纪要〉的通知》规定，国家工作人员利用职务上的便利，以借为名向他人索取财物，或者非法收受财物为他人谋取利益的，应当认定为受贿。具体认定时，不能仅看是否有书面借款手续，应当根据以下因素综合判定：(1) 有无正当、合理的借款事由；(2) 款项的去向；(3) 双方平时关系如何、有无经济往来；(4) 出借方是否要求国家工作人员利用职务上的便利为其谋取利益；(5) 借款后是否有归还的意思表示及行为；(6) 是否有归还的能力；(7) 未归还的原因；等等。

7. 涉及股票受贿案件如何认定？

《最高人民法院关于印发〈全国法院审理经济犯罪案件工作座谈会纪要〉的通知》规定，在办理涉及股票的受贿案件时，应当注意：(1) 国家工作人员利用职务上的便利，索取或非法收受股票，没有支付股本金，为他人谋取利益，构成受贿罪的，其受贿数额按照收受股票时的实际价格计算。(2)行为人支付股本金而购买较有可能升值的股票,由于不是无偿收受请托人财物,不以受贿罪论处。(3)股票已上市且已升值,行为人仅支付股本金,其"购买"股票时的实际价格与股本金的差价部分应认定为受贿。

三、实务运用

(一)受贿罪的认定

根据指导案例(2009)苏刑二终字第0028号的观点,归纳如下:

1. 国家工作人员利用职务上的便利为请托人谋取利益,并与请托人以"合办"公司的名义获取"利润",没有实际出资和参与经营管理的,以受贿论处。

2. 国家工作人员明知他人有请托事项而收受其财物,视为承诺"为他人谋取利益",是否已实际为他人谋取利益或谋取到利益,不影响受贿的认定。

3. 国家工作人员利用职务上的便利为请托人谋取利益,以明显低于市场的价格向请托人购买房屋等物品的,以受贿论处,受贿数额按照交易时当地市场价格与实际支付价格的差额计算。

4. 国家工作人员收受财物后,因与其受贿有关联的人、事被查处,为掩饰犯罪而退还的,不影响认定受贿罪。

(二)"上下级间"受贿的认定

根据(2023)辽0381刑初296号、(2013)二中刑终字第345号案例的观点,国家工作人员索取、收受具有上下级关系的下属或者具有行政管理关系的被管理人员的财物价值3万元以上,可能影响职权行使的,视为承诺为他人谋取利益。国有单位领导收受他人财物,即便没有具体请托事项,但该行为破坏了国家机关、国有企事业单位正常工作秩序和国家廉政制度。国家工作人员,收受具有上下级关系的下属或者具有行政管理关系的被管理人员的财物,如果没有正当理由,必然会影响职权行使,应视为承诺为他人谋取利益。这里所说的正当理由一般包括正当礼尚往来、具有亲属关系或者正当债权债务关系,在刑事诉讼中一般应当由犯罪嫌疑人、被告人举证说明;如果其不能证明是正当交往,则应视为承诺为他人谋取利益。

（三）“第三人占有赃款”受贿的认定

根据（2021）鲁08刑终49号案例的观点，在受贿案件中，利益请托人及赃款获得人为同一人的情况下，受贿行为人利用职务上的便利，让第三方钱款支付人按照受贿行为人的指使、安排，向利益请托人支付特定款项，赃款虽非受贿行为人实际占有，但他人占有赃款亦是其指使、安排的直接结果，实质上属于钱权交易，构成受贿罪。

（四）“合作投资型”受贿的认定

根据（2019）苏02刑初19号、（2010）浙湖刑终字第6号案例的观点，成立“合作投资型”受贿的关键点有二：一是国家工作人员是否实际出资，二是国家工作人员是否实际参与管理、经营。国家工作人员利用职务上的便利为请托人谋取利益，与请托人合作开办公司或者进行其他合作投资，只有在既无实际出资又未参与管理、经营的情况下，无正当理由获取利润，其所获利润方属于以合作投资名义进行权钱交易的变相受贿行为，以受贿罪定罪处罚。相反，如果国家工作人员具有真实的投资，即使未实际参与管理、经营活动，也不能认定为受贿罪，因为根据《公司法》“谁出资，谁受益”的原则，公司股东享有投资收益权，此时不能认定为受贿，而属于领导干部违规经商办企业。由此可见，对于国家工作人员以本人或者亲属及其他关系人员名义，与他人合作开办公司或者进行其他合作投资的，出资的真实性是区分其犯罪与违纪的根本。

（五）“收受他人尚未变更权属变更登记房产”受贿的认定

根据（2021）鲁09刑初11号案例的观点，行为人收受他人尚未变更权属变更登记的房产的，不影响受贿的认定，受贿数额应当按照行受贿双方达成的合意，结合涉案房产总体价值确定，当房产上有依法设立的抵押权时，抵押权人对房产的权利会影响受贿人所控制房产经济价值的份额和数额。故受贿人取得设有抵押的房产，抵押对应的未偿还贷款本金部分应认定为受贿未遂。

（六）“股权代持”受贿的认定

根据（2021）宁刑终1号、（2021）鲁02刑终208号案例的观点，“股权代持”一般可以划分为非行贿方代持与行贿方代持两种情况：

1. 非行贿方代持股权的受贿既未遂认定问题。非行贿方代持股权，是指受贿方将收受的股权交由其指定的行贿方之外的第三人代持，并登记到该第三人名下。受贿人与代持人之间通常有口头或者书面的代持协议或者约定。在受贿人指定的人员代持股权，且股权已变更登记到代持人名下的情况下，属于已经发生股权转让，从受贿人是否控制财物及行贿人是否丧失财物控制角度，都宜认定受贿既遂。

2. 行贿方代持股权的既未遂认定问题。行贿方代持股权，是指行贿人或其指定的人代受贿方持有前者送给后者的股权的情形。受贿人与代持人之间通常存在口头、书面代持协议或约定。实践中，若代持人为行贿方或其指定的人未进行股权转让登记，有口头或书面协议代持，并明确干股数额，属于受贿犯罪的着手实施，如有转让等控制行为，可以认定既遂。但如果只是口头约定，没有明确送予的干股数额，在没有其他证据证明国家工作人员对干股有控制力的情况下，则不宜认定为受贿。若代持人系行贿方或行贿方指定的人，其最终能否实现股权价值尚处于不确定中，客观上受贿人对股权的控制权存疑，此时如有分红、转让或兑现等控制行为，可认定既遂；但若只有收受股权的着手实施行为，则属于受贿未遂。

（七）“已经完成收受贿赂行为后上交所收财物”受贿的认定

《最高人民法院、最高人民检察院关于办理受贿刑事案件适用法律若干问题的意见》规定的“国家工作人员收受请托人财物后及时退还或者上交的，不是受贿”，是指行为人客观上虽收受他人财物，但主观上没有受贿故意的情形。故行为人是否及时退还或上交所收财物，只是判断行为人是否具有受贿故意的一个重要参考依据。根据（2014）丹刑初字第267号案例的观点，在行为人已完成收受贿赂行为后，即使于案发前退还或上交所收财物，但综合全案事实足以认定其收受财物时，仍具有受贿故意，不影响受贿罪的认定。

（八）节日红包是否属于行贿款的认定

根据（2010）宁刑二初字第31号案例的观点，行贿人利用逢年过节期间以红包的形式给付行贿款，行贿的目的系围绕着受贿人在特定领域的相关职责，虽然每一次行受贿未必都一一对应具体的请托事项，但该类节日红包并不属于朋友之间的馈赠，具有明显的行贿特征。受贿人利用职务之便连续、多次收受他人财物，为他人谋取利益，构成受贿罪。

（九）从事公务的合同编制辅警符合受贿罪的犯罪主体条件

根据（2019）苏0282刑初386号案例的观点，辅警作为合同编制的工作人员，根据规定只能从事辅助性工作。根据工作安排负责处理非现场道路交通违章，虽然违反上述规定，但不影响其从事的是公务的性质，因此，应认定其属于从事公务的国家工作人员，符合受贿罪的犯罪主体。国家工作人员伙同他人利用职务之便收受贿赂的，系受贿共同犯罪，其行为构成受贿罪。

（十）"债务免除型"受贿的认定

根据（2019）辽02刑终446号案例的观点归纳如下：

1. 国家工作人员与债权人之间具有行政管理与被管理的关系，债权人基于国家工作人员为其谋取利益的需要或者报答，免除了国家工作人员或其近亲属的债务，国家工作人员的行为即属于债务免除型受贿。在债务免除型受贿中，债权人可以通过口头或书面形式免除债务，也可以通过明示或者默示免除债务。

2. 判断默示债务免除型受贿应注意与因客观原因致债务长期无法归还情形进行区分，结合以下因素进行综合判断：（1）债权人是否积极主张债权；（2）债权人不主张债权的时间长短及债权是否超过诉讼时效；（3）债务人有无给付能力；（4）债务人有无给付意愿及给付行为；（5）债务人到案后的辩解是否合理或有无证据支持。

（十一）"放贷型"受贿的认定

根据（2022）赣0825刑初119号、（2019）浙11刑初10号、（2021）赣05刑初4号、（2022）川06刑初3号案例的观点，以放贷收息为名掩盖受贿的，以被告人实际收取的利息认定受贿数额。判断是否以放贷收息为名掩盖受贿，主要从三个方面予以考虑：一是出借人是否利用职务便利为借款人谋取利益；二是借款人有无实际借款需求；三是双方是否明知借贷事宜的发生、利息的支付是基于请托事项，并达成合意。

（十二）“低价购房型”受贿的认定

根据（2016）浙07刑初60号案例的观点，低价购房型受贿犯罪中，应当基于受贿犯罪权钱交易的本质特征，以市场价与购房价之间的差价绝对值为基础，兼顾折扣率的高低，综合判断交易行为是否严重背离公平交易规则，购房价是否明显低于市场价，避免造成打击面过宽和放纵犯罪两个方面的弊端。

（十三）索贿的认定

认定行为人是否构成索贿，关键看其是否主动要求对方交付财物作为对价，受贿人与对方的沟通过程中积极地主导权钱交易进程，行贿人比较被动地按照受贿人的要求给付财物，犯罪情节比一般的被动接受贿赂的受贿犯罪更为恶劣。以虚构事实、隐瞒真相的方式向行贿人施加压力进而索要财物，并利用职务上的便利为行贿人谋取利益的行为，应认定为索贿。

根据（2021）鲁0117刑初214号案例的观点，国家工作人员利用职务上的便利为他人谋取利益并收受贿赂，行受贿双方形成长期的权钱交易关系，部分钱款系受贿人主动向行贿人提出给付要求，行贿人欣然同意，钱款给付未违背行贿人意愿，不宜认定为索贿。

（十四）受贿罪既遂与未遂的认定

根据（2022）苏03刑初56号案例的观点，受贿罪中收受他人财物既、未遂的认定，应当注意把握财物的实际权属情况：财物已经脱离行贿人的控制，并已经实际置于受贿人控制之下，即为受贿罪的既遂，否则为未遂。对于虽有约定，但由行贿人代为保管、没有实际交付的贿赂，根据案件情况，可以认定为未遂。

（十五）受贿罪与其他犯罪区分

根据（2021）鲁02刑终207号案例的观点，行为人利用职务上的便利还是利用工作上的便利，是界分受贿罪与其他犯罪的关键。职务便利是指职务所赋予的主管、管理、经手公共事务、财物的权力所形成的便利条件；而工作便利是指行为人与实际利用的权力并无职责上管理与支配的权限，仅是基于工作地点、机会的原因能够接触到他人的管理权而形成的便利条件，具有一定的临时性、偶然性。

换言之,行为人对于所利用的便利是否具有职务上赋予的独立支配的权利是界分关键:行为人具有独立支配的权力的,则属于利用职务上的便利;反之,则属于利用工作上的便利。

第十三章

行　贿　罪

一、《刑法》规定

第 389 条　为谋取不正当利益，给予国家工作人员以财物的，是行贿罪。

在经济往来中，违反国家规定，给予国家工作人员以财物，数额较大的，或者违反国家规定，给予国家工作人员以各种名义的回扣、手续费的，以行贿论处。

因被勒索给予国家工作人员以财物，没有获得不正当利益的，不是行贿。

第 390 条　对犯行贿罪的，处三年以下有期徒刑或者拘役，并处罚金；因行贿谋取不正当利益，情节严重的，或者使国家利益遭受重大损失的，处三年以上十年以下有期徒刑，并处罚金；情节特别严重的，或者使国家利益遭受特别重大损失的，处十年以上有期徒刑或者无期徒刑，并处罚金或者没收财产。

有下列情形之一的，从重处罚：

（一）多次行贿或者向多人行贿的；

（二）国家工作人员行贿的；

（三）在国家重点工程、重大项目中行贿的；

（四）为谋取职务、职级晋升、调整行贿的；

（五）对监察、行政执法、司法工作人员行贿的；

（六）在生态环境、财政金融、安全生产、食品药品、防灾救灾、社会保障、教育、医疗等领域行贿，实施违法犯罪活动的；

（七）将违法所得用于行贿的。

行贿人在被追诉前主动交待行贿行为的，可以从轻或者减轻处罚。其中，犯罪较轻的，对调查突破、侦破重大案件起关键作用的，或者有重大立功表现的，可以减轻或者免除处罚。

二、辩点解析

1. 行贿罪的犯罪对象是国家工作人员，与前述贪污罪中“国家工作人员”的认定原则一致，不再赘述。

2. 如何认定“谋取不正当利益”？

(1)《最高人民法院、最高人民检察院关于办理行贿刑事案件具体应用法律若干问题的解释》第12条规定：“行贿犯罪中的‘谋取不正当利益’，是指行贿人谋取的利益违反法律、法规、规章、政策规定，或者要求国家工作人员违反法律、法规、规章、政策、行业规范的规定，为自己提供帮助或者方便条件。

违背公平、公正原则，在经济、组织人事管理等活动中，谋取竞争优势的，应当认定为‘谋取不正当利益’。”

(2)《最高人民法院、最高人民检察院关于办理商业贿赂刑事案件适用法律若干问题的意见》规定，在行贿犯罪中，“谋取不正当利益”，是指行贿人谋取违反法律、法规、规章或者政策规定的利益，或者要求对方违反法律、法规、规章、政策、行业规范的规定提供帮助或者方便条件。

在招标投标、政府采购等商业活动中，违背公平原则，给予相关人员财物以谋取竞争优势的，属于“谋取不正当利益”。

3. 如何认定“情节严重”？

《最高人民法院、最高人民检察院关于办理行贿刑事案件具体应用法律若干问题的解释》第2条规定：“因行贿谋取不正当利益，具有下列情形之一的，应当认定为刑法第三百九十条第一款规定的‘情节严重’：

(一)行贿数额在二十万元以上不满一百万元的；

(二)行贿数额在十万元以上不满二十万元，并具有下列情形之一的：

1. 向三人以上行贿的；

2. 将违法所得用于行贿的；

3. 为实施违法犯罪活动，向负有食品、药品、安全生产、环境保护等监督管理职责的国家工作人员行贿，严重危害民生、侵犯公众生命财产安全的；

4. 向行政执法机关、司法机关的国家工作人员行贿，影响行政执法和司法公正的；

（三）其他情节严重的情形。”

4. 如何认定“国家利益遭受重大损失”？

为谋取不正当利益，造成直接经济损失数额在 100 万元以上的，应当认定为国家利益遭受重大损失。

5. 如何认定“情节特别严重”？

《最高人民法院、最高人民检察院关于办理行贿刑事案件具体应用法律若干问题的解释》第 4 条规定：“因行贿谋取不正当利益，具有下列情形之一的，应当认定为刑法第三百九十条第一款规定的‘情节特别严重’：

（一）行贿数额在一百万元以上的；

（二）行贿数额在五十万元以上不满一百万元，并具有下列情形之一的：

1. 向三人以上行贿的；

2. 将违法所得用于行贿的；

3. 为实施违法犯罪活动，向负有食品、药品、安全生产、环境保护等监督管理职责的国家工作人员行贿，严重危害民生、侵犯公众生命财产安全的；

4. 向行政执法机关、司法机关的国家工作人员行贿，影响行政执法和司法公正的；

（三）造成直接经济损失数额在五百万元以上的；

（四）其他情节特别严重的情形。”

6. 行为人多次行贿未经处理的，按照累计行贿数额处罚。

7. 行贿罪中不适用缓行和免予刑事处罚的情形：

《最高人民法院、最高人民检察院关于办理行贿刑事案件具体应用法律若干问题的解释》第 10 条规定：“实施行贿犯罪，具有下列情形之一的，一般不适用缓刑和免予刑事处罚：

(一)向三人以上行贿的；

(二)因行贿受过行政处罚或者刑事处罚的；

(三)为实施违法犯罪活动而行贿的；

(四)造成严重危害后果的；

(五)其他不适用缓刑和免予刑事处罚的情形。

具有刑法第三百九十条第二款规定的情形的，不受前款规定的限制。”

三、实务运用

1."被追诉前主动交待行贿行为"与自首的比较。

行贿人在被追诉前主动交待行贿行为情形的法定从宽处罚幅度有所收窄，与自首相比，基本相当，仅增加了“对侦破重大案件起关键作用的”可以免除处罚的法定从宽情节。

(1)从到案要件来看，自首的成立要求行为人“自动投案”，体现了到案的主动性和自愿性；“被追诉前主动交待行贿行为”的成立并不要求行为人自愿主动投案，可以是被动到案。“主动交待”并非要求行为人在归案上的主动，而是在交待事实上的主动。

(2)从时间要件来看，自首的时间要求是行为人在自动投案后，司法机关掌握其主要犯罪事实之前主动交待；“被追诉前主动交待行贿行为”的时间要求是“被追诉前”，相关司法解释进一步明确为“对行贿人的行贿行为刑事立案前”。

(3)从事实陈述要件来看，自首的成立要求行为人“如实供述”，即如实交待犯罪事实；“被追诉前主动交待行贿行为”显然也包含了如实交待行贿事实的要求。《最高人民法院关于被告人对行为性质的辩解是否影响自首成立问题的批复》明确，被告人对行为性质的辩解不影响自首的成立。参照该司法解释，行贿人对于其“行贿行为”性质的辩解也不应影响对其“主动交待行贿行为”的认定。

(4)从法律后果来看，犯罪分子有立功情节的，“可以从轻或者减轻处罚。其中，犯罪较轻的，可以免除处罚”；行贿人“被追诉前主动交待行贿行为”的，1997年修订的《刑法》第390条第2款规定“可以减轻或者免除处罚”，与自首相比，法定从宽处罚幅度更大一些；经2015年《刑法修正案（九）》修正的《刑法》第390条第2款规定，“可以从轻或者减轻处罚。其中，犯罪较轻的，对侦破重大案件起关键作用的，或者有重大立功表现的，可以减轻或者免除处罚”。

在（2019）粤刑再3号杜某某行贿案中，再审法院依法认定了被告人杜某某在被追诉前主动交待行贿行为的情节，并考虑其在被索要的情况下，为能在结算工程款等方面得到关照而给予国家工作人员以财物，综合评估其行为的社会危害性，依法予以减轻处罚，广东省高级人民法院再审予以改判。

2. 在检察机关对其立案前交待行贿事实，属于被追诉前主动交待的情形。

《最高人民法院、最高人民检察院关于办理行贿刑事案件具体应用法律若干问题的解释》第7条规定“因行贿人在被追诉前主动交待行贿行为而破获相关受贿案件的，对行贿人不适用刑法第六十八条关于立功的规定，依照刑法第三百九十条第二款的规定，可以减轻或者免除处罚。单位行贿的，在被追诉前，单位集体决定或者单位负责人决定主动交待单位行贿行为的，依照刑法第三百九十条第二款的规定，对单位及相关责任人员可以减轻处罚或者免除处罚；受委托直接办理单位行贿事项的直接责任人员在被追诉前主动交待自己知道的单位行贿行为的，对该直接责任人员可以依照刑法第三百九十条第二款的规定减轻处罚或者免除处罚”是为获取更多证据，帮助破获相关受贿犯罪案件并推进案件进入司法审判。供述的行贿事实，应当具有主动性，而不是被动接受调查而交待。

根据《刑事审判参考》总第86集第787号案例的观点，行贿人向纪检监察部门、司法机关举报受贿人的受贿行为，显然属于被追诉前主动交待行贿行为的情形。行贿人在纪检监察部门查处他人受贿案件时，交待（承认）向他人行贿的事实，亦应属于被追诉前主动交待行贿行为的情形。即使检察机关已经对受贿人立案查处，行贿人作为证人接受检察机关调查，只要检察机关对行贿人尚未立案查处，行贿人承认其向受贿人行贿的事实，也应当认定为被追诉前主动交待行贿行为的情形。但在检察机关已经掌握被告人向他人行贿线索并指定管辖的情况下，被告人接受调查时供述上述事实不属于“在被追诉前主动交待行贿行为”的情形。

3. 主动供述行贿事实并由此破获他人受贿案件的，其中揭发他人受贿犯罪的内容属于如实供述行贿事实的一部分,可构成行贿罪的自首,不构成立功。

在《刑事审判参考》总第 99 集第 1018 号案例中,被告人具有受贿和行贿两个事实,公诉机关已因其在行贿事实案发前如实供述行贿事实而对该事实不起诉,其提供的他人收受其贿赂的线索,属于对行贿事实如实供述,不应再被重复评价为立功。

4. 在国有建设用地使用权挂牌出让过程中串通竞买的行为应如何定性?

在国有建设用地使用权挂牌出让过程中,通过贿赂指使参与竞买的其他人放弃竞买、串通报价,最终使请托人竞买成功的,构成对非国家工作人员行贿罪。

从《刑法》规定来看,尚没有对挂牌竞买人相互串通,情节严重,追究刑事责任的规定,也无相关司法解释。在《刑事审判参考》总第 106 集第 1136 号案例中,二被告人为达到让几家竞买企业串通报价,从而使请托人杨某顺利竞买成功的目的,采取了行贿的手段,该手段行为显然触犯了《刑法》的规定,构成对非国家工作人员行贿罪。

5. 介绍贿赂罪与行受贿共同犯罪的认定。

介绍贿赂行为的目的本身不是行贿也不是受贿,而是旨在帮助行受贿双方建立贿赂联系,即起到牵线搭桥、沟通联络、撮合作用,主观上必须有向国家工作人员介绍贿赂的故意,认识到自己处于"中间人"的地位。介绍贿赂行为是在行受贿双方之间起到提供信息、引荐、沟通、撮合的作用。

在《刑事审判参考》总第 129 集第 1446 号案例中,其中一名被告人作为聘用制文职人员,虽非国家工作人员,但其与从事公务的另一名被告人相互勾结,利用其处理车辆违章的职务之便,为"黄牛"谋取经济利益,其不是以介绍贿赂为目的,应认定受贿罪共犯。

第十四章

职务侵占罪

一、《刑法》规定

第271条　公司、企业或者其他单位的工作人员，利用职务上的便利，将本单位财物非法占为己有，数额较大的，处三年以下有期徒刑或者拘役，并处罚金；数额巨大的，处三年以上十年以下有期徒刑，并处罚金；数额特别巨大的，处十年以上有期徒刑或者无期徒刑，并处罚金。

国有公司、企业或者其他国有单位中从事公务的人员和国有公司、企业或者其他国有单位委派到非国有公司、企业以及其他单位从事公务的人员有前款行为的，依照本法第三百八十二条、第三百八十三条的规定定罪处罚。

二、辩点解析

如何认定职务侵占罪中的“数额较大”“数额巨大”“数额特别巨大”？

《最高人民法院、最高人民检察院关于办理贪污贿赂刑事案件适用法律若干问题的解释》第11条第1款规定，《刑法》第163条规定的非国家工作人员受贿罪、第271条规定的职务侵占罪中的“数额较大”“数额巨大”的数额起点，按照本解释关于受贿罪、贪污罪相对应的数额标准规定的2倍、5倍执行。

对于贪污罪相对应的数额标准，在前述贪污罪中已明确，不再赘述。因此，职务侵占罪中“数额较大”的标准为3万元、“数额巨大”的标准为100万元、“数额特别巨大”的标准为1500万元。不考虑其中“数额+情节”的情形。

三、实务运用

1. 如何认定行为人侵占单位财产的行为是否利用职务上的便利？

只要行为人非法占有本单位财物系利用职务上的便利，无论其采取窃取、骗取还是其他手段，均不影响其行为构成职务侵占罪。关键是行为人在非法占有本单位财物过程中是否利用了主管、管理、经手本单位财物的职务上的便利。

在《刑事审判参考》总第129集第1440号案例中，被告人负责本单位代交车业务，具有管理、经手本单位涉案车辆的权限。利用职务便利非法占有了本单位财物。被告人负责办理代交车业务的职务上便利对其顺利侵占单位财产起到不可或缺的作用。故可以认定，被告人在非法占有本单位财物过程中，整体上利用了其职务上的便利，其行为构成职务侵占罪。

2. 单位的临时工能否构成职务侵占罪？

是否构成职务侵占罪，关键在于公司、企业或者其他单位人员非法占有单位财物（包括单位管理、使用、运输中的其他单位财产和私人财产）是否利用了职务上的便利，而不是行为人在单位的“身份”。

在《刑事审判参考》总第31集第235号案例中，被告人作为北京市联运公司海淀分公司的上站业务员，依其岗位、职责，在负责办理货物托运工作中具有对相关货物的控制权。被告人正是利用了单位委托其负责托运货物和掌管货票的职务便利，采取虚构事实、隐瞒真相的方法将临时经手的单位财物非法占为己有。其行为完全符合职务侵占罪的构成特征。

3. 用工合同到期后没有续签合同的情况下，原单位工作人员仍符合职务侵占罪的主体要件。

职务侵占罪的主体是公司、企业或者其他单位中不具有国家工作人员身份的工作人员。界定职务侵占罪主体应当关注的是实施侵占行为的行为人的“职务”或“职责”，行为人实际担负一定的“职务”或“职责”，并利用其职责便利非法侵占本单位财物的，就属于职务侵占行为。

在《刑事审判参考》总第65集第516号案例中，被告人对仓库财物保管的职责并未因此而中断,被告人实际仍在继续履行公司赋予的保管仓库财物的职责,双方事实劳动关系依然存在。因此,没有续签用工合同,并不影响被告人是公司员工事实的成立,被告人仍然符合职务侵占罪主体的要求。

4. 如何认定职务侵占罪与贪污罪?

有关村基层组织人员只有在协助政府从事七项行政管理工作时才属于从事公务,才能以国家工作人员论。在认定村基层组织人员是否属于国家工作人员时,不能机械适用立法解释的规定,必须在实质上判断行为是否体现政府的管理意志。

村民委员会等村基层组织人员利用职务便利非法占有土地征用补偿费用以贪污罪论处,必须符合以下条件:一是该人员系村基层组织人员;二是系在从事公务,即协助人民政府进行特定行政管理工作;三是利用职务便利侵吞了公共财产。

贪污罪侵犯的是公共财产所有权,而职务侵占罪侵犯的则是单位集体财产权。

在《刑事审判参考》总第92集第872号案例中,被告人在实施犯罪行为时,其协助政府管理土地征用补偿费用的工作已经完成,不属于依法协助政府从事行政管理工作,不属于“其他依照法律从事公务的人员”,其实施犯罪利用的是村干部的职务便利,共同私分的是村集体财产,侵犯了村集体财产权,应当以职务侵占罪定罪处罚。

5. 如何认定职务侵占罪与侵占罪?

雇员利用职务之便将个体工商户的财产非法占为己有数额较大,拒不退还的,构成侵占罪,不构成职务侵占罪。

(1)个体工商户的雇员不属于职务侵占罪的主体。

在刑法意义上,个体工商户是实质的个人,而不是企业或单位。所以,个体工商户所聘的雇员、帮工、学徒,无论其称谓如何,均不能成为职务侵占罪的主体。

(2)个体工商户雇员将代为保管的户主财产占为己有,数额较大,拒不退还的,构成侵占罪。

根据《刑法》第270条第1款的规定,构成代为保管物类型的侵占罪,是指将代为保管的他人数额较大以上的财物非法占为己有，拒不退还的行为。该类侵占罪的对象只能是行为人代为保管的他人财物。根据《刑事审判参考》总第40集第318号案例的观点，实践中，能够就他人财物形成刑法意义上的代为保管关系的情形很多，而不仅限于由于正式的保管合同所产生的代为保管关系。另外，代为保管物类型的侵占罪与盗窃罪的根本区别之一在于：盗窃罪是直接采用秘密窃取的方法将他人占有的财物变为已有；代为保管物类型的侵占罪则是先合法地保管、占有他人财物，进而将该项财物非法占为已有且拒不退还。

值得注意的是，个人独资企业员工能成为职务侵占罪主体。个人独资企业因有独立财产，具备独立承担刑事责任的能力，属于职务侵占罪的犯罪对象。

6. 如何认定职务侵占罪与盗窃罪？

（1）盗窃罪是一般主体，职务侵占罪的主体则必须是公司、企业或其他单位的人员，即特殊主体。

（2）盗窃不是利用职务便利，职务侵占罪必须是利用经手、管理财物的职务上的便利而不是工作上的便利。

（3）侵犯的对象不同，盗窃罪非法占有的对象可以是任何公私财物，而职务侵占罪侵占的对象只限于本单位的财物并且是本人经手、管理的财物。

该以哪种罪名定罪，关键看被告人实施盗窃时是否利用了其职务上的便利。在《刑事审判参考》总第32集第246号案例中，被告人用其掌管钥匙之机配制了钥匙伺机作案，这种准备作案工具的行为不妨认为是利用了职务上的便利。但他具体实施盗窃的时机，是选择在他人值班之时。此时，抽屉里的现金应属于当值的收银员直接经手、管理，被告人此时窃取的财物并不是其本人经手、管理的财物。故其盗窃行为不是利用其职务之便。因此，被告人的行为不构成职务侵占罪，应按盗窃罪处理。

7. 如何认定职务侵占罪与合同诈骗罪？

（1）在《刑事审判参考》总第61集第484号案例中，被告人利用代理公司业务的职务之便将依据合法、有效的合同取得的单位财物占为己有的，应当认定为职务侵占罪。其一，被告人侵占的是本单位财物而非合同相对人财物。其二，被告人擅自支配35吨货物并占有其变现后的部分金钱,是利用了其代理公司业务的职务之便。其三,被告人在签订、履行合同过程中,并没有实施明显的诈骗行为。被告人利用代理公司业务的职务便利,擅自超需购入原材料并变卖从而侵吞公司财产的行为应构成职务侵占罪。

(2)在《刑事审判参考》总第81集第716号案例中,被告人以公司代理人的身份,在履行其与公司的经销协议过程中,以非法占有为目的,采用虚构事实、隐瞒真相的方法,骗取公司的财产,其行为构成合同诈骗罪。其一,被告人在公司并无职务,不属于该公司的工作人员,其身份不符合职务侵占罪、挪用资金罪的主体特征。其二,被告人具有非法占有的主观故意。其三,被告人实施诈骗的行为是在履行合同的过程中。被告人的行为以非法占有为目的,在履行其与威士文公司的经销协议过程中,采用虚构事实、隐瞒真相的方法,骗取威士文公司的财产,数额特别巨大,其行为构成合同诈骗罪。

第十五章

挪用资金罪

一、《刑法》规定

第 272 条　公司、企业或者其他单位的工作人员，利用职务上的便利，挪用本单位资金归个人使用或者借贷给他人，数额较大、超过三个月未还的，或者虽未超过三个月，但数额较大、进行营利活动的，或者进行非法活动的，处三年以下有期徒刑或者拘役；挪用本单位资金数额巨大的，处三年以上七年以下有期徒刑；数额特别巨大的，处七年以上有期徒刑。

国有公司、企业或者其他国有单位中从事公务的人员和国有公司、企业或者其他国有单位委派到非国有公司、企业以及其他单位从事公务的人员有前款行为的，依照本法第三百八十四条的规定定罪处罚。

有第一款行为，在提起公诉前将挪用的资金退还的，可以从轻或者减轻处罚。其中，犯罪较轻的，可以减轻或者免除处罚。

二、辩点解析

1. 挪用资金罪的主体如何认定？

挪用资金罪的主体应是公司、企业或者其他单位的工作人员。对应的证据除言词证据外，还有诸如任命会议记录、任命文件、聘用合同、劳动合同，工作职责说明等书证。

2. 挪用资金罪挪用行为才是关键，不管是自用、借贷给他人或营利活动或非法活动，其前提均是有挪用行为。

实践中,挪用行为大抵是隐蔽的,少有目击证人,更多的则是体现在挪用行为产生的痕迹中。而能够证明挪用行为的证据如会计凭证、银行流水等,应注意分析及研判。此外,挪用行为必须体现行为人利用职务之便。这主要是指行为人利用在本单位中所担任的职务上的便利,如经手、管理或者主管单位的资金等。如果行为人不是利用职务之便,而是利用秘密窃取的方法获取,即使事后归还,也是盗窃行为。

3. 挪用资金罪的对象如何认定?

行为人挪用的资金应是本单位资金。应注意的是,对于在经济往来中所涉及的暂收、预收、暂存其他单位或个人的款项、物品,或者对方支付的货款、交付的货物等,如接收人已以单位名义履行接收手续,所接收的财、物应视为该单位资产。此即可以追究挪用维修资金或契税的开发商挪用资金罪的重要前提。

4. 如何认定"数额较大""数额巨大""数额特别巨大"?

根据《最高人民法院、最高人民检察院关于办理贪污贿赂刑事案件适用法律若干问题的解释》第 11 条第 2 款"刑法第二百七十二条规定的挪用资金罪中的'数额较大''数额巨大'以及'进行非法活动'情形的数额起点,按照本解释关于挪用公款罪'数额较大''情节严重'以及'进行非法活动'的数额标准规定的二倍执行"及《最高人民检察院、公安部关于公安机关管辖的刑事案件立案追诉标准的规定(二)》第 77 条之规定,挪用资金罪的具体数额标准如表 15 – 1 所示。

表 15 – 1 挪用资金罪具体数额量刑标准

情节与数额	金额	刑期
进行非法活动,数额较大	3 万元以上	处 3 年以下有期徒刑或者拘役
进行营利活动,数额较大	5 万元以上	处 3 年以下有期徒刑或者拘役
数额较大,超过 3 个月未还	5 万元以上	处 3 年以下有期徒刑或者拘役
进行非法活动,数额巨大	200 万元以上	处 3 年以上 7 年以下有期徒刑
进行营利活动,数额巨大	400 万元以上	处 3 年以上 7 年以下有期徒刑
数额巨大,超过 3 个月未还	400 万元以上	处 3 年以上 7 年以下有期徒刑
进行非法活动,数额较大	3 万元以上	处 3 年以下有期徒刑或者拘役

值得注意的是,无论是进行非法活动、营利活动,还是单纯挪用,数额特别巨大的标准,目前均没有明确,实践中,应结合具体情况或参照职务侵占罪的标准予以认定。

根据《刑法》第272条第3款的规定,在检察院提起公诉前将资金退还的,才可以作为法定的从轻或减轻处罚的情节,而不是在法院审判阶段。即越早退还挪用的资金越好。而在法院审判阶段退还挪用的资金,则可能参照《最高人民法院、最高人民检察院关于办理职务犯罪案件严格适用缓刑、免予刑事处罚若干问题的意见》(法发〔2012〕17号)第3条第2款规定,作为适用缓刑的参考因素之一,也可以作为认罪认罚或者悔罪的表现,作为酌情从宽处理的情节。

三、实务运用

(一)提起公诉并最终判刑的实例

1. 被告人陈某身为公司工作人员,利用职务上的便利,挪用本单位资金归个人使用,数额巨大,且超过3个月未还,其行为构成挪用资金罪。

在(2014)天刑初字第00413号案例中,法院审理认为:2013年1月至2014年2月,被告人陈某利用其担任公司法定代表人、分公司负责人的职务便利,采取收入不入账的手段,将天长分公司收取"上城风景"小区134户业主的装修保证金26.8万元和128户业主的物业专项维修基金130.23万余元,直接转入其个人账户,用于偿还其个人债务等,至今未能退出的行为构成挪用资金罪。

2. 被告人刘某某利用职务便利,挪用专项维修资金归个人使用,数额较大,超过3个月未还,其行为已构成挪用资金罪,依法应予惩处。

在(2020)普0423刑初36号案例中,经审理查明:2012年,被告人刘某某使用山西福鑫苑房地产开发有限公司的资质、手续,以实际负责人身份开发建设位于××县南侧、迎宾幼儿园对面的东盛花园小区(建筑面积51,321.62平方米)。2014年,刘某某开始出售该小区楼房,并按每平方米56元标准收取公共维修资金,截至2015年9月9日,共计收取242户公共维修资金1,606,416.56元。后刘某某未将该款专户存储,而是存入其个人工商银行账户(卡号××

×),超过3个月未还。据此,法院认为被告人刘某某利用职务便利,挪用专项维修资金归个人使用,数额较大,超过3个月未还,其行为已构成挪用资金罪,依法应予惩处。

类似案例还有(2018)新2923刑初974号、(2018)苏0402刑初474号、(2020)豫1327刑初195号等。由此可见,开发商挪用购房者维修资金或契税等,造成严重后果的,已有实例给予刑事处罚,且非个例(尚有部分已起诉,但未判的案例)。当然,有入罪情形,也有出罪的可能。

(二)检察院不予起诉或法院不予认定的实例

1. 检察机关指控被告人挪用资金罪证据不充分,不予认定。

法院审理认为:对公诉机关指控被告人房某某某成挪用资金罪,经查:(1)中山市坦洲镇村田房地产有限公司(以下简称村田公司)是有限责任公司,法定代表人是房某某,其供述该公司是其独自经营;辩护人提交王某的证言,证明其仅为挂名股东。公诉机关没有提供相关证据证明,村田公司还有其他股东,也没有提供村田公司的报案材料,证明房某某“挪用”了村田公司的资金。(2)证人冯某1因其交纳办证费、维修资金后一直无法办证而报警,其与村田公司是一般民事纠纷,并非挪用资金的被害人。(3)相关审计报告,只能反映村田公司2003年1月至2011年12月31日,代收业主办证税费而未向相关政府部门缴纳金额为人民币7,440,361.60元,代收业主物业管理维修基金而未向政府部门缴存金额为人民币4,139,578,99元;而村田公司2003年1月1日至2011年12月31日现金及银行存款期末余额为4,808,941.11元,在此期间向其他单位及个人支付往来款未收回的金额为人民币37,540,280.88元,现不能确定房某某拿走上述办证税费、维修基金的款项。(4)虽然房某某有出具借条借出公司现金情况,现有证据不能证明该行为是未经公司同意的。(5)现有证据未能证明房某某挪用村田公司的资金归个人使用。(6)房某某在公安机关处理此案不久,即在2012年9月29日主动存款6,000,000元到监管账号用于支付办证费。故认定房某某挪用资金证据不充分,不予认定。

2. 山西省昔阳县人民检察院不起诉决定书（杨某某挪用资金案）。

检察院查明：2015 年 10 月至 2019 年 4 月，被不起诉人杨某某利用担任公司法定代表人的便利，将该公司共收取 549 户的住房维修资金 5, 340, 969 元，公司中行账户共收取房屋维修资金 1, 733, 553 元，用于支付工人工资，支付工程款，归还借款，退个人房款等。案发后，杨某某及家属到昔阳县住房和城乡建设管理局积极主动协调处理该事，2020 年 7 月 27 日昔阳县住建局向昔阳县公安局出示情况说明，杨某某及其家属将 100 万元现金和 × × 号底商抵押于昔阳县保障性住房管理中心，用于补齐剩余房屋维修资金。但认为被不起诉人杨某某挪用公共住房维修资金是否利用职务便利、是否归个人使用或者借贷给他人及挪用的数额均事实不清、证据不足，不符合起诉条件，而不予起诉。

需要强调的是，除严格按照挪用资金罪的构成要件对证据进行分析外，上述两个案例还有一个细微的共同点，即都基本将所挪用的款项归还，并消除了行为所造成的不利后果。若无全额退款，以当下的司法环境，只是严格按照挪用资金罪构成要件进行分析，很难取得无罪效果。

3. 麦某新职务侵占、挪用资金无罪案。

根据广东省高级人民法院发布第九批参阅典型案例之一，（2015）粤高法审监刑再字第 7 号生效裁判认为：（1）关于职务侵占罪。一是不能认定麦某新具有将本单位财物非法占为己有的故意。根据现有证据材料反映，东亚公司为经营涉案土地项目而成立，未进行其他经营活动，其资金往来相对单一和清晰。东亚公司由麦某新提供注册资金和经营的主要资金，麦某新没有非法占有东亚公司财产的目的。二是涉案土地开发项目在东亚公司和长新公司之间流转，麦某新没有将该土地开发项目及投资款占为己有。没有证据证明麦某新侵占其他股东的投资款和损害东亚公司债权人的利益，不能认定麦某新的行为侵犯东亚公司的财产所有权。麦某新的上述行为不构成职务侵占罪。（2）关于挪用资金罪。没有证据证明麦某新挪用东亚公司资金归个人使用。涉案资金来源于以东亚公司名义向银行的借款，用于长新公司的经营，这也得到东亚公司另一股东陈某龙的授权和认可。案发后，麦某新提前归还了该银行借款，其行为不构成挪用资金罪。综合全案来看,公司股东之间的经济利益纠纷,可以通过和解、调解及民事诉讼等方式来解决。原审判决麦某新有罪并处以刑罚,是未能准确把握民事纠纷与犯罪的界限,应予纠正。

被告人提前偿还上述尚未到期的贷款。

第十六章

寻衅滋事罪

一、《刑法》规定

第 293 条　有下列寻衅滋事行为之一，破坏社会秩序的，处五年以下有期徒刑、拘役或者管制：

（一）随意殴打他人，情节恶劣的；

（二）追逐、拦截、辱骂、恐吓他人，情节恶劣的；

（三）强拿硬要或者任意损毁、占用公私财物，情节严重的；

（四）在公共场所起哄闹事，造成公共场所秩序严重混乱的。

纠集他人多次实施前款行为，严重破坏社会秩序的，处五年以上十年以下有期徒刑，可以并处罚金。

二、辩点解析

1. 罪名界定。

根据最高人民检察院、公安部颁布的《关于公安机关管辖的刑事案件立案追诉标准的规定（一）》第 37 条对寻衅滋事罪确定了以下立案标准："寻衅滋事，破坏社会秩序，涉嫌下列情形之一的，应予立案追诉：（一）随意殴打他人造成他人身体伤害、持械随意殴打他人或者具有其他恶劣情节的；（二）追逐、拦截、辱骂他人，严重影响他人正常工作、生产、生活，或者造成他人精神失常、自杀或者具有其他恶劣情节的；（三）强拿硬要或者任意损毁、占用公私财物价值二千元以上，强拿硬要或者任意损毁、占用公私财物三次以上或者具有其他严重情节的；（四）在公共场所起哄闹事,造成公共场所秩序严重混乱的。”

与一些犯罪立案标准可以量化不同,寻衅滋事罪量化标准有一定的难度。如果因为民事纠纷或者个人恩怨,在公共场所殴打、辱骂他人,或者在路上拦截、追逐他人或者索要债务而强行拿走、毁坏、占有他人财物等行为,这些表现虽然与本罪在客观方面的表现有相似之处,但由于事出有因,行为人不具有无事生非、寻衅滋事的动机,一般不能以本罪处理。如果殴打他人致伤,损毁他人财物数额较大,公然侮辱他人情节严重,可以分别按故意伤害罪、故意毁坏财物罪或者侮辱罪等犯罪定罪处罚。

需要特别强调的是,根据《刑法》和《最高人民法院、最高人民检察院关于办理寻衅滋事刑事案件适用法律若干问题的解释》规定,对此种情形以“寻衅滋事”论处,必须以行为人的行为“破坏社会秩序”为条件。

2. 构成要件解析。

主体要件:本罪的犯罪主体为一般主体。

客体要件:本罪侵犯的客体是社会公共秩序。

主观要件:本罪在主观方面由故意构成。犯罪动机有的是为了逞强争霸,显示威风;有的是为了发泄不满情绪,报复社会;有的是为了开心取乐,寻求精神刺激,获取某种精神上的满足。过失不构成本罪。

客观要件:本罪在客观方面表现为寻衅滋事,情节恶劣或者后果严重的行为。根据《最高人民法院、最高人民检察院关于办理寻衅滋事刑事案件适用法律若干问题的解释》(以下简称《寻衅滋事司法解释》)第 1 条的规定,“寻衅滋事”,是指行为人为寻求刺激、发泄情绪、逞强耍横等,无事生非,或者因日常生活中的偶发矛盾纠纷,借故生非,在公共场所肆意挑衅,起哄捣乱,进行破坏骚扰的行为。

3. 何为随意殴打他人,情节恶劣的?

“随意殴打他人”,是指出于耍威风、取乐等不健康目的,无故、无理殴打相识或者素不相识的人;“情节恶劣”根据《寻衅滋事司法解释》第 2 条的规定,是指致 1 人以上轻伤或者 2 人以上轻微伤的引起他人精神失常、自杀等严重后果的;多次随意殴打他人的;持凶器殴打他人的;随意殴打精神病人、残疾人、流浪乞讨人员、老年人、孕妇、未成年人，造成恶劣社会影响的；在公共场所随意殴打他人，造成公共场所秩序严重混乱的以及其他情节恶劣的情形。

4. 何为追逐、拦截、辱骂、恐吓他人，情节恶劣的？

“追逐、拦截、辱骂他人”，是指出于取乐、寻求精神刺激等不健康的目的，无故、无理追赶、拦挡、侮辱、谩骂他人，往往表现为追逐、拦截、辱骂妇女；“恐吓”他人，是指以要挟的话语或者手段威胁、吓唬他人，恐吓的方式、内容可以多种多样，只要足以使被害人产生心理恐惧、恐慌的，都属于本罪规定的“恐吓”。“情节恶劣”，根据《寻衅滋事司法解释》第 3 条的规定，是指多次追逐、拦截、辱骂、恐吓他人，造成恶劣社会影响的；持凶器追逐、拦截、辱骂、恐吓他人的；追逐、拦截、辱骂、恐吓精神病人、残疾人、流浪乞讨人员、老年人、孕妇、未成年人，造成恶劣社会影响的；引起他人精神失常、自杀等严重后果的；严重影响他人工作、生活、生产、经营的以及其他情节恶劣的情形。

5. 何为强拿硬要或任意损毁、占用公私财物，情节严重的？

“强拿硬要或任意损毁、占用公私财物”，是指以蛮不讲理的手段，强行索要市场、商品以及他人的财物，或者随心所欲损坏、毁灭公私财物；“情节严重”，根据《寻衅滋事司法解释》第 4 条的规定，是指强拿硬要公私财物价值 1000 元以上，或者故意损毁、占用公私财物价值 2000 元以上的；多次强拿硬要或者任意损毁、滥用公私财物，造成恶劣社会影响的；强拿硬要或者任意损毁、占用精神病、残疾人、流浪乞讨人员、老年人、孕妇、未成年人的财物，造成恶劣社会影响的；引起他人精神失常、自杀等严重后果的；严重影响他人工作、生活生产、经营的以及其他情节严重的情形。

6. 何为在公共场所起哄闹事，造成公共场所秩序严重混乱的？

“在公共场所起哄闹事”，是指出于取乐、寻求精神刺激等不健康的目的，在公共场所无事生非，制造事端，扰乱公共场所秩序的。根据《寻衅滋事司法解释》第 5 条的规定，“造成公共场所秩序严重混乱的”应当根据公共场所的性质、公共活动的重要程度、公共场所的人数、起哄闹事的时间、公共场所受影响的范围与程度等因素，综合判断是否“造成公共场所秩序严重混乱”。

三、实务运用

(一)本罪的无罪辩点

符合《刑事诉讼法》第16条第1项规定的“情节显著轻微、危害不大,不认为是犯罪的”,或被告人的行为不符合犯罪构成,以及在案证据不足以证明有犯罪事实而宣告无罪的情形。以广州市天河区人民法院(2019)粤0106刑初549号案例为例,2018年10月13日23时许,被告人曾某饮酒后返回其住所途中,行至本市天河区天河东路35号门前时,认为小区道路停放车辆导致行人通行不便,为发泄情绪,被告人用垃圾桶砸向被害人陈某2停放在该处的一辆车牌号为粤A×××××小车车身,并用脚踹被害人李某2停放在该处的一辆车牌号为粤A×××××小车车头位置,造成两辆车受损(经价格认定,上述两辆车的维修及喷漆费用共计人民币2250元)。被告人离开现场后再次返回现场,与获悉车辆被损而到场的被害人等及小区保安发生争论。被害人陈某2报警。次日凌晨,被告人被到场处警的公安人员抓获归案。案发后,被告人家属已代为赔偿被害人陈某2人民币5550元、赔偿被害人李某2人民币3844元,两名被害人表示谅解被告人,不追究其责任。法院认为:根据现有证据,被告人曾某确有寻衅滋事行为,但考虑被告人是案发现场小区的住户,其因小区的车辆停放占用小区通道而产生不满情绪,从而引发本案,被告人无犯罪前科,是初犯、偶犯,被告人的寻衅滋事行为仅造成两辆车受损,修复金额刚达到寻衅滋事罪的定罪标准,被告人的家属于案发后次日已代其赔偿两名被害人经济损失并获得谅解,属于情节显著轻微,危害不大,不认为是犯罪。

类似案例:

1. 梁某寻衅滋事罪二审刑事判决书[潮州市中级人民法院(2017)粤51刑终47号](主观上不符合为“寻求刺激、发泄情绪、逞强耍横等”、无事生非、“借故生非”等寻衅滋事行为的构成要件,不能认定为“持凶器随意殴打他人”)。

2. 郑某1、郑某2、郑某3寻衅滋事罪二审刑事判决书[江门市中级人民法院(2019)粤07刑终466号](不符合寻衅滋事罪的构成要件)。

3. 沈某、林某等寻衅滋事罪再审刑事判决书[江苏省高级人民法院(2016)苏刑再4号](经再审启动非法证据排除程序,本案有罪供述系非法证据依法予以排除,因有罪供述存在矛盾,原审事实不清、证据不足,三名原审上诉人不构成犯罪)。

(二)如何区分本罪与抢劫罪

根据《最高人民法院关于审理抢劫、抢夺刑事案件适用法律若干问题的意见》第9条第4款规定可分析出,本罪与抢劫罪的区别主要表现:(1)本罪强拿硬要他人财物的行为,主要是为了寻求精神刺激,而非法占有他人财物的目的处于从属地位,一般数额不大,给被害人造成的精神压力、对社会秩序的破坏,远远超过被害人所受的精神损失。抢劫罪的目的在于非法占有他人财物,因而属于侵犯财产罪。(2)本罪的强拿硬要,常常发生在公共场所,多是临时起意,结伙公开进行,很少直接使用暴力,而是以暴力相威胁或者使用轻微的暴力如推、拉等,使受害人忍气吞声,从而被公然拿走少量财物。而抢劫罪的行为恰恰相反,大多数发生在偏僻的街巷、荒郊野外、人稀车少的地方,或者在晚上进行,行为人往往是有意识地躲避众人。虽然也有在众目睽睽之下公开抢劫的,但都是事先经过精心策划,事后及时逃离现场。

以人民法院案例库入库案例(2019)赣0826刑初72号顾某寻衅滋事案为例,以轻微暴力强索硬要他人财物的行为应构成寻衅滋事罪,法院生效裁判认为:被告人顾某纠集多名未成年人以大欺小、以多欺少、恃强凌弱,围住他人后采用言语威胁、轻微暴力等方式,强拿硬要他人少量钱财,虽然行为人使用了轻微暴力、威胁等方法,当场取得了他人少量财物,但是所使用的暴力、威胁方法不足以达到使侵害对象不能、不敢或者不知反抗的程度,没有达到一般人普遍认识的抢劫所具有的严重社会危害性,不应认定为抢劫罪。对于成年人或成年人带领未成年人使用轻微暴力当场强抢他人较少财物的行为,应着重分析行为人的犯罪动机,实施暴力或者威胁的方式、程度,强抢的环境、具体细节,以及强抢财物的数量,造成的后果等因素,准确评价行为的社会危害性,根据罪刑法定和罪责刑相适应原则进行准确定罪,不应不加以区分地一律认定为抢劫罪,部分案件认定为寻衅滋事罪更妥当。另外还有入库编号为2023－02－1－269－004、2023－02－1－269－002的案例与之相似。

(三)未成年人多次强取其他未成年人少量财物的案件如何处理

根据《最高人民法院关于审理未成年人刑事案件具体应用法律若干问题的解释》规定,对于未成年人使用或威胁使用轻微暴力强抢少量财物的行为,一般不宜以抢劫罪定罪处罚,其行为符合寻衅滋事罪特征的,可以寻衅滋事罪定罪处罚。以人民法院案例库入库案例2023－02－1－269－002号为例,三被告人均系已满16周岁不满18周岁的未成年人,从其所使用的暴力、威胁手段的强度看,三被告人共作案7次,其中有2次采用持凶器(匕首)威逼的方式作案,其余几次均未持凶器,而采用威胁、恐吓,或采用拳打脚踢的方式作案,均未造成被害人人身伤害后果,可以认定为轻微暴力;从强抢的数额看,三被告人7次作案累计强抢158.5元,数额较小,可以认定为强抢少量财物。故对三被告人不宜以抢劫罪定罪处罚。但从主观方面看,三被告人具有寻衅动机。从作案时间、地点看,本案7次作案有3次发生在白天,7次作案均发生在校园周边,且有4次选择在同一地点作案;从作案对象看,7次作案对象均为在校未成年学生,其中5次作案对象是同一中学的学生,被害人的未成年学生身份意味着其不可能携带数额较大的财物;从客观行为表现看,被告人强抢陈某某时在未搜到财物后,还对陈某某拳打脚踢后才离开现场。以上均反映出被告人并非以非法占有财物为唯一目的,而具有以大欺小、以强凌弱、寻求精神刺激、逞强耍横的寻衅动机。从客观方面看,被告人李某甲、李某乙均7次实施、被告人王某某5次实施向其他未成年人强拿硬要财物的行为,严重扰乱了校园周边的社会秩序,属于寻衅滋事"情节严重"的情形,应以寻衅滋事罪依法追究刑事责任。

在未成年人案件中认定其使用暴力、胁迫程度的标准应当与成年人有所区别,未成年人强拿硬要他人财物的行为是否属于"轻微暴力",以从其实施暴力的方式、强度,以及是否造成被害人身体伤害后果来分析判断,并应注意与成年人相区分。未成年人持刀强抢的,要结合其是否实际动刀伤人,是否造成被害人轻微伤以上或其他危害后果,综合认定是否属于"轻微暴力"。本案未造成被害人轻微伤以上的后果，属于未成年人以轻微暴力强索少量财物的行为，应当认定为寻衅滋事罪。

（四）利用信息网络实施诽谤、寻衅滋事犯罪的司法认定

根据《最高人民法院、最高人民检察院关于办理利用信息网络实施诽谤等刑事案件适用法律若干问题的解释》第5条，基于现实情况，将《刑法》条文中"在公共场所起哄闹事"解释为"编造虚假信息，或者明知是编造的虚假信息，在信息网络上散布，或者组织、指使人员在信息网络上散布，起哄闹事"，将"造成公共场所秩序严重混乱"解释为"造成公共秩序严重混乱"，是合理的。以《刑事审判参考》总第97集第964号案例为例，被告人捏造损害公民人格、名誉的事实，在信息网络上被广泛散布，其行为构成诽谤罪；在"7·23"动车事故发生后，编造政府机关天价赔偿外籍乘客的虚假信息，在信息网络上散布，起哄闹事，该虚假信息被转发11,000次，评论3300余次，造成网络空间的混乱，同时在现实社会引发不明真相群众的不满，扰乱了政府机关善后工作，造成社会公共秩序严重混乱，其行为构成寻衅滋事罪。

（五）疫情防控期间，随意殴打从事疫情防控工作人员行为的认定

疫情防控期间，随意殴打从事疫情防控工作人员的行为构成寻衅滋事罪。根据《最高人民法院、最高人民检察院关于办理妨害预防、控制突发传染病疫情等灾害的刑事案件具体应用法律若干问题的解释》第11条规定，"在预防、控制突发传染病疫情等灾害期间，强拿硬要或者任意损毁、占用公私财物情节严重，或者在公共场所起哄闹事，造成公共场所秩序严重混乱的，依照刑法第二百九十三条的规定，以寻衅滋事罪定罪，依法从重处罚"。以《刑事审判参考》总第121集第1330号案例为例，被告人殴打防疫工作人员的动机是逞强耍横，显示威风，发泄情绪与防疫工作人员从事疫情防控公务活动并无直接关联，且殴打行为具有一定偶然性和随机性，直接侵犯了社会公共秩序。因此，二被告人的行为符合《刑法》第293条第1款"随意殴打他人"型寻衅滋事罪的构成要件。类似案例还有《刑事审判参考》总第121集第1329号。

第十七章

聚众斗殴罪

一、《刑法》规定

第292条　聚众斗殴的，对首要分子和其他积极参加的，处三年以下有期徒刑、拘役或者管制；有下列情形之一的，对首要分子和其他积极参加的，处三年以上十年以下有期徒刑：

（一）多次聚众斗殴的；

（二）聚众斗殴人数多，规模大，社会影响恶劣的；

（三）在公共场所或者交通要道聚众斗殴，造成社会秩序严重混乱的；

（四）持械聚众斗殴的。

聚众斗殴，致人重伤、死亡的，依照本法第二百三十四条、第二百三十二条的规定定罪处罚。

二、辩点解析

1. 罪名界定。

聚众斗殴罪，是指为了私仇、争霸一方或者其他不正当目的，纠集多人成帮结伙地互相进行殴斗的行为。本罪是从1979年《刑法》第160条的规定，吸收改为1997年《刑法》的具体规定的。1979年《刑法》只有流氓罪的规定。本罪是对流氓罪的分解。

2. 构成要件解析。

主体要件：本罪的犯罪主体为聚众斗殴的首要分子和积极参加者。

客体要件：本罪侵犯的客体是社会公共秩序。

主观要件：主观方面是故意，即明知自己的行为会产生破坏公共秩序的危害后果，而希望并促进这种结果发生。

客观要件：在客观方面表现为成帮结伙地进行殴斗，俗称打群架。有下列情形之一的，属于情节恶劣：一是多次聚众斗殴的；二是聚众斗殴人数多，规模大，社会影响恶劣的；三是在公共场所或者交通要道聚众斗殴，造成社会秩序严重混乱的；四是持械聚众斗殴的。

3. 何为首要分子？

"首要分子"，是指聚众斗殴的组织者、指挥者、策划者，对于首要分子来说，其是否实施了"聚众"行为是认定其是否构成犯罪的重要因素。"聚众"从字面理解是纠集或召集三名以上的人（包括纠集者、召集者本人），但《刑法》第 292 条中的"聚众"是指为了实施斗殴而聚众，如果聚众的目的不是斗殴，而是开会、聚餐等正常民事活动，则不能认定召集人的行为属于《刑法》第 292 条中的"聚众"。如前所述，"聚众"中的"众"应当是三人以上，如果纠集者、召集者只纠集或召集了两人（包括纠集者、召集者本人），对方也未"聚众"，显然也不能认定纠集者、召集者的行为系聚"众"。

《刑法》第 13 条规定："……情节显著轻微危害不大的，不认为是犯罪。"《最高人民法院关于贯彻宽严相济刑事政策的若干意见》第三部分第 22 条规定："对于因恋爱、婚姻、家庭、邻里纠纷等民间矛盾激化引发的犯罪……应酌情从宽处罚。"因此，对于因民事纠纷、邻里纠纷、恋爱婚姻家庭等民间矛盾引发的聚众斗殴，如果未造成严重后果，可以"情节显著轻微危害不大"做无罪辩护。

4. 何为"积极参加者"？

"积极参加者"，是指除首要分子以外其他斗殴中发挥重要作用或者直接致死、致伤他人者。"积极参加者"与"一般参加者"的区别在于参与的程度及实施的具体行为，如果行为人虽参与了斗殴，但未起到主要作用，甚至一直处于被对方殴打的境地，则可以从其只是一般参加者的角度做无罪辩护。实践中，有的人虽然被纠集来到斗殴地点，但其并未参与斗殴，甚至一直在现场劝阻，显然不能认定其系“积极参加者”,自然不构成聚众斗殴罪。《刑法》第28条规定:“对于被胁迫参加犯罪的,应当按照他的犯罪情节减轻处罚或者免除处罚。”如果行为人迫于某种压力,不得不参与斗殴,且该行为人的行为未造成严重后果的,可以“情节显著轻微危害不大”做无罪辩护。

5. 何为“聚众”“斗殴”?

“聚众”是指纠集多人,拉帮结伙;“斗殴”是指双方互相厮打。在司法实践中,“聚众斗殴”大多表现为不法集团或者团伙之间出于报复、争霸一方等动机,成帮结伙地打群架、互相殴斗的行为。斗殴的双方都可以构成本罪。这种大规模或者持械进行的殴斗,不仅参加人数多,而且双方事先通常都有一定准备,带有刀枪棍棒等凶器,极易造成一方或双方的人身伤亡,甚至会造成周围无辜群众的伤亡或财产损失。

6. 何为“公共秩序”?

所谓公共秩序,是指人们在社会公共生活中应当遵守的共同准则,不应简单地理解为公共场所的秩序。司法实践中,聚众斗殴行为较多地发生在公共场所,往往同时造成对公私财产和公民人身权利的侵犯,但其侵犯的主要不是特定的个人或者特定的公私财物,而是由于行为人公然藐视法纪和社会公德,公然向社会挑战,破坏公共秩序。这是一种严重危害社会治安,威胁人们生命、健康、财产安全的犯罪,历来是刑法打击的重点。

7. 何为“故意”?

本罪在主观方面需要为直接故意,过失不构成本罪。一般是为了争霸一方抢占地盘,或为了报复他人,或为了寻求刺激等公然藐视国家法纪和社会公德的犯罪动机。聚众斗殴罪不以双方均具有斗殴故意为限。只要是一方具有聚众殴打另一方的故意,即使另一方系出于抵御脱身的目的进行了回应,而并非出于“斗殴”故意,也不影响对挑起打斗的一方聚众斗殴行为的认定。总之,斗殴在客观方面虽然具有对偶性,但主观方面不需要斗殴双方均具有斗殴的故意。值得注意的是在聚众斗殴案件中,错误地认定行为人具有概括的犯罪故意,进而认定构成犯罪的情形较为常见,尤其是对首要分子的认定问题。

三、实务运用

1. 在聚众斗殴犯罪案件中,如何确定承担持械聚众斗殴责任的人员?

根据《刑法》第 292 条的规定,持械聚众斗殴情节会直接影响对被告人的量刑。确定承担持械聚众斗殴责任的人员范围时,对于持械者本人,自然要承担持械聚众斗殴的责任;对于斗殴中没有实际持械的人员,关键是看其是否存在持械斗殴的共同故意。根据(2011)刑初字第 1776 号案例的观点,对于事前有预谋的持械斗殴,无论在斗殴过程中是否实际持械,对持械一方的首要分子和积极参加者均应认定为持械聚众斗殴责任人;对于未参加持械预谋,且斗殴时自己未持械的,不能认定为持械聚众斗殴;但对于事前明知其他同案人为斗殴而持械,其本人虽未携带和使用械具,但仍积极参与、配合其他同案人进行斗殴的,应认定为持械聚众斗殴。

2. 在相互斗殴的过程中,一方当事人的行为具有防卫反击的性质时,该当事人能否主张正当防卫?

单方聚众斗殴的,属于不法侵害,没有斗殴故意的一方可以进行正当防卫。单方持械聚众斗殴,对他人的人身安全造成严重危险的,应当认定为《刑法》第 20 条第 3 款规定的“其他严重危及人身安全的暴力犯罪”。以 2018 年最高人民检察院发布第十二批指导性案例之四(检例第 48 号)为例,侯某的行为具有防卫性质。侯某一方没有斗殴的故意,本案打斗的起因系对方挑起,打斗的地点也系在本方店内,所以双方攻击与防卫的关系清楚明了。沈某纠集雷某等人聚众斗殴属于正在进行的不法侵害,没有斗殴故意的侯某一方可以进行正当防卫,因此侯某的行为具有防卫性质。其行为不属于防卫过当,不负刑事责任。本案沈某、雷某等人的共同侵害行为,严重危及他人人身安全,侯某为保护自己和本店人员免受暴力侵害,而采取防卫行为,造成不法侵害人之一雷某死亡,依据《刑法》第 20 条第 3 款的规定,不属于防卫过当,不负刑事责任。

3. 聚众斗殴致人重伤、死亡的,直接责任者和其他积极参加者该如何定罪?

聚众斗殴罪是指基于报复他人、争霸一方、寻求刺激或者其他公然藐视国家法纪和社会公德的不法动机，纠集多人成帮结伙地互相进行打斗，破坏社会公共秩序的行为。《刑法》第 292 条规定，聚众斗殴，致人重伤、死亡的，依照本法第 232 条、第 234 条规定定罪处罚，即按照故意伤害罪、故意杀人罪处罚。同时根据罪责刑相适应原则，对于造成被害人重伤、死亡的直接责任人，应按转化后的罪名定罪，对其他积极参加者则按是否直接造成伤害后果定罪量刑。根据(2009)浦刑初字第 19 号案例的观点，聚众斗殴致人重伤的，直接责任者应认定为故意伤害罪，未直接造成重伤后果的积极参加者应认定为聚众斗殴罪。

4. 因见对方人多势众，部分参加者临时逃离聚众斗殴现场的行为如何认定？

聚众斗殴罪的主体是一般主体，但并非所有参加聚众斗殴者均构成聚众斗殴罪。只有聚众斗殴的首要分子和其他积极参加者，才能构成聚众斗殴罪主体。对于一般参加者，只能依《治安管理处罚法》追究行政责任，不能构成聚众斗殴罪主体。而判断聚众斗殴罪是否既遂，关键看行为人是否实施了“斗殴”行为，而行为人既包括聚众斗殴的首要分子和其他积极参加者，还包括一般参加者。根据(2006)沪高刑终字第 190 号案例的观点，一旦聚众斗殴罪既遂，则部分参加者即使斗殴前逃离现场也应认定为聚众斗殴罪。

5. 行为人在聚众斗殴过程中以不计后果的放任态度同时致人死亡和重伤的，应如何定罪处罚？

依据我国《刑法》第 292 条第 2 款的规定，“聚众斗殴，致人重伤、死亡的，依照本法第二百三十四条、第二百三十二条的规定定罪处罚”。行为人在聚众斗殴过程中，致人重伤的，应转化为故意伤害罪，致人死亡的，应转化为故意杀人罪。一般情况下，在聚众斗殴中同时致人重伤和死亡的，应当分别转化为故意伤害罪和故意杀人罪，数罪并罚。但行为人在放任的主观故意支配下，实施一个犯罪行为，造成两个犯罪后果，构成刑法上的想象竞合犯，按照想象竞合犯的处置原则，应择一重罪处罚，即以故意杀人罪一罪定罪处罚，而不应实行数罪并罚。根据(2006)苏刑终字第 00213 号案例的观点，行为人在聚众斗殴过程中以不计后果的放任态度同时致人死亡和重伤的，应以故意杀人罪定罪处罚。

6. 因聚众斗殴受到伤害的,可否请求民事赔偿?

因聚众斗殴受到伤害的,最高人民法院研究室作出的《关于对参加聚众斗殴受重伤或者死亡的人及其家属提出的民事赔偿请求能否予以支持问题的答复》中指出,对于参加聚众斗殴受重伤或者死亡的人或其家属提出的民事赔偿请求,依法应予支持,并适用混合过错责任原则。根据(2020)黑02刑终155号案例的观点,对于参与聚众斗殴并受伤的人或其家属的民事赔偿请求能否支持的条件是,只有在聚众斗殴中受重伤或死亡的当事人才适用附带民事赔偿。

第十八章

故意伤害罪

一、《刑法》规定

第 234 条　故意伤害他人身体的,处三年以下有期徒刑、拘役或者管制。

犯前款罪,致人重伤的,处三年以上十年以下有期徒刑;致人死亡或者以特别残忍手段致人重伤造成严重残疾的,处十年以上有期徒刑、无期徒刑或者死刑。本法另有规定的,依照规定。

二、辩点解析

1. 罪名界定。

故意伤害罪,是指故意非法损害他人身体健康的行为。本罪需划清故意伤害与一般打架斗殴造成轻微伤害的界限。伤害,是指造成人身器质性的或者功能性的损害。打架斗殴,只是造成人体的痛苦,并不损伤人身健康或者伤害情节显著轻微,属于侵犯人身权利的一般违法行为,可视情况按《治安管理处罚法》第 43 条的有关规定,给予治安处罚。

2. 构成要件解析。

主体要件:本罪的犯罪主体为一般主体,即凡年满 16 周岁并具有刑事责任能力的自然人都可以成为故意伤害罪的主体。依照《刑法》第 17 条第 2 款的规定,已满 14 周岁不满 16 周岁的人,故意伤害致人重伤或者死亡的,应当负刑事责任。

客体要件:本罪侵犯的客体是他人的身体健康权。

主观要件:主观方面是故意。

客观要件:在客观方面表现为实施了侵害他人身体健康的行为。需要注意的是,伤害的必须是他人的身体健康,自伤身体的,不构成故意伤害罪。战时负有参战义务的人自伤身体以逃避服役的不构成本罪,但可以构成其他犯罪。合法行为及法律所允许的正当防卫、医生治疗病人为病人截肢等,不构成犯罪。

3. 何为他人的身体健康?

故意伤害罪区别于其他侵犯公民人身权利罪的本质特征在于本罪的客体要件。所谓损害他人的身体健康,主要是指损害人体组织的完整或者破坏人体器官的正常功能。如果不是对他人的身体健康造成损害,而是损害他人的人格、名誉或者非法限制他人的人身自由,则不构成本罪,而构成其他罪,如侮辱罪、诽谤罪、非法拘禁罪、绑架罪等。

由于故意伤害罪侵犯的客体是他人的身体健康,因此,故意伤害自己身体健康的,一般不构成犯罪。但是,如果军人在战时为了逃避执行军事义务而自伤身体的,应按《刑法》第 434 条规定的战时自伤罪论处;如果诬陷他人而自伤身体的,应按《刑法》第 243 条规定的诬告陷害罪论处。他人的身体不包括可以摘除的假肢、假牙等,但是无法摘除的人工骨骼等也应认定是身体的一部分。

4. 何为故意?

本罪包括直接故意和间接故意。犯罪动机可能各种各样,但动机不影响本罪成立。应当指出,在故意伤害致人死亡的情况下,行为人对伤害的主观要件是故意,但对于死亡结果的主观要件是过失,刑法理论称为结果加重犯:在认定故意伤害致人死亡的时候,不仅要查明行为人对伤害的故意,还应当查明行为人对死亡结果的过失。在单独犯罪的情况下,行为人基于伤害故意实施了伤害行为但造成他人死亡的,只要死亡结果是伤害行为造成的,就可以认定行为人对于死亡结果主观上具有过失。在十分明确地教唆或者帮助他人实施故意伤害的情况下,他人的故意伤害行为出现致人死亡结果的,教唆者或者帮助者应当对死亡结果承担刑事责任,但如果他人实施了故意杀人的行为,则属于实行过限,教唆者或者帮助者只承担故意伤害罪的刑事责任。在共同实行犯中同样如此。

5. 何为非法损害?

本罪中损害他人身体健康的行为必须是非法的。正当防卫、紧急避险致非法侵害人以伤害的行为,因治疗需要经病人同意的截肢等行为,是合法的、对社会有益的行为,依照法律规定,不构成犯罪。故意伤害的手段多种多样,伤害的结果,可能是轻伤、重伤,也可能是致人死亡。根据《刑法》第 95 条的解释,重伤是指使人肢体残废或者毁人容貌,使人丧失听觉、视觉或者其他器官机能,以及其他对于人身健康有重大伤害的情形。轻伤是指物理、化学和生物等各种外界因素作用于人体,造成组织、器官结构的一定程度的损害或者部分功能障碍,尚不构成重伤,又不属轻微伤害的损伤情形。这是区分重伤害与轻伤害的法律依据。

6. 如何区分轻伤与重伤的界限?

在实践中,如何利用轻伤、重伤的标准去具体确定轻伤、重伤,在一般情况下,二者比较容易区别,因为不管是轻伤还是重伤,都有明确的规定。轻伤害,一般都根据行为人实施侵害行为时当场造成的伤情,按照人体轻伤鉴定标准来确定。重伤害,则要综合地考虑行为人侵害行为当时所造成的伤势情况、并发症、治疗结果、有无后遗症等情况,然后得出是否重伤的结论。如果被害人受伤害时的伤情比较重,或者根据轻伤、重伤鉴定标准,只符合轻伤标准的,但被伤害后,引起一系列并发症而致人残废或者功能障碍的,再认定伤情时,要综合分析,考虑到后遗症的情况,不应当以重伤对待。特别是后遗症是因为医疗事故造成的,后遗症与医疗事故之间存在必然的因果关系,不属于行为人实施伤害行为所致,不以重伤害论处。

为统一法医学评定重伤的科学标准,最高人民法院、最高人民检察院、公安部、国家安全部、司法部于 2013 年 8 月 30 日联合发布了《人体损伤程度鉴定标准》,为伤情鉴定提供了科学依据。2016 年 4 月 18 日,最高人民法院、最高人民检察院、公安部、国家安全部、司法部又联合发布了《人体损伤致残程度分级》,自 2017 年 1 月 1 日起施行,司法鉴定机构和司法鉴定人进行人体损伤致残程度鉴定统一适用《人体损伤致残程度分级》。从司法实践的经验看,对确定伤情的轻重及损伤程度,是按受伤时法医鉴定或者医院诊断时的情况认定,还是按治疗后的情况认定,有不同的意见。正确认定伤情,必须坚持实事求是的科学原则,具体伤情具体分析。一般应依据人体损伤当时的伤情及其损伤的后果认定,但有的属于内伤,一时难以确诊,需要经过一段时间才能暴露;有的在受伤时伤情似乎很重,但经治疗后可以痊愈,不会有后遗症;有的则可能治疗后伤情恶化,甚至导致死亡或者终身残疾。因此,确定伤情的轻重应以受伤时的情况为主,结合治疗后的情况,全面分析,合理认定。

三、实务运用

1. 如何区分致人死亡的故意伤害罪与故意杀人罪?

一是侵犯的客体不同。故意杀人侵犯的客体是他人的生命;而故意伤害罪虽然也造成了他人死亡的后果,但侵犯的客体是他人的身体健康。二是主观目的不同。故意杀人罪的行为人明知自己的行为会剥夺他人的生命,但仍然积极追求这一结果发生,或者放任他人死亡的结果发生。被害人死亡的后果,是行为人追求的目标,或者是不违反行为人的本意。而致人死亡的故意伤害罪的行为人在主观上具备了双重罪过:对伤害后果而言,是故意心态;对致人死亡的后果而言,是过失心态。可见,行为人主观上只是具备伤害他人身体的目的,不想剥夺他人生命。三是犯罪手段不同。从打击的部位方面看故意杀人罪的行为人实施行为的部位是人体的要害地方,如胸部、腹部、头颈部等。而故意伤害罪的行为人实施侵害行为的部位则是非致命的地方,如腿部、手部等。从行为节制上看,故意杀人罪实施杀人时,有一种不达目的不罢休、不杀死他人不放手的趋势;而故意伤害罪的主观方面,是以使他人受到伤害为目的,一旦伤及他人,就放手停止侵害。从行为人的事后态度方面看,故意杀人罪在杀人后,一般逃离现场,对被害者不闻不问;而故意伤害罪,一般对被伤害人表现出一定的积极反应,比如送往医院抢救、担心被害人死亡等。

另外,在区分故意伤害罪与故意杀人罪的界限时,还要认真考虑案件的起因、行为人与被害人的关系、犯罪的手段、使用的工具、打击的部位及强度、犯罪人犯罪前后的表现和态度等,这些情况在一定程度上反映了行为人的主观心理状态。

以(2013)冀刑三终字第58号案例为例,被告人许某涛与其父许甲并无过深矛盾,系因生活琐事而动手施暴。事先既无预谋亦无准备,所采用的行为手段主要是拳打脚踢,未借助暴力侵害性强的工具予以实施。暴力手段的危险性相对较低,并未刻意针对被害人的要害部分实施打击。两次殴打行为之间存在一定时间间隔,且并非基于同一故意连续实施,在殴打行为后均有一定救治、照顾行为。故从客观上来说,许某涛的行为并未达到直接剥夺被害人生命的暴力程度,主观上也无直接追求被害人死亡的故意,因而不构成故意杀人罪。

相关案例:(2014)豫法刑四终字第161-1号。

2. 如何区分故意伤害致死与过失致人死亡?

一是侵犯的客体不同。故意伤害罪侵犯的客体是他人的健康及生命;而过失致人死亡罪侵犯的客体是他人的生命。二是主观内容不同。故意伤害罪(致人伤亡)在主观上有故意伤害的故意。行为人明知自己的行为会给对方造成伤害,仍然希望或者放任伤害结果的出现。对于被害人死亡的结果,行为人则出于过失;而过失致人死亡罪的行为人在主观上没有任何故意,仅对他人伤亡的结果是疏忽大意或者过于自信的心理状态。三是他人死亡的结果在定罪量刑中的作用不同。故意伤害致人死亡,他人死亡的结果是定罪量刑的加重情节;而过失致人死亡的致人死亡,是认定过失致人死亡罪所必备的条件。

司法实践中,两者容易混淆。因为两者在客观方面都造成被害人死亡的结果;主观方面都没有杀人的动机和目的,也不希望或者放任死亡结果的发生,在致人死亡后果上均属过失。因此,区别故意伤害致死与过失致人死亡,关键是要查明行为人有无伤害的故意。以(2010)锡刑终字第25号案例为例,被告人杨某明知被害人吴某琴悬吊在其右侧车窗外,已经预见到其低速行驶可能致使吴某琴掉地受伤,但轻信吴某琴会自动放手而避免严重后果的发生,最终造成吴某琴死亡的严重后果,其行为构成过失致人死亡罪。杨某与吴某琴虽因琐事发生口角,但无明显的争执与怨恨;杨某关于案发当时急于脱身,且驾车低速行驶,认为吴某琴会自己松手,不可能造成严重后果以及未能及时意识到吴某琴倒地后可能会被右转过程中的车后轮碾轧的辩解符合情理;综合法医鉴定以及杨某在事发后能积极协助抢救被害人等行为，应当认定被害人吴某琴的死亡并非杨某的主观意愿，杨某主观上不具有伤害的故意。

3. 故意伤害的行为性质，是否具有防卫性、是否属于特殊防卫、是否属于防卫过当？

以（2017）鲁刑终 151 号案例（于欢故意伤害案）为例，法院生效裁判认为：被告人于欢持刀捅刺杜某等四人，属于制止正在进行的不法侵害，其行为具有防卫性质；其防卫行为造成一人死亡、二人重伤、一人轻伤的严重后果，明显超过必要限度造成重大损害，构成故意伤害罪，依法应负刑事责任。鉴于于欢的行为属于防卫过当，于欢归案后如实供述主要罪行，且被害方有以恶劣手段侮辱于欢之母的严重过错等情节，对于欢依法应当减轻处罚。原判认定于欢犯故意伤害罪正确，审判程序合法，但认定事实不全面，部分刑事判项适用法律错误，量刑过重，遂依法改判于欢有期徒刑 5 年。

在本案中，关于于欢的捅刺行为的性质，根据《刑法》第 20 条第 1 款规定，“为了使国家、公共利益、本人或者他人的人身、财产和其他权利免受正在进行的不法侵害，而采取的制止不法侵害的行为，对不法侵害人造成损害的，属于正当防卫，不负刑事责任”。由此可见，成立正当防卫必须同时具备以下五项条件：一是防卫起因，不法侵害现实存在。不法侵害是指违背法律的侵袭和损害，既包括犯罪行为，又包括一般违法行为；既包括侵害人身权利的行为，又包括侵犯财产及其他权利的行为。二是防卫时间，不法侵害正在进行。正在进行是指不法侵害已经开始并且尚未结束的这段时期。对尚未开始或已经结束的不法侵害，不能进行防卫，否则即防卫不适时。三是防卫对象，即针对不法侵害者本人。正当防卫的对象只能是不法侵害者本人，不能对不法侵害者之外的人实施防卫行为。在共同实施不法侵害的场合，共同侵害具有整体性，可对每一个共同侵害人进行正当防卫。四是防卫意图，出于制止不法侵害的目的，有防卫认识和意志。五是防卫限度，尚未明显超过必要限度造成重大损害。也就是说，正当防卫的成立条件包括客观条件、主观条件和限度条件。客观条件和主观条件是定性条件，确定了正当防卫“正”的性质和前提条件，不符合这些条件的不是正当防卫；限度条件是定量条件，确定了正当防卫"当"的要求和合理限度,不符合该条件的虽然仍有防卫性质,但不是正当防卫,属于防卫过当。防卫过当行为具有防卫的前提条件和制止不法侵害的目的,只是在制止不法侵害过程中,没有合理控制防卫行为的强度,明显超过正当防卫必要限度,并造成不应有的重大损害后果,从而转化为有害于社会的违法犯罪行为。在本案中,于欢持刀警告不要逼过来时,杜某等人虽有出言挑衅并向于欢围逼的行为,但并未实施强烈的攻击行为。因此,于欢面临的不法侵害并不紧迫和严重,而其却持刃长15.3厘米的单刃尖刀连续捅刺四人,致一人死亡、二人重伤、一人轻伤,且其中一人系被背后捅伤,于欢的捅刺行为虽然具有防卫性,但其防卫行为明显超过必要限度造成重大损害,属于防卫过当。

此外,于欢的捅刺行为不属于特殊防卫。《刑法》第20条第3款规定:"对正在进行行凶、杀人、抢劫、强奸、绑架以及其他严重危及人身安全的暴力犯罪,采取防卫行为,造成不法侵害人伤亡的,不属于防卫过当,不负刑事责任。"根据这一规定,特殊防卫的适用前提条件是存在严重危及本人或他人人身安全的暴力犯罪。本案中,虽然杜某等人对于欢母子实施了非法限制人身自由、侮辱、轻微殴打等人身侵害行为,但这些不法侵害不是严重危及人身安全的暴力犯罪。可见杜某等人实施的多种不法侵害行为,符合可以实施一般防卫行为的前提条件,但不具备实施特殊防卫的前提条件,故于欢的捅刺行为不属于特殊防卫。

4.无充分证据证实伤害行为与伤害后果有因果关系应如何认定?

在认定伤害行为与危害后果间的因果关系时,首先,在认定因果关系解决刑事责任的时候,需要通过司法鉴定对被害人的死亡原因作出科学判断。其次,判断同一行为在一般场合下实施,可能不会引起某种危害结果的发生,但在特殊条件下就会合乎规律地导致某种危害结果的发生。最后,需要查明行为人的行为是否系危害结果发生的真正原因之一,如果是,还要查明该行为是主要原因还是次要原因,以确定行为人的刑事责任大小。以《刑事审判参考》总第56集第440号案例为例,案件中现有证据只能认定被告人有伤害被害人肩、背部的行为,不能认定实施了伤害被害人头部的行为;而用凳子砸打被害人肩、背部的行为,与被害人的死亡后果之间无直接的因果关系。因此,本案应当依法宣告被告人无罪。

第十九章

妨害公务罪

一、《刑法》规定

第 277 条　以暴力、威胁方法阻碍国家机关工作人员依法执行职务的，处三年以下有期徒刑、拘役、管制或者罚金。

以暴力、威胁方法阻碍全国人民代表大会和地方各级人民代表大会代表依法执行代表职务的，依照前款的规定处罚。

在自然灾害和突发事件中，以暴力、威胁方法阻碍红十字会工作人员依法履行职责的，依照第一款的规定处罚。

故意阻碍国家安全机关、公安机关依法执行国家安全工作任务，未使用暴力、威胁方法，造成严重后果的，依照第一款的规定处罚。

暴力袭击正在依法执行职务的人民警察的，处三年以下有期徒刑、拘役或者管制；使用枪支、管制刀具，或者以驾驶机动车撞击等手段，严重危及其人身安全的，处三年以上七年以下有期徒刑。

二、辩点解析

1. 罪名界定。

妨害公务罪，是指以暴力、威胁方法阻碍国家机关工作人员或者其他履行公职人员依法执行职务，造成严重后果的行为。在司法实践中，注意要把群众中由于对某些管理措施不理解而出现的发牢骚、谩骂，与国家机关工作人员争吵、拉扯等行为同本罪加以区别；要把有正当理由的人，在要求有关部门解决问题时，因情绪激动而与国家机关工作人员发生冲突、顶撞的行为同本罪加以区别。因为上述行为虽然会影响国家机关工作人员顺利执行公务，但行为人并不是故意使国家机关工作人员不能执行公务，所以不构成犯罪。

2. 构成要件解析。

主体要件：本罪的犯罪主体为一般主体，单位不能构成本罪。

客体要件：本罪侵犯的客体是国家机关、人民代表大会和红十字会的公务活动。所谓公务，是指公共事务，即国家机关、人民代表大会和红十字会的工作人员依法执行的职务活动。这种犯罪侵犯的对象是正在依法执行职务或者任务的国家机关、人民代表大会和红十字会的工作人员妨碍国家安全机关、公安机关依法执行国家安全工作任务，造成严重后果的行为。

主观要件：主观方面是故意，即明知侵犯的对象是正在依法执行公务的国家工作人员、人大代表、红十字会工作人员而使其不能执行自己的公务。

客观要件：在客观方面表现为以暴力、威胁的方法，阻碍国家工作人员依法执行职务，以暴力、威胁的方法，阻碍全国人民代表大会和地方各级人民代表大会代表依法执行代表职务；以暴力、威胁方法，阻碍红十字会工作人员依法履行职责的行为；或者虽然没有使用暴力、威胁方法，但主观故意。

3. 本罪的犯罪对象包括哪些？

(1)各级国家机关，包括国家主席、各级人民代表大会及其常务委员会，国务院和地方各级人民政府以及他们所属的各级行政机关、各级人民法院、各级人民检察院、国家中央军事委员会从事公务的人员。

(2)依法履行代表职责期间的各级人民代表大会代表，即各级人大代表参加各级人大会议并审议政府工作报告、选举各级国家机关领导、提出议案和参加同级人大常委会组织的视察活动等。

(3)中国红十字会工作人员，其职责是根据我国《红十字会法》第 11 条的规定所开展的各项工作。

(4)在中国共产党各级机关中从事公务的人员。

(5)在各级政治协商会议中从事公务的人员。

(6)由法律授权或由国家机关委托的不具有国家工作人员身份的从事公务的人员。

(7)根据2000年4月24日发布的《最高人民检察院关于以暴力威胁方法阻碍事业编制人员依法执行行政执法职务是否可对侵害人以妨害公务罪论处的批复》的规定,对于以暴力、威胁方法阻碍国有事业单位人员依照法律、行政法规的规定执行行政执法职务的,或者以暴力、威胁方法阻碍国家机关中受委托从事行政执法活动的事业编制人员执行行政执法职务的,可以对侵害人以妨害公务罪追究刑事责任。

4. 如何理解“正在执行职务或者履行职责”?

“正在执行职务或者履行职责”,是指已经着手执行职务或者履行职责尚未结束之前。此处的“职务行为”必须具有合法性,如何认定合法性应当从以下三个方面考察:第一,执行公务的内容应当合法。公务内容的合法性主要表现:作出公务活动是为了国家和社会的需要,而不是个别机关或个人滥用职权、假公济私的违法活动;执行公务不能无根据地造成对他人合法权益的损害,如果在执行中必须对有关单位或个人的利益造成损害,那这种损害也必须是出于履行法律职责的需要;公务行为的履行应当符合实际和考虑公平、合理的原则,不能强制性地命令或者规定他人从事事实上不可能完成的事务。第二,执行公务活动的形式应当合法。执行公务必须依据一定的程序进行。第三,公务执行者的身份应当合法。公务执行者的身份是否合法主要是指该公务执行者是否具有执行这种公务的权限。在具体执行活动中,还应看执行者是否存在实施该公务行为的具体职务权限。如果虽是上述七类人员,但所从事的活动不是依法正在进行的职务或者职责范围内的活动,不构成本罪。超越职权范围的活动,或者滥用职权侵犯国家和群众利益的活动,受到他人阻止的,亦不构成本罪。

5. 何为故意?

即必须是明知对方系正在依法执行职务的国家机关工作人员、人大代表,或者正在依法履行职责的红十字会工作人员而故意对其实施暴力或者威胁,或者明知国家安全机关、公安机关正在依法执行国家安全工作任务,而故意加以阻挠、妨害。如果行为人不知对方正在依法执行职务或者履行职责,加以阻挠的,不构成犯罪。

6. 如何理解“以暴力或者威胁的方法”?

(1)以暴力或者威胁的方法阻碍国家机关工作人员依法执行职务。“暴力”是指对正在依法执行职务的国家机关工作人员的身体实行打击或者强制,如捆绑、殴打、伤害等;“威胁”主要是指以杀害、伤害、毁坏财产、损坏名誉等进行精神上的恐吓。如果行为人不是采取上述暴力、威胁的方法而是以一般的争吵、纠缠等方法,给执行职务或履行职责造成一定的影响,一般不以妨害公务罪论处,可视情况,给予行政处罚或者治安处罚。

(2)以暴力或者威胁的方法阻碍人民代表大会代表依法执行代表职务。

(3)在自然灾害和突发性事件中,以暴力或者威胁的方法阻碍红十字会工作人员依法履行职责。所谓自然灾害,是指由于自然力的破坏作用而发生的致使人的生命、财产遭受重大损害或者危险的情况,如地震、洪水、山崩等;突发性事件,是指由于人为的因素而发生的严重危及不特定多数人生命健康的紧急状态,如战争、动乱等。

(4)故意阻碍国家安全机关、公安机关的工作人员依法执行国家安全工作任务。即使未使用暴力、威胁的方法,只要造成严重后果的,也构成本罪。“依法执行国家安全工作任务”,是指国家安全机关、公安机关依照法律规定的程序查处危害国家安全行为的工作任务;“造成严重后果”,主要是指国家安全机关、公安机关执行国家安全工作任务受到严重妨害,如犯罪嫌疑人逃跑、侦查线索中断、犯罪证据灭失、赃款赃物转移,严重妨害对危害国家安全犯罪案件的侦破,或者造成严重的政治影响等情形。

(5)暴力袭击正在依法执行职务的人民警察。《刑法》第 277 条第 5 款规定的是暴力袭击行为,其对象必须是正在依法执行职务的人民警察,如果行为人实施的不是暴力袭击行为,而是威胁、辱骂等其他行为,构成一般妨害公务罪的,可依照本罪第 1 款的规定处罚。

7. 如何区分本罪既遂与未遂?

本罪是行为犯,只要行为人实施了以暴力、威胁方法阻碍国家机关工作人员、人大代表、红十字会工作人员依法执行职务或者履行职责的行为，即构成本罪，不要求后果。但《刑法》第 277 条第 4 款规定的行为，即阻碍国家安全机关、公安机关依法执行国家安全工作任务未使用暴力、威胁方法的，则必须“造成严重后果的”方可构成犯罪。

三、实务运用

1. 以暴力、威胁方法妨害或者抗拒人民法院执行判决、裁定的应如何定罪？

以暴力、威胁方法妨害或者抗拒人民法院执行判决、裁定的，构成妨害公务罪。以《刑事审判参考》总第 38 集第 302 号案例为例，本案中，丹阳市人民法院再次组织执行法官和法警执行该案，遭到被告人的暴力阻碍，致使被执行人脱逃，执行工作被迫中断，执行法官和法警受伤，在当地造成了恶劣的影响。这些拒不执行生效法律文书的行为严重妨害了司法执行人员执行公务，性质上属于以暴力、威胁方法阻碍国家机关工作人员依法执行职务的行为，符合妨害公务罪的构成特征。

2. 以投掷点燃的汽油瓶的方式阻碍城管队员依法执行职务的行为，如何定罪处罚？

以《刑事审判参考》总第 82 集第 731 号案例为例，本案中，以放火的方式实现其他犯罪目的的行为属牵连犯，处理原则是择一重罪论处，但适用该原则应以一行为触犯数罪名为前提，即该行为须同时符合数罪的构成要件。本案中，被告人投掷点燃的汽油瓶的行为明确指向在场执行公务的行政机关工作人员这一特定对象，且在当时的客观环境下尚不足以产生危害公共安全的结果，故不构成放火罪；又因该行为没有造成重伤后果，也不构成故意伤害罪。被告人实施投掷点燃的汽油瓶的行为主观上是为了阻止城管队员强拆，客观上对公共安全的危险性相对有限，其行为本质在于以轻度纵火妨害行政机关工作人员履行职务，应以妨害公务罪定罪。

3. 暴力袭击正在依法配合人民警察执行职务的辅警如何定罪处罚？

在人民警察在场的情况下，辅警配合警察依法执行职务，对辅警进行袭击，符合《刑法》第 277 条规定的,以妨害公务罪论处。以(2021)沪 0110 刑初 225 号案例为例,被害人勤务辅警宫某某在上海市公安局杨浦公安分局民警朱某、计某的带领下在上海市杨浦区国和路清源环路依法开展交通整治。朱某、计某分别在对之前的违章车辆进行查处时,被告人范某某驾驶小型轿车驶出环岛进入国和路时不按规定使用转向灯,宫某某见状上前将范某某拦停,要求其出示驾驶证与行驶证,范某某以接孩子为由未予配合,宫某某再次要求范某某出示两证,范某某突然驾驶机动车加速逃逸,致宫某某被车拖行数米后倒地受伤。在场民警立即驾车追赶,至国和路民庆路路口附近抓获范某某。范某某到案后如实供认上述犯罪事实。经鉴定,被害人宫某某因外伤致右肩关节脱位,构成轻伤二级;因外伤致头皮下血肿、手部挫伤,均构成轻微伤。

根据《刑法》第 277 条第 5 款的规定,袭警罪暴力袭击的对象必须是正在依法执行职务的人民警察,包括治安警察、交通警察、司法警察等。警务辅助人员不属于人民警察,不具备执法主体资格,不能直接参与公安执法工作,但可以在公安民警的指挥和监督下开展辅助性工作。在人民警察在场的情况下,辅警是配合警察依法执行职务,对辅警进行袭击,符合《刑法》第 277 条第 1 款规定的,可以认定为妨害公务罪。综上,被告人范某某暴力袭击在人民警察带领下进行执法的勤务辅警,构成妨害公务罪。类似案例还有(2022)鄂 01 刑终 889 号。

4. 醉酒驾驶并抗拒检查的是应当从一重处还是数罪并罚?

醉酒驾驶机动车,以暴力、威胁方法阻碍公安机关依法检查,又构成妨害公务罪、袭警罪等其他犯罪的,依照数罪并罚的规定处罚,且在量刑时体现从严惩处。以《刑事审判参考》总第 94 集第 899 号案例为例,本案中,被告人明知在道路上醉酒驾驶机动车具有危险性,仍在醉酒状态下驾驶汽车在城市高速路上行驶,置公共安全于不顾,其行为构成危险驾驶罪。该行为造成的危险状态一直持续到被告人被执勤民警拦下为止。此时,被告人的危险驾驶行为已经构成犯罪既遂。此后被告人被民警抓获并带至检查站依法检查时,其推搡、拉扯民警,阻碍检查,并将民警打成轻微伤,这一系列举动已经超出危险驾驶罪的行为范畴,属于妨害公务罪中阻碍国家机关工作人员依法执行职务的行为,扰乱了国家管理秩序。综上,被告人在不同故意的支配下，先后实施了两个不同行为，分别符合危险驾驶罪和妨害公务罪的构成特征，应当按照数罪并罚的原则予以处罚。

5. 疫情防控期间妨害公务行为的认定。

根据《最高人民法院、最高人民检察院关于办理妨害预防、控制突发传染病疫情等灾害的刑事案件具体应用法律若干问题的解释》第 8 条规定，“以暴力、威胁方法阻碍国家机关工作人员、红十字会工作人员依法履行为防治突发传染病疫情等灾害而采取的防疫、检疫、强制隔离、隔离治疗等预防、控制措施的，依照刑法第二百七十七条第一款、第三款的规定，以妨害公务罪定罪处罚”。以《刑事审判参考》总第 121 集第 1325 号案例为例，本案中，被告人在新冠疫情防控期间，以忘记携带出入证件为由不予配合，未被放行后下车用拳头殴打李某头部一拳，并拉扯他人挂在脖子上的工作牌，后未经体温测量径直进入该管控地区，在返程回防疫卡点时又强行摘下他人的口罩并大声质问为何报警，上述暴力行为已阻碍国家机关工作人员依法执行职务，其行为构成妨害公务罪，应依法从严惩处。

第二十章

帮助信息网络犯罪活动罪

一、《刑法》规定

第 287 条之二　明知他人利用信息网络实施犯罪,为其犯罪提供互联网接入、服务器托管、网络存储、通讯传输等技术支持,或者提供广告推广、支付结算等帮助,情节严重的,处三年以下有期徒刑或者拘役,并处或者单处罚金。

单位犯前款罪的,对单位判处罚金,并对其直接负责的主管人员和其他直接责任人员,依照第一款的规定处罚。

有前两款行为,同时构成其他犯罪的,依照处罚较重的规定定罪处罚。

二、辩点解析

1. 罪名界定。

帮助信息网络犯罪活动罪,是指明知他人利用信息网络实施犯罪,为其犯罪提供互联网接入、服务器托管、网络存储、通讯传输等技术支持,或者提供广告推广、支付结算等帮助,情节严重的行为。本罪是《刑法修正案(九)》新增加的罪名。本罪要求行为人实施前述行为,“情节严重”的才构成犯罪。对情节严重的认定,主要可结合行为人所帮助的具体网络犯罪的性质、危害后果,其帮助行为在相关网络犯罪中起到的实际作用,帮助行为非法获利的数额等情况综合考量。

2. 构成要件解析。

主体要件:本罪的犯罪主体为一般主体,单位也可以构成本罪的主体。

客体要件:本罪侵犯的客体是有关国家网络安全的管理制度。

主观要件：本罪在主观方面只能由故意构成，过失不构成本罪。

客观要件：第一，行为人主观上明知他人利用网络实施犯罪；第二，行为人实施了帮助他人利用信息网络实施犯罪的行为。

3. 如何认定明知？

根据《最高人民法院、最高人民检察院关于办理非法利用信息网络、帮助信息网络犯罪活动等刑事案件适用法律若干问题的解释》第 11 条规定，“为他人实施犯罪提供技术支持或者帮助，具有下列情形之一的，可以认定行为人明知他人利用信息网络实施犯罪，但是有相反证据的除外：(一)经监管部门告知后仍然实施有关行为的；(二)接到举报后不履行法定管理职责的；(三)交易价格或者方式明显异常的；(四)提供专门用于违法犯罪的程序、工具或者其他技术支持、帮助的；(五)频繁采用隐蔽上网、加密通信、销毁数据等措施或者使用虚假身份，逃避监管或者规避调查的；(六)为他人逃避监管或者规避调查提供技术支持、帮助的；(七)其他足以认定行为人明知的情形”。

司法实践中，认定行为人主观上是否“明知”，可以结合其对他人所实际从事活动的认知情况，之间往来、联络的情况，收取费用的情况等证据，综合审查判断。例如，《最高人民法院、最高人民检察院、公安部关于办理网络赌博犯罪案件适用法律若干问题的意见》规定，行为人收到行政主管机关书面等方式的告知后，仍然实施帮助行为的；为赌博网站提供互联网接入、服务器托管、网络存储空间、通讯传输通道、投放广告、软件开发、技术支持、资金支付结算等服务，收取服务费明显异常的；在执法人员调查时，通过销毁、修改数据、账本等方式故意规避调查或者向犯罪嫌疑人通风报信的以及其他有证据证明行为人明知的行为的，即可认定行为人符合“明知”的主观条件。

对于提供技术支持或是帮助行为的当事人，如果在案证据无法证明其明知他人“利用信息网络实施犯罪”，则不构成该罪，这是本罪的重要辩点。

4. 帮助行为的具体形式有哪些？

一是为他人实施网络犯罪提供互联网接入、服务器托管、网络存储、通讯传输等技术支持。其中，“互联网接入”是指为他人提供访问互联网或者在互联网发布信息的通路。这一规定主要针对互联网接入服务提供商,如果其明知他人利用其接入服务实施犯罪,仍继续让对方使用,情节严重的,构成本罪。“服务器托管”是指将服务器及相关设备托管到具有专门数据中心的机房。“网络存储”通常是指通过网络存储、管理数据的载体空间,如常用的百度网盘、QQ 中转站等。“通讯传输”是指用户之间传输信息的通路。例如,电信诈骗犯罪中犯罪分子常用的 VOIP 电话,这种技术能将语音信号经技术处理后通过互联网传输出去。另一种常用的通讯传输通道是 VPN(虚拟专用网络),该技术能在公用网络上建立专用网络,进行加密通讯。

二是为他人利用信息网络实施犯罪提供广告推广。这里的广告推广包括两种情况,一种情况是为利用网络实施犯罪的人做广告,拉客户。另一种情况是为他人设立的犯罪网站拉广告客户,帮助该犯罪网站获得广告收入,以支持犯罪网站的运营。

三是为他人利用信息网络实施犯罪提供支付结算帮助。由于网络自身的特点,网络犯罪行为人要最终获得犯罪收益,往往需要借助第三方支付等各种网络支付结算服务提供者,以完成收款、转账、取现等活动。实践中甚至有一些人员,专门为网络诈骗集团提供收付款、转账、结算、现金提取服务等帮助。

5. 如何认定“情节严重”?

《最高人民法院、最高人民检察院关于办理非法利用信息网络、帮助信息网络犯罪活动等刑事案件适用法律若干问题的解释》第 12 条规定:“明知他人利用信息网络实施犯罪,为其犯罪提供帮助,具有下列情形之一的,应当认定为刑法第二百八十七条之二第一款规定的‘情节严重’:(一)为三个以上对象提供帮助的;(二)支付结算金额二十万元以上的;(三)以投放广告等方式提供资金五万元以上的;(四)违法所得一万元以上的;(五)二年内曾因非法利用信息网络、帮助信息网络犯罪活动、危害计算机信息系统安全受过行政处罚,又帮助信息网络犯罪活动的;(六)被帮助对象实施的犯罪造成严重后果的;(七)其他情节严重的情形。

实施前款规定的行为,确因客观条件限制无法查证被帮助对象是否达到犯罪的程度,但相关数额总计达到前款第二项至第四项规定标准五倍以上,或者造成特别严重后果的，应当以帮助信息网络犯罪活动罪追究行为人的刑事责任。”

值得注意的是，根据《最高人民法院、最高人民检察院关于办理非法利用信息网络、帮助信息网络犯罪活动等刑事案件适用法律若干问题的解释》第 15 条规定，综合考虑社会危害程度、认罪悔罪态度等情节，认为犯罪情节轻微的，可以不起诉或者免予刑事处罚；情节显著轻微危害不大的，不以犯罪论处。

6. 本罪以上游成立网络犯罪为前提。

根据本罪名的法律规定，要成立帮信罪，上游必须有具体的网络犯罪，而且需要明知。帮信罪不同于普通的罪名。比如故意杀人罪、非法吸收公众存款罪、非法经营罪，普通的罪名里只有一个“罪”字，但是帮信罪的犯罪构成是，帮助犯罪的罪，因此有两个“罪”字。帮信罪的成立以上游的犯罪为前提。如果上游不构成犯罪，则不成立本罪。

三、实务运用

1. 行为人虽事前对帮助行为有质疑，但没有证据显示其明知对方用于实施犯罪活动而继续提供帮助如何认定？

行为人虽事前对帮助行为有质疑，但没有证据显示其明知对方用于实施犯罪活动而继续提供帮助，因而行为人的客观帮助行为不构成犯罪。以新检公诉刑不诉〔2020〕42 号案例为例，2018 年何某甲（在逃）通过艾某甲、何某乙等人在新邵县地区收购银行卡套件（含银行卡、密码、关联电话号码、U 盾、身份证复印件），并开价 1000 元左右一套，收购的银行卡套件被邮寄给何某甲用于境外电信网络诈骗窝点为信息网络犯罪提供通讯、支付结算等。2019 年 1 月，罗某甲通过艾某甲、何某乙贩卖了本人及亲属何某丙一共 4 套新办理的银行卡套件，并通过顺丰邮寄给何某甲，何某乙支付了 1500 元给罗某甲。2019 年 4 月，罗某甲发现自己的银行卡被人使用且交易异常，遂前往银行挂失。罗某甲出售银行卡套件时对银行卡用途有所质疑，但没有证据显示罗某甲明知对方用于实施犯罪活动而继续提供帮助，且其在发现银行卡交易异常后到相关银行进行了挂失处理，故检察院认为新邵县公安局认定的犯罪事实不清、证据不足，不符合起诉条件。

2. 明知用于信息网络犯罪仍办理多张信用卡但尚未交付的行为如何认定？

明知用于信息网络犯罪仍办理多张信用卡但尚未交付的行为不应入罪。被告人张某为获取利益，通过朋友介绍认识了信用卡收卡中间人何某。何某告知张某，通过办理其本人银行一类卡（手机转账限额50万元以上）及U盾出售给他人，可以获得每张信用卡3000～5000元的报酬。在何某的组织下，张某同另外5名办卡人乘坐飞机从重庆前往北京市顺义区统一办理信用卡。2021年9月8—9日，张某在明知开办的信用卡可能用于电信网络诈骗等犯罪活动的情况下，于顺义区多家银行开办了7张信用卡。办理完成后，张某将相关信用卡交给何某检查，何某查看后告知其中2张不符合额度要求，收卡人不会收购，其余5张可能符合要求，并要求张某先自行保管信用卡，后续需要时再向收卡人提供。顺义区人民法院经审理认为，张某等6名办卡人虽以出售信用卡为目的跟随中间人前往外地办卡，但办卡完成后并未实际交付给收卡人，出售行为尚未完成，且相关信用卡未进入信息网络犯罪环节，无法关联具体的犯罪事实及危害结果，在此情况下不能单纯以办卡数量认定情节严重，故建议公诉机关就本案犯罪构成相关证据进一步补证。后公诉机关以证据发生变化为由，要求撤回对被告人张某等6人的起诉。

帮信罪的构成应区分被帮助行为的具体情况，不能简单独立构成本罪。从立法设置上看，帮信罪的成立需要具备被帮助的正犯；从行为模式上看，尚未将信用卡交付给与下游犯罪联系紧密的收卡人系未完成的“出售”行为；从危害结果上看，被告人在办卡后就被查获，相关信用卡被随身起获，未实际进入信息网络犯罪活动环节，没有关联的具体信息网络犯罪，不构成情节严重；从刑事政策上看，本案被告人不属于“断卡”行动的重点打击人员，“断卡”行动以电信网络诈骗为切入点，重点打击跨境组织、参与电信网络诈骗犯罪人员、贩卖“两卡”团伙及职业“卡商”、行业“内鬼”等，在持续释放从严打击信号的同时也强调坚持宽严相济，对情节轻微的人员以教育挽救、惩戒警示为主，确保取得良好法律、社会效果。

3. 如何区分帮助信息网络犯罪活动罪与掩饰、隐瞒犯罪所得罪？

“明知”是区分帮助信息网络犯罪活动罪与掩饰、隐瞒犯罪所得罪的重要因素。帮助信息网络犯罪活动罪的“明知”内容是“他人利用信息网络实施犯罪”，对于所涉钱款与上游犯罪关联关系的认知程度相对较低,可以理解为一般概括性的知道;掩饰隐瞒犯罪所得、犯罪所得收益罪“明知”的内容是所涉钱款系“他人犯罪所得”,认知程度要求高,包括明确知道或高度盖然性的知道。在区分帮助信息网络犯罪活动罪与掩饰、隐瞒犯罪所得罪时,要坚持主客观相一致的原则。行为人明知他人利用信息网络实施犯罪,仍以提供银行卡等方式予以帮助的,构成帮助信息网络犯罪活动罪,但是不能不加分析论证,仅因提供银行卡后又帮助转账或刷脸验证,即一律升格为掩饰、隐瞒犯罪所得罪。转账行为本身不能说明行为人明知所涉钱款系“他人犯罪所得”。要具体分析案件的客观行为表征是否证实行为人具有更高程度的“明知”,确保罚当其罪。一般来说,对多次或使用多个银行账户帮助他人频繁转账、套现、取现,利用虚拟货币转账、套现、取现,通过非法支付平台、跑分平台转账、套现、取现,就转账、套现、取现行为额外收取异常“手续费”的,可以认定为具备掩饰、隐瞒犯罪所得罪的“明知”。

以(2022)豫 08 刑终 50 号案例为例,被告人陈某与李某甲相识,李某甲与李某乙相识。2020 年 12 月,李某甲、李某乙在明知他人需要银行卡用于转移违法犯罪所得的情况下,先后组织被告人陈某、李某丙、姚某某等人(均另案处理)使用银行卡转移犯罪所得。陈某在明知李某甲等人使用银行卡转移违法犯罪所得的情况下,提供自己实名办理的 3 张银行卡,并根据李某甲、李某乙的安排在夜间频繁将不同账户内的钱款转移到特定账户或者通过购买虚拟货币等方式参与转账,并通过李某甲等人与上线组建的聊天群记账、对账。经统计,陈某参与犯罪期间,该团伙转移电信网络诈骗资金共计 3,966,893.4 元。其中,陈某提供的 3 张个人银行卡转移电信网络诈骗资金共计 147,185.17 元。2021 年 2 月 20 日,李某甲、李某乙等人被公安机关抓获后,被告人陈某、都某某伙同任某某、陈某某(另案处理),在明知他人需要银行卡用于转移违法犯罪所得的情况下,组织吕某某、张某某、魏某某、赵某某等人(均另案处理)使用银行卡转移犯罪所得。其中,陈某负责和上线联系、记账,都某某负责交押金、看人,任某某负责找人,陈某某负责找转账地点、接人。经侦查机关统计:陈某、都某某伙同他人使用银行卡转移电信网络诈骗资金共计441,195 元。其中,都某某提供自己名下的中国工商银行卡、中国邮政储蓄银行卡转移电信网络诈骗资金20,800元。

法院生效裁判认为:同案犯李某甲、李某乙、陈某某、任某某、魏某某、赵某某、肖某某等人的供述、银行交易明细、微信转账记录等证据相互印证,能够证实陈某在李某甲、李某乙组织他人使用银行卡为上线转移资金的情况下,提供自己的银行卡在夜间频繁将不同账户内的钱款转移到特定账户或者通过购买虚拟货币等方式进行转移。在李某甲等人被抓获后,陈某伙同都某某等人组织他人继续采用相同的方法进行转账。陈某为他人提供银行卡的行为可能构成帮助信息网络犯罪活动罪,但是其不仅提供银行卡,而且参与、组织他人使用银行卡在夜间频繁将不同账户内的钱款转移到特定账户或者通过购买虚拟货币等方式进行转移,这两种行为具有明显的非法特征,明显不是一般意义上的帮助朋友转账行为,尤其陈某在团伙中负责和上线联系、记账,现有证据表明陈某主观上明知其转账经手的是犯罪所得。客观上,陈某在明知是犯罪所得的情况下参与、组织转移资金达4,408,088.4元。陈某的行为符合掩饰、隐瞒犯罪所得罪的犯罪构成要件,应以掩饰、隐瞒犯罪所得罪追究其刑事责任。

第二十一章

洗 钱 罪

一、《刑法》规定

第 191 条　为掩饰、隐瞒毒品犯罪、黑社会性质的组织犯罪、恐怖活动犯罪、走私犯罪、贪污贿赂犯罪、破坏金融管理秩序犯罪、金融诈骗犯罪的所得及其产生的收益的来源和性质，有下列行为之一的，没收实施以上犯罪的所得及其产生的收益，处五年以下有期徒刑或者拘役，并处或者单处罚金；情节严重的，处五年以上十年以下有期徒刑，并处罚金：

（一）提供资金帐户的；

（二）将财产转换为现金、金融票据、有价证券的；

（三）通过转帐或者其他支付结算方式转移资金的；

（四）跨境转移资产的；

（五）以其他方法掩饰、隐瞒犯罪所得及其收益的来源和性质的。

单位犯前款罪的，对单位判处罚金，并对其直接负责的主管人员和其他直接责任人员，依照前款的规定处罚。

二、辩点解析

1. 认定本罪应当以七类上游犯罪事实成立为前提。

七类上游犯罪是指毒品犯罪、黑社会性质的组织犯罪、恐怖活动犯罪、走私犯罪、贪污贿赂犯罪、破坏金融管理秩序犯罪、金融诈骗犯罪。行为人为其他犯罪掩饰隐瞒所得的不构成本罪。

2. 何为“黑社会性质的组织犯罪的所得及其产生的收益”？

《最高人民法院、最高人民检察院关于办理洗钱刑事案件适用法律若干问题的解释》第 8 条规定：黑社会性质组织及其成员实施相关犯罪的所得及其产生的收益，包括黑社会性质组织的形成、发展过程中，该组织及组织成员通过违法犯罪活动聚敛的全部财物、财产性权益及其孳息、收益。

3. 何为“以其他方法掩饰、隐瞒犯罪所得及其收益的来源和性质”？

《最高人民法院、最高人民检察院关于办理洗钱刑事案件适用法律若干问题的解释》第 5 条规定：“实施下列行为之一的，可以认定为刑法第一百九十一条第一款第五项规定的‘以其他方法掩饰、隐瞒犯罪所得及其收益的来源和性质’：

（一）通过典当、租赁、买卖、投资、拍卖、购买金融产品等方式，转移、转换犯罪所得及其收益的；

（二）通过与商场、饭店、娱乐场所等现金密集型场所的经营收入相混合的方式，转移、转换犯罪所得及其收益的；

（三）通过虚构交易、虚设债权债务、虚假担保、虚报收入等方式，转移、转换犯罪所得及其收益的；

（四）通过买卖彩票、奖券、储值卡、黄金等贵金属等方式，转换犯罪所得及其收益的；

（五）通过赌博方式，将犯罪所得及其收益转换为赌博收益的；

（六）通过‘虚拟资产’交易、金融资产兑换方式，转移、转换犯罪所得及其收益的；

（七）以其他方式转移、转换犯罪所得及其收益的。”

4. 何为“情节严重”？

《最高人民法院、最高人民检察院关于办理洗钱刑事案件适用法律若干问题的解释》第 4 条规定：“洗钱数额在五百万元以上的，且具有四种情形之一，应当认定为刑法第一百九十一条规定的‘情节严重’：

（一）多次实施洗钱行为的；

（二）拒不配合财物追缴，致使赃款赃物无法追缴的；

(三)造成损失二百五十万元以上的;

(四)造成其他严重后果的。

二次以上实施洗钱犯罪行为,依法应予刑事处理而未经处理的,洗钱数额累计计算。”

5. 无故意则无罪。

洗钱罪是故意犯罪。若现有证据不能证实行为人明知他人从事的系七类上游犯罪的行为以及明知自己的洗钱行为是在掩饰、隐瞒七类特定“上游犯罪”的违法所得及其收益的来源和性质,也不能证实接收的资金均来源于上游犯罪所得,即行为人无主观故意。甚至,行为人如果仅仅明知是概括的犯罪所得,但不知其为七类特定犯罪的所得,亦不能构成洗钱罪。

《最高人民法院、最高人民检察院关于办理洗钱刑事案件适用法律若干问题的解释》第 3 条第 1 款明确,认定“知道或者应当知道”,应当根据行为人所接触、接收的信息,经手他人犯罪所得及其收益的情况,犯罪所得及其收益的种类、数额,犯罪所得及其收益的转移、转换方式,交易行为、资金账户等异常情况,结合行为人职业经历、与上游犯罪人员之间的关系以及其供述和辩解,同案人指证和证人证言等情况综合审查判断。有证据证明行为人确实不知道的除外。

三、实务运用

认定本罪应当以法律规定的七类上游犯罪事实成立为前提,上游犯罪事实尚未确定,无法以洗钱罪论处。以笔者办理一无罪案件为例:这是一起辩护过程极其跌宕起伏的案件,总共历时 8 个月,当事人也被羁押 8 个月,前后分别以三个不同的罪名移送审查起诉,最终在第三次审查起诉时,检察机关采纳律师建议作出存疑不起诉的决定,达到实质无罪的辩护效果。当事人李二于新冠疫情暴发前被侦查机关从福建带至云南进行关押,其间律师会见历经千辛万苦,在辩护过程中律师通过细致梳理转账时间,以“一小时”的时间差彻底否定当事人参与诈骗案件的事实,又以法律适用的精准性推翻洗钱罪的认定,最后以巧妙的方式申请司法机关调取对当事人李二有利的证据,最终使得当事人被无罪释放。

案情简介：本案存在三条资金线路，恰巧在本案另一被告王某处产生部分交集，从而导致李二涉案：第一条资金线路：A公司是云南某地地方政府招商引资重点引进的台资企业，2019年12月，该公司行政专员小花收到名为公司总经理小强（诈骗人员）的邮件，让其收到邮件后建立一个工作群，但先不要拉人进群，然后将群二维码在该邮件中回复。后小强进入该群，并要求小花将其设置为管理员，再将A公司出纳张三拉入该群，小强声称其在开会不方便电话，让其联系林某是否将保证金汇款至公司账户上，并将林某的号码发给张三。张三联系林某后，林某声称公司账户受限，已通过个人账户将保证金汇款至小强的个人账户，让张三和小强核对确认。小强随后将林某给的转账凭证（该凭证为伪造）转发给张三确认，小强接着让张三向其汇报公司账户流动资金情况，并安排张三将A公司账户上198万元汇至F公司（该公司为诈骗团伙购买的账户）账户，并备注合同预付款，后张三在A公司遇到公司总经理时再次向其口头汇报转账已完成，才发现A公司被诈骗。即A公司（受害人）→F公司（诈骗团伙控制的公司）。第二条资金线路：本案当事人李二的妹妹在我国台湾地区打工，临近过年前回家需要将一年工作积攒的台币换为人民币，遂联系本案另一被告王某私下进行货币兑换，即李二的妹妹将台币汇入王某在我国台湾地区的账户，王某在大陆将人民币现金交给李二。即李二的妹妹汇款→王某指定的我国台湾地区账户（该段为台币交易）→李二（现金）。第三条资金线路：王某在同一时间段因其控制的中国银行卡收到转账中有部分资金被确定为A公司被诈骗的资金，侦查机关基于资金流向锁定王某，并将其抓捕归案。即F公司（诈骗团伙控制的公司）→……→王某，王某在笔录中陈述其在同一时间段内与李二进行货币兑换业务，是李二安排的涉诈资金到其中国账户中。随即，侦查机关对李二进行网上追逃，福建公安对李二展开抓捕，并将李二移送至云南的侦查机关。在侦查终结后，侦查机关以共犯身份将李二以涉嫌诈骗罪移送检察机关审查起诉。

辩护过程：本案从入罪的角度来看，王某收到涉诈资金是不可辩驳的事实，李二安排人汇款给王某是不可辩驳的事实，李二在内地收到王某的现金也是不可辩驳的事实，因此，将李二定义为王某的共犯似乎没有任何问题。至于李二的辩解，在诈骗类案件中若没有客观证据予以支持,犯罪嫌疑人的辩解很难被司法机关所接受。因此,律师在仔细分析卷宗后认为,本案的关键并不在于分析言词证据之间对事实描述的差异,而是梳理客观证据与言词证据之间的关系——有利的言词证据要找到客观证据支持,不利的言词证据要找到与客观证据的矛盾之处。在案卷宗证据中有大量的资金流水,律师在梳理A公司被诈骗资金流水时发现了一个转账时间差确认了李二支付和收取的资金和诈骗案件无关,那么强行将李二认定为王某的共犯,在事实上就没有依据。因此,律师在该阶段坚决为李二作无罪辩护,并向检察院提出法律意见,并提出取保候审申请,但是鉴于该案在当地对招商引资的恶劣影响,检察机关并未同意变更强制措施,而是退回补充侦查。

侦查机关在退回补充侦查后,第二次将案件移送检察机关审查起诉,李二的罪名不再被认定为诈骗罪,而是洗钱罪和妨害信用卡管理罪。律师在阅卷后对侦查定罪思路进一步分析:(1)第一次移送审查起诉期间律师对不构成诈骗罪的辩护取得全面成功,诈骗罪已被成功打掉;(2)司法机关对于李二的定罪意图极其强烈。在此针对妨害信用卡管理罪的无罪辩护不再赘述,主要针对洗钱罪的无罪辩护展开阐述,侦查机关认定李二构成洗钱罪的原因在于,在抓获李二时其随身携带的两张银行卡,在短短半年间流水达近6000万元。根据《最高人民法院关于审理洗钱等刑事案件具体应用法律若干问题的解释》(已失效)第1条第2款第5项规定,"……具有下列情形之一的,可以认定被告人明知系犯罪所得及其收益,但有证据证明确实不知道的除外:……(五)没有正当理由,协助他人将巨额现金散存于多个银行账户或者在不同银行账户之间频繁划转的",推定李二"明知系犯罪所得及其收益",从而认定李二涉嫌洗钱罪。律师针对该定罪思路展开辩护,同样,根据《最高人民法院关于审理洗钱等刑事案件具体应用法律若干问题的解释》(已失效)第4条第1款规定,"刑法第一百九十一条、第三百一十二条、第三百四十九条规定的犯罪,应当以上游犯罪事实成立为认定前提"。对于犯罪嫌疑人"主观明知"的推定,仅仅只是构成洗钱罪的一个要件,另一个要件是上游犯罪事实成立。本案中,上游事实既没有依法裁判,也没有查证属实。那么,李二为谁洗钱?李二替什么犯罪洗钱?李二洗了多少钱?……这些对于洗钱罪的认定至关重要的问题，一个都没有查证属实，因此，辩护人对于变更罪名后洗钱罪的认定一样作出无罪辩护。在第二次审查起诉到期时，检察机关接受律师建议退回补充侦查，并根据律师的建议制作补充侦查提纲。

经第二次补充侦查后，侦查机关第三次将案件移送检察院审查起诉，律师的调证申请被予以落实，对李二有利的证据被调取到案。律师据此向检察院提出本案证据不足，本案三罪均不能被认定的无罪辩护意见，检察院采纳建议作出存疑不起诉的决定。至此，该案被认定为实质无罪，李二也在经历了 8 个月的铁窗生涯后，以清白之身回到社会，回到家庭。

无罪思维是刑事辩护永恒的主题，对于刑事辩护而言，每一个案件律师思考的第一个问题均应是“是否构成犯罪？”也许并不是每一个案件最终都要作无罪辩护，但是无罪辩护的思维应当贯穿每一个案件的始终，因为只有如此才不会错过那微乎其微的无罪可能性。对于律师而言，一个案件就是一份工作，而对于当事人和他的家庭而言，这就是整个人生、整个家庭。因此，抓住那微乎其微的无罪可能性，并为客户作出准确、专业的法律判断至关重要，这也是一个刑辩律师的基本良知。正是基于这样的基本思维，在本案中即使变换三个罪名的情况下，依然可以得到无罪认定的辩护效果。

在本案的办理过程中，律师始终坚定认为当事人是无罪的，并在辩护过程中数次提出取保候审申请，然而都以失败告终。其间笔者也多次组织开展案件研讨会，更是向数名具有丰富司法经验的朋友请教，但是得出的结论均是不可能无罪。在历经无数的质疑后，律师内心也对案件辩护思路产生过动摇，但是一次又一次细致入微的案件研究坚定了笔者作无罪辩护思路的判断。正是基于精益求精的专业基础，才在漫长而艰难的办案过程中坚定思路，突破重重困境获得无罪不起诉的认定。

第二十二章

掩饰、隐瞒犯罪所得罪

一、《刑法》规定

第 312 条　明知是犯罪所得及其产生的收益而予以窝藏、转移、收购、代为销售或者以其他方法掩饰、隐瞒的，处三年以下有期徒刑、拘役或者管制，并处或者单处罚金；情节严重的，处三年以上七年以下有期徒刑，并处罚金。

单位犯前款罪的，对单位判处罚金，并对其直接负责的主管人员和其他直接责任人员，依照前款的规定处罚。

二、辩点解析

1. 何为“明知”？

行为人不具备掩饰、隐瞒犯罪所得、犯罪所得收益罪的主观故意，不构罪。《最高人民法院关于审理洗钱等刑事案件具体应用法律若干问题的解释》第 1 条第 1 款阐明了“‘明知’，应当结合被告人的认知能力，接触他人犯罪所得及其收益的情况，犯罪所得及其收益的种类、数额，犯罪所得及其收益的转换、转移方式以及被告人的供述等主、客观因素进行认定”，并列举了七类可以认定明知系犯罪所得及其收益的情形：“（一）知道他人从事犯罪活动，协助转换或者转移财物的；（二）没有正当理由，通过非法途径协助转换或者转移财物的；（三）没有正当理由，以明显低于市场的价格收购财物的；（四）没有正当理由，协助转换或者转移财物，收取明显高于市场的‘手续费’的；（五）没有正当理由，协助他人将巨额现金散存于多个银行账户或者在不同银行账户之间频繁划转的；（六）协助近亲属或者其他关系密切的人转换或者转移与其职业或者财产状况明显不符的财物的;(七)其他可以认定行为人明知的情形",同时明确了"有证据证明确实不知道的除外",即行为人即使满足七类"可以认定"的情形,但若有相反的证据证明其确实不知道,也不可认定为"明知"。

2. 可免予刑事处罚或酌情从宽的情形。

根据《最高人民法院关于审理掩饰、隐瞒犯罪所得、犯罪所得收益刑事案件适用法律若干问题的解释》第 2 条"掩饰、隐瞒犯罪所得及其产生的收益行为符合本解释第一条的规定,认罪、悔罪并退赃、退赔,且具有下列情形之一的,可以认定为犯罪情节轻微,免予刑事处罚:(一)具有法定从宽处罚情节的;(二)为近亲属掩饰、隐瞒犯罪所得及其产生的收益,且系初犯、偶犯的;(三)有其他情节轻微情形的"之规定,在实践中遇到该类案件先甄别行为人是否属于可免予刑事处罚、不认为犯罪或可从宽的情形进行相应的无罪辩护或最轻辩护。

3. 何为"情节严重"?

《最高人民法院关于审理掩饰、隐瞒犯罪所得、犯罪所得收益刑事案件适用法律若干问题的解释》第 3 条第 1 款规定:"掩饰、隐瞒犯罪所得及其产生的收益,具有下列情形之一的,应当认定为刑法第三百一十二条第一款规定的'情节严重':(一)掩饰、隐瞒犯罪所得及其产生的收益价值总额达到十万元以上的;(二)掩饰、隐瞒犯罪所得及其产生的收益十次以上,或者三次以上且价值总额达到五万元以上的;(三)掩饰、隐瞒的犯罪所得系电力设备、交通设施、广播电视设施、公用电信设施、军事设施或者救灾、抢险、防汛、优抚、扶贫、移民、救济款物,价值总额达到五万元以上的;(四)掩饰、隐瞒行为致使上游犯罪无法及时查处,并造成公私财物重大损失无法挽回或其他严重后果的;(五)实施其他掩饰、隐瞒犯罪所得及其产生的收益行为,严重妨害司法机关对上游犯罪予以追究的。"

4. 认定掩饰、隐瞒犯罪所得、犯罪所得收益罪,以上游犯罪事实成立为前提。

成立本罪须上游犯罪事实成立,如上游犯罪事实未经确认,行为人亦不构成本罪。

三、实务运用

1. 犯罪对象的特殊性对掩饰、隐瞒犯罪所得罪定罪量刑的影响。

对于特殊对象,《最高人民法院关于审理掩饰、隐瞒犯罪所得、犯罪所得收益刑事案件适用法律若干问题的解释》第 3 条第 1 款第 3 项规定,“掩饰、隐瞒的犯罪所得系电力设备、交通设施、广播电视设施、公用电信设施、军事设施或者救灾、抢险、防汛、优抚、扶贫、移民、救济款物,价值总额达到五万元以上的”,应当认定为本罪的“情节严重”。如在《刑事审判参考》总第 104 集第 1091 号案例中,被告人帮助转移的犯罪对象系同案犯盗割的地铁供电公司正在使用的电力设备,涉及不特定多数人的交通出行安全和生命财产安全,盗割行为扰乱了“公共生活的平稳与安宁”,相较一般的偷盗行为,性质更为严重,危害性更大。被告人明知盗割的是地铁供电电缆仍然帮助转移,反映出其主观上对于盗割行为持放任态度,并且以积极作为的方式妨害司法机关对盗割行为的正常追诉,其主观恶性和转移行为的社会危害性均较大。虽然被告人帮助转移的电缆已经灭失、无法准确确定财物价值,但是因二人帮助转移的是电力设备,根据《最高人民法院关于审理掩饰、隐瞒犯罪所得、犯罪所得收益刑事案件适用法律若干问题的解释》第 1 条第 1 款第 3 项的规定,已经符合掩饰、隐瞒犯罪所得罪的认罪条件。

掩饰、隐瞒的犯罪所得系电力设备、交通设施、广播电视设施、公用电信设施、军事设施或者救灾、抢险、防汛、优抚、扶贫、移民、救济款物的,无数额限制。也就是说,掩饰、隐瞒的犯罪所得为所列对象的,不论数量多少,均被依法追究刑事责任。类似案例还有《刑事审判参考》总第 104 集第 1092 号案例,法院认为:被告人掩饰、隐瞒犯罪所得的上游犯罪系破坏交通设施罪,且对象为正在使用中的高速公路电缆。近年来,我国高速公路不断发展,盗割正在使用中的高速公路电缆,足以使汽车发生倾覆、毁坏危险,造成车毁人亡的严重后果。因此,对于掩饰、隐瞒破坏高速公路设施犯罪所得及其产生的收益的,必须依法严惩。被告人明知是犯罪所得的高速公路电缆仍予以收购,且收购电缆价值总额达到了 94,077 元,符合法律规定的“情节严重”,应当从严处理。

2. 大量回收购物卡并出售获利的行为是否构成犯罪，须看行为人是否有主观明知的故意。

如无主观明知，行为人收购他人骗领的大量购物卡并出售获利的行为不构成掩饰、隐瞒犯罪所得罪，如《刑事审判参考》总第 104 集第 1093 号案例，法院认为：被告人的行为不构成犯罪。现有证据无法证明被告人明知所收购的购物卡系赃物。在礼品回收行业中，收购人只要求购物卡足额、有效即可。被告人虽然长期从事礼品，回收业务，但其主观上并不知道也无法知道购物卡是赃物。被告人虽不用承担刑事责任，仍可适用《治安管理处罚法》的相关规定对其进行行政处罚。

3. 明知是盗窃所得手机而购买自用的定罪处罚。

行为人为自用而实施掩饰、隐瞒行为的，在本质上是构成犯罪的，但因犯罪情节较轻、行为人主观恶性较小，事后恢复性措施到位，而不作犯罪处理或者虽然追究刑事责任但酌情从宽处理。这与行为本身不构成犯罪是有本质区别的。在不作犯罪处理的情况下，需要适用《刑法》第 13 条“但书”的规定，即“情节显著轻微危害不大的，不认为是犯罪”。如《刑事审判参考》总第 104 集第 1097 号案例，法院认为：被告人明知涉案的苹果牌 iPhone 4S 手机没有销售发票等，属于来路不明的物品，且 iPhone 4S 在案发当时上市不足 1 年，仍以 1000 元的明显低价购得该手机，能够认定其主观上明知是犯罪所得而予以收购。根据被告人本人的供述，其购买该手机是为了自己使用，在案证据也没有显示汤某有转卖牟利的可能，被告人亦没有实施掩饰、隐瞒违法犯罪行为的前科，可以排除其系职业收赃者的可能性。因此，应该认定被告人是为了自用而实施掩饰、隐瞒行为。应当直接根据《最高人民法院关于审理掩饰、隐瞒犯罪所得、犯罪所得收益刑事案件适用法律若干问题的解释》第 1 条第 1 款第 1 项的规定，认定不构成掩饰、隐瞒犯罪所得罪。

4. 事先承诺收购指定的特殊产品并在事后低价收购的行为如何定性？

明知财物系上游犯罪人犯罪所得，事先承诺收购，事后在上游犯罪现场收购赃物的，可以认定为与上游犯罪人通谋犯罪。如《刑事审判参考》总第 104 集第 1100 号案例，法院认为：被告人明知他人出售给其的扬声器、受话器为瑞声公司所有，不可能为个人合法持有，仍在事前商定收购的型号，事后至瑞声公司围墙外或者指定地点接收赃物，其行为性质属事前预谋，事后辅助，在共同犯罪中负责收赃环节。因此，应当认定被告人为盗窃犯罪的共犯。当然，在量刑时，考虑到被告人非实行犯，在共同犯罪中所起作用并非最主要的，应认定为从犯。

5. 事前与职务侵占罪的犯罪分子通谋，帮助掩饰、隐瞒犯罪所得的，如何定罪处罚？

事前与职务侵占罪的犯罪分子通谋，帮助掩饰、隐瞒犯罪所得的，以职务侵占罪的共犯论处。如《刑事审判参考》总第104集第1101号案例，法院认为：被告人事前与职务侵占罪的犯罪分子通谋，并实施了掩饰、隐瞒犯罪所得的行为，应当以职务侵占罪的共犯论处。上述处理的法理根据在于掩饰、隐瞒行为人在事前与上游犯罪的行为人有共同的意思联络，承诺事后将为犯罪分子销赃，这对与其形成共犯关系的上游犯罪的实行行为人起到很大的鼓励、帮助作用，对最终的犯罪结果发生具有很强的原因力，因而其所实施的掩饰、隐瞒行为就构成了上游共同犯罪的一部分。

6. 收购他人非法获取的计算机信息系统数据并出售的行为应如何认定？

收购他人非法获取的计算机信息系统数据并出售的行为构成掩饰、隐瞒犯罪所得罪。如《刑事审判参考》总第104集第1102号案例，法院认为：被告人具有较高的计算机操作能力，从二人通过低价从上游犯罪行为人手中买进大量计算机信息系统数据后以高价卖出的方式，可以推定其明知该部分数据是或可能是犯罪所得。因此，被告人陈某、欧阳某辩称对于QQ号码系他人犯罪所得并不明知，不能成立。综上，原审法院认定被告人陈某犯掩饰、隐瞒犯罪所得罪。

7. 如何区分掩饰、隐瞒犯罪所得罪与洗钱罪？

两罪的主要区分点是犯罪对象，也即上游犯罪的性质不同。洗钱罪的上游犯罪只限于《刑法》第191条规定的毒品犯罪、黑社会性质的组织犯罪、恐怖活动犯罪、走私犯罪、贪污贿赂犯罪、破坏金融管理秩序犯罪、金融诈骗犯罪这七类犯罪，掩饰、隐瞒犯罪所得、犯罪所得收益罪的上游犯罪则是除此之外的所有。如《刑事审判参考》总第104集第1103号案例，法院认为：被告人明知系他人受贿犯罪所得的现金而藏匿在别墅房中，后又交给他人转移，但被告人只是对其丈夫受贿所得的现金、银行卡等实施了物理意义上的窝藏、转移行为，行为的实质在于掩饰、隐瞒犯罪所得的实物本身，而非掩饰、隐瞒犯罪所得的性质和来源，不涉及资金形式的转换或转移，如将现金转换为他人名下的银行卡等，故被告人的行为仍应限定在掩饰、隐瞒犯罪所得罪这一普通赃物犯罪的范畴里。综上，人民法院认定被告人犯掩饰、隐瞒犯罪所得罪。

8. 上游犯罪认定与掩饰、隐瞒犯罪所得罪认定的关系。

上游犯罪未经审判的，不影响认定掩饰、隐瞒犯罪所得罪的成立。如《刑事审判参考》总第 104 集第 1104 号案例，法院认为：掩饰、隐瞒犯罪所得罪规定在“妨害司法罪”一节中，侵害的法益主要是司法机关对犯罪行为的正常追诉，即由于存在掩饰、隐瞒行为，致使司法机关无法正常追诉上游犯罪，因此从处罚该罪的立法意图来看，并不要求上游犯罪经过司法审判。只要上游犯罪的事实成立，就可认定掩饰、隐瞒的行为构成犯罪。反之同理，如上游犯罪事实不成立，本罪亦不成立。

第二十三章

破坏生产经营罪

一、《刑法》规定

第 276 条　由于泄愤报复或者其他个人目的，毁坏机器设备、残害耕畜或者以其他方法破坏生产经营的，处三年以下有期徒刑、拘役或者管制；情节严重的，处三年以上七年以下有期徒刑。

二、辩点解析

1. 是否达到立案标准？行为能否认定该罪？

《最高人民检察院、公安部关于公安机关管辖的刑事案件立案追诉标准的规定（一）》第 34 条规定了达到立案标准的四种情形，由于泄愤报复或者其他个人目的，毁坏机器设备、残害耕畜或者以其他方法破坏生产经营，涉嫌下列四种情形之一的，应予立案追诉：（1）造成公私财物损失 5000 元以上的；（2）破坏生产经营三次以上的；（3）纠集三人以上公然破坏生产经营的；（4）其他破坏生产经营应予追究刑事责任的情形。

行为人在满足立案追诉情形的前提下，看行为人的行为是否符合破坏生产经营罪的构成要件。例如，若行为人的行为没有实际造成生产经营的中断或损失，或行为目的并非泄愤报复或者其他个人目的或与破坏生产经营无关，可以主张不构成该罪。

2. 何为“其他个人目的”“其他方法”？

“其他个人目的”应当与“泄愤报复”具有同等的不正当性，“其他方法”的危害程度应与“毁坏机器设备、残害耕畜”危害程度相当。

3. 何为“情节严重”？

本条文中的“情节严重”应当指破坏重要机器设备，给生产经营活动造成严重后果的；直接造成生产经营活动重大损失的；引起生产经营停顿，间接损失巨大的；犯罪目的特别卑鄙，破坏手段特别恶劣，社会影响极坏的等。

4. 行为人无主观故意。

破坏生产经营罪需要直接故意行为，即法条载明由于泄愤报复或者其他个人目的故意实施了破坏行为，如果可以证明行为人的行为属于过失行为而非故意行为，不构成破坏生产经营罪。

5. 违法性阻却事由。

行为人的行为是否出于合法或正当的理由，是否为了自我保护抵抗非法侵害或紧急避险，从而违法性被阻却不构成犯罪，抑或行为人破坏的生产经营本身不具有合法性。

6. 罪轻辩护。

根据危害程度、危害的影响范围、认罪态度、悔罪表现等其他情形采取罪轻辩护。

三、实务运用

1. 行为人的主观故意对定罪量刑的影响。

如在(2020)沪0109刑初314号、(2021)沪02刑终595号案例中，被告人自2018年12月起兼职为A公司负责会计核算工作，并于2019年4月1日正式入职A公司担任财务主管，负责××集团公司及××公司(包括A公司)的会计工作，使用企业财务管理软件金蝶软件进行财务记账、制作财务账册、财务会计报告等。金蝶软件安装在被告人的办公电脑内，由被告人个人负责电脑开机密码。同年9月27日，被告人因对公司不满而提出辞职，10月31日离职，离职时将部分文件拷贝至个人U盘、点击删除办公电脑内包括会计账簿、财务会计报告等文件，未与A公司进行工作交接，亦未交付电脑开机密码后关机离开，致A公司财务系统无法工作,造成 A 公司直接损失 21,600 元。检察院指控行为人犯故意销毁会计账簿、财务会计报告罪,最终,法院认为:被告人由于泄愤等个人目的,主观上有泄愤、报复的目的,客观上实施了拒不交出工作电脑开机密码、拒绝交接财务工作和仅交还部分财务数据等行为,属于“以其他方法破坏生产经营”,影响了××公司的生产经营并给该公司造成经济损失,其行为构成破坏生产经营罪。

2. 通过裁判文书网检索相关案例,本罪涉及情节严重的情形主要为犯罪目的特别卑鄙,破坏手段恶劣的,具体如下:

(1)(2019)云 2501 刑初 119 号,被告人李某某等人为达到要回承包土地的目的,相互伙同采用推倒葡萄树、葡萄桩等方法破坏生产经营,情节严重,其行为构成破坏生产经营罪。案发后上述 25 名被告人及所在村小组积极赔偿被害人的经济损失,取得被害人谅解,可以酌定从轻处罚。最终判处李某某等人有期徒刑 1 年,缓刑 2 年。

(2)(2008)维刑初字第 01 号,被告人和某某等人无视国家法律,以鑫明公司在鸡冠山开挖的公路破坏其水源林植被,泄愤报复,聚集众多村民毁坏鑫明公司挖掘机和空压机,破坏其生产经营,情节严重。11 名被告人的行为已触犯我国《刑法》,构成破坏生产经营罪。本案的发生事出有因,11 名被告人的行为给被害方造成的经济损失已得到被害方维西鑫明矿业有限公司的谅解,将被告人放在社会上考察不至于再危害社会,根据各个被告人在犯罪中的不同作用,对被告人和某某等人予以从轻判处。最终判处和某某有期徒刑 3 年,缓刑 5 年。

(3)(2020)云 2504 刑初 730 号,被告人杨某某无视国家法律,产生纠纷未通过合法的途径解决,为发泄私愤,以将钻杆等物品扔进水井的方法破坏生产经营,情节严重,其行为已构成破坏生产经营罪,应予依法惩处,公诉机关的指控成立。被告人杨某某具有坦白情节且自愿认罪认罚,案发后积极赔偿被害人的损失,取得被害人的谅解,依法可以从轻处罚。最终判处被告人有期徒刑 3 年,缓刑 3 年。

(4)(2020)云 0427 刑初 152 号,被告人罗某某等 22 名被告人出于泄愤报复和其他个人目的,毁坏他人农作物及生产工具,情节严重,其行为已构成破坏生产经营罪。因被告人存在坦白情节,最终判处被告人有期徒刑 3 年,缓刑 3 年。

第二十四章

组织、领导传销活动罪

一、《刑法》规定

第 224 条之一　组织、领导以推销商品、提供服务等经营活动为名，要求参加者以缴纳费用或者购买商品、服务等方式获得加入资格，并按照一定顺序组成层级，直接或者间接以发展人员的数量作为计酬或者返利依据，引诱、胁迫参加者继续发展他人参加，骗取财物，扰乱经济社会秩序的传销活动的，处五年以下有期徒刑或者拘役，并处罚金；情节严重的，处五年以上有期徒刑，并处罚金。

二、辩点解析

1. 何为“传销”？

《禁止传销条例》第 7 条明确下列行为属于传销行为：(1) 组织者或者经营者通过发展人员，要求被发展人员发展其他人员加入，对发展的人员以其直接或者间接滚动发展的人员数量为依据计算和给付报酬（包括物质奖励和其他经济利益，下同），牟取非法利益的；(2) 组织者或者经营者通过发展人员，要求被发展人员缴纳费用或者以认购商品等方式变相缴纳费用，取得加入或者发展其他人员加入的资格，牟取非法利益的；(3) 组织者或者经营者通过发展人员，要求被发展人员发展其他人员加入，形成上下线关系，并以下线的销售业绩为依据计算和给付上线报酬，牟取非法利益的。

2. 何为“组织者、领导者”,行为人并非传销组织的组织者、领导者或无证据证实行为人是传销组织的组织者、领导者。

《关于办理组织领导传销活动刑事案件适用法律若干问题的意见》第 2 条明确了传销活动的组织者、领导者为在传销活动中起发起、策划、操纵作用的人员;在传销活动中承担管理、协调等职责的人员;在传销活动中承担宣传、培训等职责的人员;曾因组织、领导传销活动受过刑事处罚,或者 1 年以内因组织、领导传销活动受过行政处罚,又直接或者间接发展参与传销活动人员在 15 人以上且层级在三级以上的人员;其他对传销活动的实施、传销组织的建立、扩大等起关键作用的人员。以单位名义实施组织、领导传销活动犯罪的,对于受单位指派,仅从事劳务性工作的人员,并非本条所称组织者、领导者。

组织、领导传销活动罪主要打击对象为组织者、领导者,结合司法实践来看,在传销组织中,其组织者是指策划、纠集他人实施传销犯罪的人,即在传销活动前期筹备和后期发展壮大中起主要作用,同时获取实际利益的骨干成员;而领导者则主要是指在传销组织的层级结构中居于最核心的,对传销组织的正常运转起关键作用的极少数成员。对领导者的身份,应当从负责管理的范围、在营销网络中的层级、涉案金额二个方面综合认定。

在组织、领导传销活动中常见的组织、领导行为表现:(1)为传销活动的前期筹备、初步实施、未来发展实施谋划、设计起到统领作用的行为;(2)在传销初期,实施了确定传销形式、采购商品、制定规则、发展下线和组织分工等宣传行为;(3)在传销实施过程中,积极参与传销各方面的管理工作,如讲课、鼓动、威逼利诱、胁迫他人加入行为等。

3. 何为“一定顺序组成层级”及如何认定传销组织层级及人数?传销组织层级和人数未达到法定追诉标准,或无证据证实传销组织层级和人数达到法定追诉标准。

以推销商品、提供服务等经营活动为名,要求参加者以缴纳费用或者购买商品、服务等方式获得加入资格,并按照一定顺序组成层级,直接或者间接以发展人员的数量作为计酬或者返利依据,引诱、胁迫参加者继续发展他人参加,骗取财物，扰乱经济社会秩序的传销组织，其组织内部参与传销活动人员在30人以上且层级在三级以上的，应当对组织者、领导者追究刑事责任。

组织、领导多个传销组织，单个或者多个组织中的层级已达三级以上的，可将在各个组织中发展的人数合并计算。

组织者、领导者形式上脱离原传销组织后，继续从原传销组织获取报酬或者返利的，原传销组织在其脱离后发展人员的层级数和人数，应当计算为其发展的层级数和人数。

办理组织、领导传销活动刑事案件中，确因客观条件的限制无法逐一收集参与传销活动人员的言词证据的，可以结合依法收集并查证属实的缴纳、支付费用及计酬、返利记录，视听资料，传销人员关系图，银行账户交易记录，互联网电子数据，鉴定意见等证据，综合认定参与传销的人数、层级数等犯罪事实。

需要注意的是：(1)30人与三级属并列条件，必须同时符合，二者缺一不可；(2)该30人须是实际参与传销活动的人员，至于未获得传销组织资格，亦非组织中某一层级的单纯提供劳务的人员，则不应计入参与传销活动人员；(3)对传销组织内部人数和层级数的计算，以及对组织者、领导者直接或者间接发展参与传销活动人员人数和层级数的计算，包括组织者、领导者本人及其本层级在内。

4. 何为“骗取财物”？

《关于办理组织领导传销活动刑事案件适用法律若干问题的意见》第3条规定，传销活动的组织者、领导者采取编造、歪曲国家政策，虚构、夸大经营、投资、服务项目及盈利前景，掩饰计酬、返利真实来源或者其他欺诈手段，实施《刑法》第224条之一规定的行为，从参与传销活动人员缴纳的费用或者购买商品、服务的费用中非法获利的，应当认定为骗取财物。参与传销活动人员是否认为被骗，不影响骗取财物的认定。

以销售商品为目的，以销售业绩为计酬依据的单纯的“团队计酬”式的活动，没有骗取财物，不构成犯罪或者组织、企业经营的内容合法，不属于传销组织。

分析比较现行《刑法》与国务院的《禁止传销条例》规定可知：现行《刑法》将“拉人头”式传销和收取“入门费”式传销纳入刑事打击范畴，打击的传销活动是一种特殊形态的诈骗犯罪，是以传销为名行诈骗之实的传销诈骗犯罪行为，骗取财物，是《刑法》所打击的传销活动的本质特征。而对“团队计酬”式传销则未作规定。根据《最高人民法院、最高人民检察院、公安部关于办理组织领导传销活动刑事案件适用法律若干问题的意见》的规定，对以销售商品为目的、以销售业绩为计酬依据的单纯的“团队计酬”式传销活动，不作为犯罪处理。对于以“团队计酬”方式作为幌子或者掩护，实质属于“拉人头”式传销或者收取“入门费”式传销的，仍应当以组织、领导传销活动罪定罪处罚。

既然我国《刑法》作为犯罪进行打击的传销活动是诈骗型传销，而有实质商品交易、实质服务提供的经营型传销（或谓之传统型传销），则不再以犯罪进行打击。那么，在判断一个传销行为是不是《刑法》所规定的传销犯罪行为时，关键要看这其中有没有实质的商品或服务交易、价格有无虚高，同时要看传销组织的收入来源。有实质的交易且等价有偿，传销组织收入来源于商品销售、服务提供的，则不是《刑法》所打击的传销犯罪行为；没有实质交易、价格虚高的，传销组织收入来源于传销参与人员的入门费、人头费的，则是《刑法》所打击的传销犯罪行为。

当然，如果同一传销组织中既存在“拉人头”式传销或者收取“入门费”式传销，又存在单纯的“团队计酬”式传销的，则应进行严格区分，辩护人也应当厘清各自收益，进而作为对行为人定罪量刑的依据。

5. 何为“情节严重”？

《关于办理组织领导传销活动刑事案件适用法律若干问题的意见》第 4 条规定：“对符合本意见第一条第一款规定的传销组织的组织者、领导者，具有下列情形之一的，应当认定为刑法第二百二十四条之一规定的‘情节严重’：

（一）组织、领导的参与传销活动人员累计达一百二十人以上的；

（二）直接或者间接收取参与传销活动人员缴纳的传销资金数额累计达二百五十万元以上的；

（三）曾因组织、领导传销活动受过刑事处罚，或者一年以内因组织、领导传销活动受过行政处罚，又直接或者间接发展参与传销活动人员累计达六十人以上的；

（四）造成参与传销活动人员精神失常、自杀等严重后果的；

（五）造成其他严重后果或者恶劣社会影响的。”

综上，构成本罪应满足以下行为方式：(1)引诱名义：以推销商品、提供服务等经营活动为名。(2)加入资格：参加者以缴纳费用或者购买商品、服务等方式获得加入资格。(3)组织层级：按照一定顺序组成层级。根据司法解释，参与传销活动人员在30人以上且层级在三级以上的，应当对组织者、领导者追究刑事责任。(4)计酬方式：直接或者间接以发展人员的数量作为计酬或者返利依据。这是传销活动的本质特征。(5)常规手段：引诱、胁迫参加者继续发展他人参加。(6)主观目的：骗取财物。“骗取财物”是对传销组织的描述。只有当行为人组织、领导的传销活动具有“骗取财物”的性质时，才成立组织、领导传销活动罪，并不要求有对应的诈骗行为，更不要求实际骗取到财物。

6. 行为人没有组织、领导传销犯罪活动的主观故意或者现有证据无法证明行为人对组织、领导传销活动行为具有故意的，其行为不构成犯罪。

组织、领导传销活动罪在主观方面表现为直接故意，即行为人明知自己实施传销行为，为国家法规所禁止，但为达到非法牟利或非法占有的目的，仍然实施这种行为，且对危害结果的发生持希望和积极追求的态度。

7. 关于单位犯罪。

根据《刑法》第231条的规定，单位可以构成组织、领导传销活动罪。如果能够认定为单位犯罪，那么就单位内直接负责的主管人员和直接责任人员应当承担的刑事责任相较于自然人共同犯罪而言，量刑上要轻得多。构成单位犯罪，必须同时具备两个要件：一是以单位名义实施；二是违法所得归单位所有，此特征是区分单位犯罪与自然人犯罪的关键所在。据此，在认定本罪单位主体时应当注意把握以下几点：

(1)单位必须依法成立。对于合法成立的单位，为了给单位谋取利益，经单位集体研究决定从事组织、领导传销犯罪活动的，应以单位犯罪论处。如前所述，本罪规制的系传销活动而非传销组织的组织和领导行为，而合法成立的独立组织在正常的业务范围外，也有可能从事传销活动，此时可以构成单位犯罪。

(2)单位犯罪与自然人犯罪的区分。实践中,对于客观存在的单位,如果仅是传销活动的“壳公司”,那么就以自然人犯罪论处。依据《最高人民法院关于审理单位犯罪案件具体应用法律有关问题的解释》之规定,此种犯罪一般包括以下三种情况:①个人为从事传销而设立公司、企业;②公司、企业设立后主要从事传销活动;③个人盗用单位名义组织、领导传销活动,违法所得由个人私分。

三、实务运用

1. 行为人并非传销组织的组织者、领导者或无证据证实行为人是传销组织的组织者、领导者。

如(2013)长刑再初字第4号案例,法院再审查明:2007年6月,原审被告人王某荣经吴某某、唐某某介绍,购买1万元的保健品成为河北华盛康神科贸有限公司的代理商,列入唐某某下线,后发展2名代理商,4名业务员,王某荣在传销活动中属于第五层级,其发展2名下线代理商,其下线2名代理商分别发展一个和五个层级,共计20余名代理商,数名业务员,王某荣提成收入131,440元。原审被告人王某荣参与了传销活动,并发展下线代理商、业务员,获取了一定的非法收入,但是本罪追究的主要是传销的组织者、领导者;《最高人民检察院和公安部关于公安机关管辖的刑事案件立案追诉标准的规定(二)》第78条规定,传销活动的组织者、领导者,是指在传销活动中起组织、领导作用的发起人、决策人、操纵人,以及在传销活动中担负策划、指挥、布置、协调等重要职责,或者在传销活动实施中起到关键作用的人员,原审被告人王某荣并不属于传销活动组织者、领导者,不应被追究刑事责任。

2. 传销组织层级和人数未达到法定追诉标准,或无证据证实传销组织层级和人数达到法定追诉标准。

如(2016)闽01刑终911号案例,法院认为:关于上诉人王某芳及其辩护人称王某芳的行为不应构成组织、领导传销活动罪的诉辩意见,经查,在原审起诉指控及原审判决所认定的以刘某、俞某利为总管,孙某飞为经理,程某奇、孔某超为大主任,潘某清、王某芳为小主任的传销组织内,现无证据证实王某芳对潘某所在窝点具有组织、领导或是协助组织、领导之行为,亦无证明证实王某芳从潘某清窝点人员处获取报酬或返利;在认定王某芳组织、领导的传销人员数量时不应将潘某清窝点的人员包含在内。综上,现有证据不能证实王某芳所组织、领导的参与传销活动人员达到30人以上,其行为尚未达到组织、领导传销活动罪所要求的人数标准,故不构成组织、领导传销活动罪。上诉人王某芳及其辩护人的此节诉辩意见成立,法院予以采纳。

又如(2015)绵刑终字第258号案例,法院认为:《最高人民法院、最高人民检察院、公安部关于办理组织领导传销活动刑事案件适用法律若干问题的意见》对传销组织层级及人数的界定为:其组织内部参与传销活动人员在30人以上且层级在三级以上的,应当对组织、领导者追究刑事责任。本案上诉人贾某某的下线人数以及层级是定罪量刑的关键。本案中,上诉人贾某某在侦查阶段供述其为大经理级别,下线仅10余人,且在一审、二审庭审中均供述证据材料中的人员网络图中的很多人员其不认识。原判认定上诉人贾某某的下线人数为30人以上事实的主要证据是证人证言以及举报材料所附的贾某某下线人员结构图。经二审审查,数份举报材料及所附人员网络图的文本格式、内容等细节均存在相似以及相同的情况,且举报材料并非各举报人自书,举报材料及所附人员网络图不能排除侦查机关按一定模式统一制作的可能性,举报材料及所附人员网络图的真实性、客观性存疑。此外,本案证人证言亦无其他证据予以印证,不能形成证明贾某某"下线已达30人以上,且层级达到三级以上"这一事实的证据锁链。故原判认定上诉人贾某某构成组织、领导传销活动罪的证据不足,法院不予支持。

3. 行为人没有组织、领导传销犯罪活动的主观故意或者现有证据无法证明行为人对组织、领导传销活动行为具有故意的,其行为不构成犯罪。

如(2013)鄂随州中刑终字第00085号案例,法院认为:关于上诉人梁某甡及其辩护人提出上诉人梁某甡主观上没有传销的故意,请求二审法院改判其无罪的问题。经查:从现有的证据来看,不能足以证实上诉人梁某甡对上诉人钟某实施传销活动是明知的,上诉人梁某甡仅在钟某的指令下从事了传销环节中一些简单的劳务工作,即帮助钟某下载网络电话卡号及密码供会员购买,故上诉人梁某甡主观上没有犯组织、领导传销活动罪的故意，其行为不构成组织、领导传销活动罪。

4. 在组织、领导传销犯罪活动中，即使层级和人数达到法定追诉标准，但由于行为人犯罪情节轻微的，可争取检察院酌定不起诉或者法院确定免予刑事处罚。

如渝永检刑不诉〔2016〕11 号案例，检察院认为，被不起诉人杨某某实施了《刑法》第 224 条之一规定的行为，其主观恶性较小，认罪悔罪态度较好，具有《刑法》第 67 条第 3 款规定的法定从轻处罚情节，案发前能积极退赔损失，犯罪情节轻微，根据《刑法》第 37 条之规定，不需要判处刑罚。根据《刑事诉讼法》第 173 条第 2 款的规定，决定对杨某某不起诉。

又如扬开检诉刑不诉〔2017〕6 号案例，检察院认为，宋某某实施了《刑法》第 224 条之一规定的行为，但结合整个案件事实，宋某某在共同犯罪中地位、作用较小、获利少，犯罪情节轻微。具有从犯，自首，认罪、悔罪态度较好，初犯，无前科劣迹等量刑情节，根据《刑法》第 37 条的规定，不需要判处刑罚。依据《刑事诉讼法》第 173 条第 2 款的规定，决定对宋某某不起诉。

类似案例还有：(1)朱某某涉嫌组织、领导传销活动罪案，案号：扬开检诉刑不诉〔2017〕6 号；(2)杨某某涉嫌组织、领导传销活动罪案，案号：宿区检诉刑不诉〔2017〕13 号；(3)陶某某涉嫌组织、领导传销活动罪案，案号：高区检公诉刑不诉〔2016〕13 号等。分析该等案例，不难看出，检察院不起诉的主要依据是《刑事诉讼法》第 173 条第 2 款规定，即“对于犯罪情节轻微，依照刑法规定不需要判处刑罚或者免除刑罚的，人民检察院可以作出不起诉决定”。

当然，该等案例也给予辩护人非常重要且可参考的启示。当行为人在组织、领导传销犯罪活动中，层级和人数已达到法定追诉标准，为了最大限度地为当事人争取到理想、有效的辩护效果，那么辩护人应当着重审查：(1)行为人是否具有自首、坦白、初犯、立功等情节；(2)行为人在整个传销组织的地位以及作用，是否是从犯；(3)是否获利以及获利多少，当然需要明确行为人收取的传销金额并不等于行为人非法获利的金额，如(2016)湘 0104 刑初 28 号案例；(4)如果案发前未退赔损失，那么辩护人应在征得当事人的同意并认可的情况下，积极与司法机关沟通退赔损失，以表明当事人的认罪态度。

不可忽视的是,对于该类型案件,如果检察院阶段未能争取到酌定不起诉,那么及至审判阶段,也应为当事人争取免予刑事处罚,但判决并非辩护人所能确定,因此亦只能尽人事,听天命。具体案例如(2016)湘10刑终104号、(2014)易刑一初字第3号、(2015)梅刑初字第71号等。

5. 关于禁止量刑上重复性评价的辩护策略。

所谓量刑上的禁止重复评价,通常是指法条所规定的构成要件要素,在刑罚裁量过程中,不能再度作为刑罚裁量事实,重复加以审酌,而作为加重或减轻刑罚的依据并且同一量刑情节不能被数次评价。虽然,该原则在我国并未有明确的法律规定,但其与《刑法》中的罪责刑相适应原则即"刑罚的轻重,应当与犯罪分子所犯罪行和承担的刑事责任相适应"是对应的。司法实践中也不乏这样的案例并且亦为最高人民法院认可。

如(2014)赣中刑二终字第83号案例,法院认为:原判在对蔡某以其曾因盗窃受过刑事处罚这一情节作为认定其构成本次犯罪的必要条件后,又以该情节作为其构成累犯的条件,并以累犯对其本次犯罪从重处罚属重复评价,不妥。鉴于蔡某盗窃数额刚过数额较大的起点,且盗窃作案仅一次,并能自愿认罪,可对其在原判基础上再酌情从轻处罚。

又如(2014)阜刑终字第00482号案例,法院认为:就本案而言,交警部门就是根据龚某田驾驶机动车超速行驶并且在事故发生后弃车离开现场认定其对事故负主要责任。即龚某田弃车离开现场的行为是其行为构成交通肇事罪的构成要件。因此,原判适用《最高人民法院关于审理交通肇事刑事案件具体应用法律若干问题的解释》第3条的规定,认定龚某田行为构成交通肇事罪,且系交通肇事后逃逸。显然是对其逃逸行为重复评价,属于适用法律错误,依法应予纠正。

同样,在组织、领导传销活动罪的定罪量刑过程中,也可能会出现这种情形。例如,被告人通过直接或间接收集资金300万元的情形下,没有组织、领导传销活动罪的其他行为,假设法院认定直接或间接收集资金300万元的行为构成了组织、领导传销活动罪,那么法院不能再对直接或间接收集资金300万元的行为进行评价。倘若法院再行评价此行为认为量刑在5年以上有期徒刑,这就违反了禁止量刑上重复性评价的原则。

6. 对涉嫌组织、领导传销活动罪的行为人发展的人数以及层级的认定直接决定对行为人的定罪量刑。

前文已提及，在组织、领导传销活动中，当行为人发展人数达到 30 人且层级在三级以上就有可能被追诉。而当组织、领导的参与传销活动人员累计达 120 人以上的，则构成了“情节严重”，则可能被判处 5 年以上有期徒刑，因此，就量刑而言，对于发展人数确定显得尤为重要。

司法实践中，常因客观条件的限制而无法逐一收集参与传销活动人员的言词证据。司法机关也主要结合依法收集并查证属实的缴纳、支付费用及计酬、返利记录，视听资料，传销人员关系图，银行账户交易记录，互联网电子数据，鉴定意见等证据，综合认定参与传销的人数、层级数等犯罪事实。当然，如此认定须注意以下几个问题：

（1）关于“虚点”。所谓虚点是指为达到上平台的要求，自己出钱以他人的名义加入组织，满足条件从而晋级，晋级后可以享受高一平台的待遇。笔者认为，“虚点”不应该计算在参与传销活动的人数之内。《最高人民法院、最高人民检察院、公安部关于办理组织领导传销活动刑事案件适用法律若干问题的意见》之所以将传销组织内部参与传销活动的人员规定为“达到 30 人以上”，其意图在于控制打击范围，只有传销组织内部参与传销活动的人员达到 30 人以上，该种规模的传销活动的危害才会达到需要作为犯罪处理追究刑事责任的严重程度，不能因“虚点”的存在形式上达到 30 人就追究其组织者、领导者的刑事责任。司法实践，亦有案例如此认定。

如（2016）赣 03 刑终 9 号案例，法院认为：关于上诉人朱某甲上诉提出其伞下的传销人数没有 83 人，陈某乙 U 盘中的传销体系表与实际传销人员的数量不符的意见。经查，虽然侦查机关依法提取了陈某乙 U 盘中的传销人员关系图，上诉人也自始至终承认组织参与传销活动人员在 30 人以上且层级在三级以上，但是认定上诉人伞下的传销人数为 83 人缺乏其他证据相互印证。首先，上诉人在一审、二审时对传销人员关系图的真实性予以否认，声称其传销组织中存在为提升级别而借用他人名义自购自返“产品”等问题。其次，相关传销组织人员的银行账户记录也无法证实上诉人组织参与传销活动的人数是否达到了 83 人。综上，认定上诉人组织参与传销活动的人数为 83 人证据不足，上诉人的相关上诉意见予以采纳……因根据现有证据无法确认上诉人组织参与传销活动人员的具体人数已达 83 人，根据其犯罪事实和情节，对其还可酌情从轻处罚，故依法应当予以改判。

又如(2015)洪刑初字第 93 号案例，法院认为：本案被告人徐某在组织、领导传销活动中，其会员名下注册的会员到达了 361 人，但因注册的会员中存在系借用父母、子女、亲朋好友的身份证虚拟注册，且本案中没有对被告人徐某收取会员的传销资金数额进行鉴定，故认定被告人徐某系情节严重的行为证据欠充足，根据《最高人民法院、最高人民检察院、公安部关于办理组织领导传销活动刑事案件适用法律若干问题的意见》第 4 条第 1 项、第 2 项的规定，被告人徐某的行为认定为《刑法》第 224 条之一规定的“情节严重”不宜，应处 5 年以下有期徒刑或者拘役，并处罚金。

(2)关于参与传销活动人员认定。参与传销活动人员应仅限于实际参与传销活动的人员，包括传销活动的原始发起者、策划者、操纵者以及“以缴纳费用或者购买商品、服务等方式获得加入资格”的人员。对于没有获得加入资格、不属于传销组织中某一层级的单纯提供劳务的人员，不能计算为组织内部参与传销活动的人员。单纯提供劳务的人员，尽管客观上为他人直接从事传销活动提供了方便，但其行为对该传销活动的规模及造成的危害不会产生影响，因而不应将这些人员计算在内，从而避免不当扩大打击范围或加重组织者、领导者的刑事责任。

(3)对于发展人数应结合证据综合认定，仅凭电子物证检查报告、被告人自书传销体系图，不能认定传销人数。如在(2015)蜀刑初字第 00393 号案例中，法院认为：对于被告人唐某、陈某达到老总级别，组织、领导的传销体系内的传销人员达到十九级 339 人的指控事实，公诉机关仅提供了电子物证检查报告予以证实，唐某、陈某均供述虽已达到老总级别，但先后离开传销团队，不知下线具体人员。公诉机关认定的上述传销人员下线人数，证据不足。辩护人相应的辩护意见，法院予以采纳。与之相类似,(2015)绵刑终字第258号案亦是如此。

7. 本罪主要涉及两档量刑,分别是一般情节和情节严重。通过裁判文书网检索相关案例,达到第二档量刑情节主要涉及:(1)组织、领导的参与传销活动人员累计达120人以上的;(2)直接或者间接收取参与传销活动人员缴纳的传销资金数额累计达250万元以上的两种情形。当然,即便情节严重,在具备从犯、自首、重大立功等可能减轻处罚情节时,行为人依然有适用缓刑的可能。

如(2021)云0502刑初780号案例,被告人李某以买卖虚拟的"动物"为名,要求参加者进行交易获得有效会员资格,并按照一定顺序组成层级,以发展人员的数量作为计酬和返利的依据,通过虚构、夸大盈利前景等宣传方式,引诱他人参与其中,骗取财物。其共计发展下级会员层级十层,直接推荐人数211人,有效下级会员数2669个,获利共计人民币798,444.14元,在传销活动的扩大过程中起关键作用,情节严重,其行为已触犯《刑法》,构成组织、领导传销活动罪。因被告人在共同犯罪中系从犯,且存在自首、认罪认罚情节,可从宽处罚。最终判处被告人有期徒刑2年6个月,缓刑3年。

又如(2020)云0624刑初55号案例,被告人洪某通过推荐人账户"tiger1"介绍加入到杭州我是小丑科技有限公司"IAMCLOWN"并成为该公司会员后,利用社交软件推送广告来实现收益为幌子,通过网络平台直接或者间接发展会员,实际上各会员系通过购买虚拟种子的本金及返息来获得推荐奖励,骗取财物,严重扰乱经济社会秩序。被告人洪某直接或间接发展的下线会员数达到120人以上,且层级在三级以上,其行为已构成组织、领导传销活动罪,且系情节严重。因被告人存在自首和认罪认罚情节,可从宽处罚。最终判处被告人有期徒刑3年,缓刑4年。

类似案例如(2019)云2924刑初103号、(2018)云0626刑初95号、(2019)云0825刑初10号、(2019)云2926刑初17号、(2019)云2926刑初20号、(2018)云0421刑初152号等。

第二十五章

走私普通货物罪

一、《刑法》规定

第153条　走私本法第一百五十一条、第一百五十二条、第三百四十七条规定以外的货物、物品的，根据情节轻重，分别依照下列规定处罚：

（一）走私货物、物品偷逃应缴税额较大或者一年内曾因走私被给予二次行政处罚后又走私的，处三年以下有期徒刑或者拘役，并处偷逃应缴税额一倍以上五倍以下罚金。

（二）走私货物、物品偷逃应缴税额巨大或者有其他严重情节的，处三年以上十年以下有期徒刑，并处偷逃应缴税额一倍以上五倍以下罚金。

（三）走私货物、物品偷逃应缴税额特别巨大或者有其他特别严重情节的，处十年以上有期徒刑或者无期徒刑，并处偷逃应缴税额一倍以上五倍以下罚金或者没收财产。

单位犯前款罪的，对单位判处罚金，并对其直接负责的主管人员和其他直接责任人员，处三年以下有期徒刑或者拘役；情节严重的，处三年以上十年以下有期徒刑；情节特别严重的，处十年以上有期徒刑。

对多次走私未经处理的，按照累计走私货物、物品的偷逃应缴税额处罚。

二、辩点解析

1.行为人主观上是否具有走私、逃避海关监管的主观故意,其行为是否存在合法解释,如误解海关规定或意图合规但执行不当等。

海关监管下进行的正常贸易行为,主观上没有走私的故意,客观上没有偷逃国家关税,不构成走私普通货物、物品犯罪。根据《关于办理走私刑事案件适用法律若干问题的意见》之规定,“行为人明知自己的行为违反国家法律法规,逃避海关监管,偷逃进出境货物、物品的应缴税额,或者逃避国家有关进出境的禁止性管理,并且希望或者放任危害结果发生的,应认定为具有走私的主观故意”。主观故意需要证据证明,且需要达到证据确实、充分的证明标准。就认定层次而言,应首采证据证明(直接或间接证明),只有在证明不能的情况下,才能适用法律推定。

关于走私犯罪主观故意的推定规范如下:

(1)《关于办理走私刑事案件适用法律若干问题的意见》第5条关于走私犯罪嫌疑人、被告人主观故意的认定问题规定:“行为人明知自己的行为违反国家法律法规,逃避海关监管,偷逃进出境货物、物品的应缴税额,或者逃避国家有关进出境的禁止性管理,并且希望或者放任危害结果发生的,应认定为具有走私的主观故意。走私主观故意中的‘明知’是指行为人知道或者应当知道所从事的行为是走私行为。具有下列情形之一的,可以认定为‘明知’,但有证据证明确属被蒙骗的除外:(一)逃避海关监管,运输、携带、邮寄国家禁止进出境的货物、物品的;(二)用特制的设备或者运输工具走私货物、物品的;(三)未经海关同意,在非设关的码头、海(河)岸、陆路边境等地点,运输(驳载)、收购或者贩卖非法进出境货物、物品的;(四)提供虚假的合同、发票、证明等商业单位委托他人办理通关手续的;(五)以明显低于货物正常进(出)口的应缴税额委托他人代理进(出)口业务的;(六)曾因同一种走私行为受过刑事处罚或者行政处罚的;(七)其他有证据证明的情形。”

(2)《打击非设关地成品油走私专题研讨会会议纪要》第2条关于主观故意的

认定规定:“行为人没有合法证明,逃避监管,在非设关地运输、贩卖、收购、接卸成品油,有下列情形之一的,综合其他在案证据,可以认定具有走私犯罪故意,但有证据证明确属被蒙骗或者有其他相反证据的除外:(一)使用‘三无’船舶、虚假船名船舶、非法改装的船舶,或者使用虚假号牌车辆、非法改装、伪装的车辆的;(二)虚假记录船舶航海日志、轮机日志,进出港未申报或者进行虚假申报的;(三)故意关闭或者删除船载AIS系统、GPS及其他导航系统存储数据,销毁手机存储数据,或者销毁成品油交易、运输单证的;(四)在明显不合理的隐蔽时间、偏僻地点过驳成品油的;(五)使用无实名登记或者无法定位的手机卡、卫星电话卡等通讯工具的;(六)使用暗号、信物进行联络、接头的;(七)交易价格明显低于同类商品国内合规市场同期价格水平且无法作出合理解释的;(八)使用控制的他人名下银行账户收付成品油交易款项的;(九)逃避、抗拒执法机关检查,或者事前制定逃避执法机关检查预案的;(十)其他可以认定具有走私犯罪故意情形的。”

(3)《关于打击粤港澳海上跨境走私犯罪适用法律若干问题的指导意见》规定:“具有下列情形之一的,可以认定船舶、车辆出租人、出借人明知或者应当知道他人实施违法犯罪,但有证据证明确属被蒙骗或者有其他相反证据的除外:(一)出租人、出借人未经有关部门批准,擅自将船舶改装为可运载冻品等货物用的船舶,或者进行伪装的;(二)出租人、出借人默许实际承运人将船舶改装为可运载冻品等货物用船舶,或者进行伪装的;(三)因出租、出借船舶、车辆用于走私受过行政处罚,又出租、出借给同一走私人或者同一走私团伙使用的;(四)出租人、出借人拒不提供真实的实际承运人信息,或者提供虚假的实际承运人信息的;(五)其他可以认定明知或者应当知道的情形。是否属于‘三无’船舶,按照《‘三无’船舶联合认定办法》(署缉发〔2021〕88号印发)规定认定。”

前述三个文件均明确,存在列举情形的,可以认定具有主观故意。既然“可以”,则非“应当”。亦明确“有证据证明确属被蒙骗的除外”“有证据证明确属被蒙骗或者有其他相反证据的除外”,即并非出现列举情形,就一定会被认定为具有故意,即便出现列举情形,只要有证据证明确属被蒙骗的或者有其他相反证据的,不可认定为故意。

2. 行为人是否客观上实施了违反海关法律及行政法规、逃避海关监管的行为？

行为人的行为不符合走私普通货物、物品罪的构成要件，行为性质可能为其他法律法规所调整，行为人的行为存在合法的解释，如误解海关规定或意图合规但执行不当，行为人通过合法渠道申报或处理货物，但因某些程序问题导致走私的指控等均可以作为辩护重点。

3. 偷逃应缴税额未达到起刑点是否符合单位犯罪？

自然人偷逃应缴税额10万元以上；单位偷逃应缴税额20万元以上即构成本罪。同时，逃税额在10万~20万时要考察是否符合单位犯罪条件。如符合单位犯罪的条件，则可以逃税额未达到追诉起刑点作自然人的无罪辩护。

4. 未偷逃税款，客观上不会给国家造成关税损失。

走私普通货物罪的社会危害性不仅表现在违反国家海关监管制度方面，更主要是表现在偷逃关税，给国家税收造成损失。行为人若采用了不如实报关的手段逃避海关监管，但由于在客观上没有偷逃税款，亦不会给国家造成关税损失，不应以走私普通货物罪论处。

5. 罪轻辩护。

根据犯罪情节、补税情况、国家税款损失、认罪态度、悔罪表现等情形采取罪轻辩护。如是否系初犯、偶犯；是否存在认罪认罚、自首、坦白、立功等法定从宽情节；是否存在主动补缴税款，无犯罪前科等酌定量刑情节，请求从轻、从宽处罚；是否存在海关监管漏洞原因，争取从轻处罚。

三、实务运用

1. 犯罪单位决策者的自首可视为单位自首。

在《刑事审判参考》总第24集第151号案例中，法院认为：被告人在接受调查时主动交待侦查机关尚未掌握的被告单位走私犯罪的事实，被告人是被告单位的主要决策者，其主动交待被告单位犯罪的行为代表了被告单位的意志，系被告单位行为。且该行为符合《关于处理自首和立功具体应用法律若干问题的解释》第1

条的规定,属于单位自首。

2. 在代理转口贸易中不如实报关的行为是否构成走私普通货物罪?

在《刑事审判参考》总第35集第267号案例中,法院认为:本案被告人,其主观意图是将暂行进口的货物复运出境,及时交货,其行为手段虽违反了海关监管规定,但依海关有关规定,其缴纳的税款按有关规定不产生退税,现有证据亦不能证实其违法行为可获取非法利益,且未对国家税收造成实际损失。因此,被告人的违法行为不属于走私行为,不构成走私普通货物罪。

3. 以单位名义实施走私犯罪,现有证据只能证实少量违法所得用于单位的经营活动,绝大部分违法所得的去向无法查清的,是单位犯罪。

在《刑事审判参考》总第43集第336号案例中,法院认为:本案中,被告人代表通华公司伙同其他被告人采取由通华公司包税方式签订代理进口合同,自己或通过他人逃避海关监管,将移动电信设备等货物走私进口,偷逃应缴税额的行为,属于以通华公司名义实施的走私犯罪,应认定为单位走私犯罪。

4. 在单位犯罪中应当负刑事责任的人员,又以自然人身份实施了与单位犯罪所触罪名相同的犯罪,这种情况下,对行为人应当进行数罪并罚。

在《刑事审判参考》总第58集第455号案例中,法院认为:本案被告人分别作为各自所在单位的直接责任人员实施了(单位)走私普通货物罪,此外还以自然人身份独立实施了走私普通货物罪,虽然这两种犯罪罪名相同,但二者的犯罪构成具有本质的不同,显然属于两种犯罪,因此,这种情况应属于数罪,应当适用《刑法》第69条的规定进行数罪并罚。

5. 在走私犯罪案件中,如何认定行为人对夹藏物品是否具有走私的故意以及对走私对象中夹藏的物品确实不明知的,是否适用相关规范性文件中根据实际走私对象定罪处罚的规定。

其一,在走私犯罪案件中,应当根据相关合同约定、夹藏物品归属主体及所占体积、行为人所收报酬等情况综合认定行为人对夹藏物品是否具有走私的故意。其二,对走私对象中夹藏物品确实不明知的,不应按照实际走私的对象定罪处罚,即对夹藏物品不构成走私犯罪。如《刑事审判参考》总第91集第840号案例,法院认为：被告人主观上具有走私二手废旧电子产品入境的明确故意，亦即被告人主观上明确知道其帮助走私的对象是废旧电子产品，被告人自始至终都不知道也无法知道走私的货物中含有其他普通货物，应以走私废品罪一罪论处。

6. 如何认定走私共同犯罪中主、从犯。

可以从两个层面的主、从犯认定问题予以辨析：一是单位之间主、从犯的认定；二是单位内部责任人员主、从犯的认定。如《刑事审判参考》总第 93 集第 873 号案例，法院认为：第一，本案被告单位在共同犯罪中起次要作用，是从犯，依法减轻处罚。第二，单位主要负责人所在的被告单位不是主犯，但其在共同犯罪中起主要作用，依法可以认定为主犯。第三，单位内部一般员工系走私单位的普通员工，在共同犯罪中所处地位和作用为次要，应当认定为从犯。

7. 犯罪工具与合法财产混同时，如何保护合法权益？

如《刑事审判参考》总第 134 集第 1510 号案例，法院认为：本案中，涉案物品为被告人共同出资购买，平时用于正常经营，如果直接判决予以没收，不符合罪责刑相适应及比例原则，故应当按照其所涉犯罪，以没收一定比例钱款的方式没收该作案工具。

8. 对于走私犯罪的故意，证据难以证明时，只能根据证据已经证明的事实予以推知。但并非一概能够认定。

如在渝检一分院刑不诉(2016)6 号案例中，检察院认为：本案中季某某确有向刘某乙、袁某某等人指定的银行账户转账，以及与齐某某短信联系的客观行为，但在案证据无法确实、充分地证实季某某明知向某某购买的大米系走私入境。同案人向某某未证实过季某某主观明知，直接走私人刘某乙等人也未证实季某某主观上明知是为购买走私进境的大米而实施转账等行为。故认定季某某主观明知是走私大米而提供帮助行为的证据不足，本案不符合起诉条件。

在(2016)云 09 刑初 384 号、(2017)云刑终 1351 号案例中，法院认为：关于被告人苏某对走私、运输毒品作“主观不明知”的辩解，根据法庭质证的证据和查明的事实，被告人苏某对被告人李某香走私、运输毒品的行为，虽然实施监视跟踪，其间并具有通信联系和相同的行动轨迹等客观事实，但该事实不能表明被告人苏某与李某香具有走私、运输毒品的共同犯意和主观明知必然联系。被告人苏某辩称：是一不知名的“老板”让其负责全程监视李某香的行踪。至于为何要对李某香进行跟踪监视，苏某不能自圆其说，有悖于常理，但不必然得出被告人苏某“主观明知”的唯一结论。从本案指控的事实和证据看，公诉机关并没有形成证据锁链，足以证明被告人苏某构成犯罪且符合主客观方面相统一的犯罪构成要素和证据确实、充分，达到排除一切合理怀疑的证明标准。故公诉机关指控被告人苏某犯罪的事实不清，证据不足。

9. 在共同走私犯罪中，行为人分工、作用、地位以及所处的环节、是否获利，均是认定是否具有故意的参考。

仅是出于亲情、朋友等帮忙完成一些事务性工作，对于犯罪行为没有实质性推进作用，也没有获利的，应不能认定为具有共同犯罪的故意。如靖检刑不诉〔2022〕134 号案例，检察院认为：王某某上述行为，主观上不明知其帮李某某邮寄的货物是走私货物，其帮助李某某邮寄货物是一般朋友之间的帮助，王某某与李某某没有走私货物的共同主观故意，不是李某某走私犯罪的共犯，其行为不构成犯罪。又如(2000)海中法刑初字第 117 号案例，法院认为：被告人韦某、陈某、刘某虽然多次帮助走私人员运输货物，但并未与走私人员共谋，没有共同走私的故意，所以不能认定该三人构成走私犯罪。再如(2013)穗中法刑二初字第 42 号案例，法院认为：被告人许某乙的多次供述均未明确指证许某甲具有走私的共同犯意以及许某甲知道广某甲公司的货物是通过走私方式进口的。被告人许某甲从未供认过其有走私的主观故意。许某甲负责广某甲公司货物交接等具体工作，但现有证据不足以印证该行为与走私行为有直接的关联性。另外，侦查机关未能收集郑某能、陈某乙卿等人指证被告人许某甲共同参与走私犯罪行为的证言，本案亦无其他证据印证被告人许某甲有走私的主观故意和参与了共同走私犯罪行为。故公诉机关对被告人许某甲构成走私普通货物罪的指控证据不足，法院不予支持。

第二十六章

生产、销售伪劣产品罪

一、《刑法》规定

第 140 条　生产者、销售者在产品中掺杂、掺假，以假充真，以次充好或者以不合格产品冒充合格产品，销售金额五万元以上不满二十万元的，处二年以下有期徒刑或者拘役，并处或者单处销售金额百分之五十以上二倍以下罚金；销售金额二十万元以上不满五十万元的，处二年以上七年以下有期徒刑，并处销售金额百分之五十以上二倍以下罚金；销售金额五十万元以上不满二百万元的，处七年以上有期徒刑，并处销售金额百分之五十以上二倍以下罚金；销售金额二百万元以上的，处十五年有期徒刑或者无期徒刑，并处销售金额百分之五十以上二倍以下罚金或者没收财产。

二、辩点解析

根据《刑法》第 140 条规定，生产、销售伪劣产品罪，是指生产者、销售者在产品中掺杂、掺假，以假充真，以次充好或者以不合格产品冒充合格产品，销售金额 5 万元以上的行为。对此概念进行分析，生产、销售伪劣产品罪具有如下辩点：

1. 何为“掺杂、掺假，以假充真，以次充好”？

掺杂、掺假，以假充真，以次充好是生产、销售伪劣产品的具体行为方式。《最高人民法院、最高人民检察院关于办理生产、销售伪劣商品刑事案件具体应用法律若干问题的解释》第 1 条明确指出：“在产品中掺杂、掺假”，是指在产品中掺入杂质或者异物，致使产品质量不符合国家法律、法规或者产品明示质量标准规定的质量要求,降低、失去应有使用性能的行为;"以假充真",是指以不具有某种使用性能的产品冒充具有该种使用性能的产品的行为;"以次充好",是指以低等级、低档次产品冒充高等级、高档次产品,或者以残次、废旧零配件组合、拼装后冒充正品或者新产品的行为。

根据上述规定可知,无论是掺杂、掺假,以假充真,以次充好,都存在使产品应有使用性能不具备或者降低、失去的特征。因此,若行为人虽然存在在产品中掺杂、掺假,以假充真,以次充好的行为,但是并未对产品的应有使用性能造成影响,且不违反产品质量管理法律法规的,就不构成本罪。

2. 何为"以不合格产品冒充合格产品"?

根据《刑法》第 140 条规定,"以不合格产品冒充合格产品"是生产、销售伪劣产品的具体行为方式之一。根据《最高人民法院、最高人民检察院关于办理生产、销售伪劣商品刑事案件具体应用法律若干问题的解释》第 1 条之规定,"不合格产品"是指不符合《产品质量法》第 26 条第 2 款规定的质量要求的产品,也即不符合《产品质量法》第 26 条第 2 款"产品质量应当符合下列要求:(一)不存在危及人身、财产安全的不合理的危险,有保障人体健康和人身、财产安全的国家标准、行业标准的,应当符合该标准;(二)具备产品应当具备的使用性能,但是,对产品存在使用性能的瑕疵作出说明的除外;(三)符合在产品或者其包装上注明采用的产品标准,符合以产品说明、实物样品等方式表明的质量状况"之规定的产品,视为不合格产品。

结合《刑法》第 140 条和《最高人民法院、最高人民检察院关于办理生产、销售伪劣商品刑事案件具体应用法律若干问题的解释》中关于"掺杂、掺假,以假充真,以次充好"的具体解释可以看出,生产、销售伪劣产品罪中,"掺杂、掺假,以假充真,以次充好"三种行为方式的最终指向都是"以不合格产品冒充合格产品",三种行为方式的核心要义是"不合格产品"。

3. 何为生产者、销售者?

《产品质量法》第 2 条第 2 款规定:产品是指经过加工、制作,用于销售的产品。因此,《刑法》第 140 条规定的生产者是指产品的制造者和加工者,销售者是指产品的批量或零散经销售卖者，在此前提下，只要达到刑事责任年龄和具有刑事责任能力的自然人，就能成为本罪的犯罪主体。同时，根据《刑法》第150条“单位犯本节第一百四十条至第一百四十八条规定之罪的，对单位判处罚金，并对其直接负责的主管人员和其他直接责任人员，依照各该条的规定处罚”之规定，若单位生产、销售伪劣产品的，也构成本罪。

4.故意。

构成生产、销售伪劣产品罪，行为人必须具有主观故意，也即行为人必须在明知自己的生产、销售行为会发生扰乱产品质量管理秩序和侵犯消费者的合法权益，对社会主义市场经济秩序造成影响，仍然为了实现其牟利目的，故意在生产、销售的产品中掺杂、掺假，以假充真，以次充好或者故意以不合格产品冒充合格产品进行生产、销售，希望或者放任危害结果的发生。但若生产者、销售者在生产、销售的过程中已经明确告知消费者产品存在质量瑕疵的，在无任何欺瞒行为的前提下，交易双方出于公平、公正、自由的贸易规则对不合格产品进行买卖，并未扰乱产品质量管理秩序和侵犯消费者的合法权益的，不构成本罪。《产品质量法》第26条第2款也明确规定，如果“对产品存在使用性能的瑕疵作出说明的”，该产品不属于不合格产品。

实践中，除了根据行为人的供述来确定其是否具有主观的故意，还需要根据行为人的从业经历、认知能力、进货渠道和价格、销售渠道和价格以及生产、销售的方式等来综合判定行为人的主观故意。

5.何为伪劣产品？

结合上述分析，生产销售伪劣产品罪的本质特征是以不合格产品冒充合格产品，但是《产品质量法》中的产品不合格不代表该不合格产品就当然地属于《刑法》意义上的“伪劣产品”。

一个产品是否属于伪劣产品，需要着重审查该产品是否符合产品质量管理法律法规、应有使用性能是否降低或失去以及是否实质侵害到本罪所保护的法益。

对于有明确质量规定标准的产品，按照相关法律法规进行判断。如果行为人的掺杂、掺假，以假充真，以次充好行为导致产品低于国家规定的质量标准，那该产品就可以被定义为《刑法》规定的“伪劣产品”。但需要注意的是,如果该掺杂、掺假,以假充真,以次充好行为并未导致产品质量不符合质量检验标准,并未使产品的使用性能降低或者失去,在此种情况下,即使有掺杂、掺假,以假充真,以次充好的行为,也不宜将行为人生产、销售的产品“一刀切”地定性为“伪劣产品”。

对于没有国家质量标准规定的产品,应根据产品的实际性能对产品是否为伪劣产品进行判断。虽然《最高人民法院、最高人民检察院关于办理生产、销售伪劣商品刑事案件具体应用法律若干问题的解释》第 1 条规定,对“掺杂、掺假”“以假充真”“以次充好”“以不合格产品冒充合格产品”行为难以确定的,应当委托法律、行政法规规定的产品质量检验机构进行鉴定。但是现实生活中,产品质量鉴定意见可能存在瑕疵,甚至会有部分产品无法找到鉴定机构以进行鉴定的情况,因此在对该类无国家质量标准规定的产品进行“伪劣”评判时,应通过有效物质含量、物理机械强度等理化指标来展现产品的质量状况,根据日常生活经验以及产品的实际使用性能情况来综合对产品的伪劣进行评判,不应仅凭借口感、手感、舒适、美观、时尚等主观感受来评判。

另外,若该产品并无危及人身、财产安全的不合理危险,具备产品应有使用性能,不会侵犯消费者合法权益,破坏产品质量管理秩序和社会主义市场经济秩序,即使该产品不符合《产品质量法》或其他法律法规的产品质量规定,也不宜将该不合格产品定性为《刑法》意义上的“伪劣产品”①。

6. 销售金额。

《刑法》第 140 条规定,构成本罪还需要销售金额达到 5 万元以上。根据《最高人民法院、最高人民检察院关于办理生产、销售伪劣商品刑事案件具体应用法律若干问题的解释》第 2 条第 1 款规定:“销售金额”,是指生产者、销售者出售伪劣产品后所得和应得的全部违法收入。也即“销售金额”不仅包括生产者、销售者出售伪劣产品后已得到的违法收入,还包括伪劣产品已出售而根据约定应得的全部违法收入。

---

① 参见陈然:《生产、销售伪劣产品罪中“伪劣产品”司法定性的路径》,载《人民法治》2024 年总第 174 期。

根据《最高人民检察院、公安部关于公安机关管辖的刑事案件立案追诉标准的规定(一)》,若行为人生产、销售伪劣产品的金额未达到以下三种情形,则未达到本罪的入罪标准:(1)伪劣产品的销售金额未在5万元以上的;(2)尚未销售的伪劣产品货值金额未在15万元以上的;(3)伪劣产品销售金额不满5万元,将尚未销售金额乘以3倍后,与尚未销售的伪劣产品货值金额合计未在15万元以上。

三、实务运用

1. 涉案产品并不属于伪劣产品。

根据《产品质量法》和相关产品质量标准规定,伪劣产品是质量和性能指标无法达到国家、行业、地区标准,不具备相应的使用性能的产品。因此,制作伪劣产品界定时可结合产品的使用性能、质量鉴定等综合评判。对无国家、地区、行业标准的新型产品,重点审查该产品是否存在危及人身、财产安全隐患,是否具备应有使用性能的。

如在(2017)辽14刑终164号赵某扬、孙某彬生产销售伪劣产品案中,法院认为:混凝土是一种特殊商品,是由胶凝材料与砂、石等骨料,与水等外加剂按一定比例配合,胶凝材料中包括了水泥等复合材料。其质量、性能的优劣体现的是能否满足建筑物构件的设计强度等级要求,并非单纯地通过混凝土中水泥的多少来评定混凝土的优劣。涉案的由赵某扬出具的十批次混凝土配合比中,无证据证实混凝土中水泥使用数量违背了国家标准或行业标准,况且渤海玉园小区4楼项目工程也已经销售、使用,没有证据证实上诉人赵某扬所生产的混凝土属于伪劣产品。

类似案例检例第85号刘某鹏涉嫌生产、销售"伪劣产品"不起诉案。

2. 行为人不具有掺杂、掺假,以假充真,以次充好等欺骗行为。

行为人在生产、销售产品时,若依据该产品的国家、地区、行业标准,行为人并未实行掺杂、掺假,以假充真,以次充好等行为,并未欺骗消费者,将不合格的、不具有产品应有使用性能的产品以合格的、具有产品应有使用性能的产品进行生产、销售,则不构成犯罪。

如在(2016)皖0621刑初50号王某华、王某云生产、销售伪劣产品案中,法院认为:被告人王某华、王某云、郑某强主观上系以获得奖卡(奖金)及异地销售利益为目的,客观上未破坏对白酒质量起保护作用的内瓶塞,白酒与外界的隔离状态并未被改变,三被告人开盖取奖的行为与两项理化指标不合格之间存在因果关系的证据不足,不能将三被告人的行为认定为生产、销售伪劣产品的行为。同时,被告人范某冬、郝某平、李某从王某华处购进、销售取奖后的口子窖白酒的行为,亦不能认定为销售伪劣产品的行为。

3.行为人不具有生产、销售伪劣产品的主观故意。

行为人的主观犯罪故意需要结合行为人的供述、证人证言、行为人的从业背景、行为人的认知能力及产品的进货价格、销售价格、货物样式与包装、进货渠道、交易方式等证据综合评判。若在案证据并不能证明行为人具有生产、销售伪劣产品的主观故意,则不宜对行为人进行定罪处罚。

如在(2018)甘09刑终125号甘肃疏勒河蔚丰现代农业科技发展有限公司、姜某等生产、销售伪劣产品案中,法院认为:经二审审查,蔚丰公司与农户在履行合同过程中,因宁夏中杞生态农业科技有限公司违约,导致蔚丰公司不能如期向农户交付种苗,为了履行与农户签订的预售红枸杞苗木合同义务,姜某在没有考察林木种苗质量检验证、产地检疫合格证及标签的情况下,从宁夏万瑞盛源苗木种植专业合作社、宁夏农户郭某处购买红枸杞苗木后,安排曹某负责向农户进行销售。据此,原判认定被告单位及被告人主观上具有明知是伪劣种苗而予以销售的故意,认定该行为构成销售伪劣产品罪的事实不清、证据不足。本案从已查明的事实及现有证据看,证实上诉人单位及上诉人姜某、曹某具有销售伪劣枸杞苗木的主观故意证据不足。因蔚丰公司提供给农户的种苗发生质量问题,蔚丰公司又和农户签订补充协议,对质量不合格的苗木进行补苗,对销售的伪劣种子又与农户协商补苗,并对部分农户损失已作赔偿。关于上诉人单位蔚丰公司、上诉人姜某、曹某所提"主观上不明知销售的枸杞苗木是伪劣苗木,无犯罪的故意,其行为不构成犯罪"的上诉理由及辩护意见,经查,与事实相符,予以采信。

4. 涉案物品的鉴定意见违反法律规定,不能作为证据使用。

《最高人民法院、最高人民检察院关于办理生产、销售伪劣商品刑事案件具体应用法律若干问题的解释》第1条规定,对"掺杂掺假"等行为难以确定的,应当委托法律、行政法规规定的产品质量检验机构进行鉴定。司法实践中,对于产品类型的案件,司法机关通常都会就涉案产品的质量合格与否委托鉴定机构进行鉴定。因此,在司法实践中,对涉案物品鉴定相关证据的审查也是案件辩护的重要环节。根据《刑事诉讼法》的规定,鉴定需要满足鉴定主体、鉴定程序合法等一系列条件,对鉴定意见的审查可以从鉴定检材、鉴定标准、鉴定方法、鉴定程序等方面出发,没有合法的鉴定意见或者鉴定意见无法证明案涉产品伪劣性的,不构成本罪。

若存在鉴定机构不具有法律、行政法规规定的产品质量检验鉴定资格,鉴定人不具备法定的资格和条件,鉴定标准适用错误,鉴定过程和方法不符合相关专业的规范要求,鉴定对象与送检材料、样本不一致,鉴定意见与证明对象没有关联,送检材料、样本来源不明或者确实被污染等情况,鉴定意见无法予以采信的,则该份鉴定意见不能作为生产、销售伪劣产品罪的定案依据,行为人就可能因证据不足而不构成犯罪。

如在(2016)黑0223刑初11号王某军、程某东生产、销售伪劣产品案中,法院认为:本案的鉴定意见书不是司法鉴定书,未加盖司法鉴定专用章和司法鉴定人名章,加盖的是威龙公司鉴定专用章,鉴定人加盖的是高级农艺师名章,实际上是行业内部的鉴定书,是否认定应参照行业内部规定衡量。本案中的鉴定属于农作物种子质量纠纷田间现场鉴定,参加鉴定的程某、刘某4具有高级农艺师职称,但办法规定现场鉴定由种子管理机构组织专家鉴定组进行,且专家鉴定组人数应为3人以上的单数,专家鉴定组组成不符合该办法规定的,现场鉴定无效,故根据以上规定,该鉴定不能采信。本案2012年在克山县古城镇志程村种植的种薯没有留存样本,无法再进行鉴定,是否能构成犯罪,是以假充真还是以不合格产品冒充合格产品,缺乏证据支持。类似案例还有民检公诉刑不诉〔2019〕120号。

5. 犯罪金额的认定与是否构罪及定罪量刑息息相关。

销售金额或者货值金额作为生产、销售伪劣产品罪的构罪要件和加重情节,其数额大小在辩护过程中具有重大意义。

销售金额是指生产者、销售者出售伪劣产品后所得和应得的全部违法收入。货值金额是指尚未被销售或预售的伪劣产品的标价总额。

(1)若行为人生产、销售伪劣产品的销售金额未达到以下标准,则不构成犯罪:①伪劣产品的销售金额未在5万元以上的;②尚未销售的伪劣产品货值金额未在15万元以上的;③伪劣产品销售金额不满5万元,将尚未销售金额乘以3倍后,与尚未销售的伪劣产品货值金额合计未在15万元以上。

如在(2010)巴刑初字第64号谭某英销售伪劣产品案中,法院认为:根据鉴定意见,查扣谭某鲜处卷烟品牌中有“软红金龙(红)”品牌卷烟,而在被告人谭某英处查扣卷烟品牌中并无该品牌卷烟,说明谭某鲜在“名优卷烟精品店”经营活动中还存在为他人销售伪劣卷烟的行为,因此不能认定被告人谭某英是“名优卷烟精品店”的实际经营者,故公诉机关指控“富农种业”门市部与“名优卷烟精品店”均是被告人谭某英的经营场所的事实不清、证据不足,故在“名优卷烟精品店”中查获的23,520元伪劣卷烟货值金额不能累加计算在被告人谭某英的涉案金额之内,因此被告人谭某英尚未销售的伪劣卷烟、雪茄烟等烟草专卖品货值金额达到《刑法》第140条规定的销售金额定罪起点数额标准的3倍以上即15万元以上的证据不足,指控的犯罪不能成立。

类似案例还有(2017)冀09刑终132号天津市康仕达化工涂料有限公司、张某伟生产、销售伪劣产品罪二审案。

(2)若行为人生产、销售伪劣产品的销售金额或货值金额超过构罪立案标准,则根据其具体涉案的销售金额或货值金额进行定罪处罚。

如在(2018)云0802刑初11号朱某某生产、销售伪劣产品一审案中,法院认为:被告人朱某某违反国家产品质量监督管理规定,销售伪劣烟草制品,破坏社会主义市场经济秩序,其行为构成销售伪劣产品罪。货值金额达356,802.5元,应在2年以上7年以下有期徒刑的法定刑幅度内予以量刑,并处销售金额50%以上2倍以下罚金。被告人朱某某的销售行为因意志以外的原因未得逞,属犯罪未遂。同时,其存在坦白情节。最终判处朱某某有期徒刑3年,缓刑4年,并处罚金人民币20万元。

在(2018)云0302刑初316号李某1、李某2生产、销售伪劣产品一审案中,法院认为被告人李某1和李某2成立某食品厂,生产并销售不合格产品,李某1所涉不合格产品销售金额为3,323,006.71元,李某2其所涉不合格产品销售金额为110万余元,二人成立生产、销售伪劣产品罪的共同犯罪。在共同犯罪中,李某2起次要作用,属从犯,同时其存在自首情节,依法可从宽处罚。最终判处李某2有期徒刑3年,缓刑4年,并处罚金人民币60万元。

(3)另外,本罪在实践中通常表现为行为人持续性的在某一时间段内多次、反复的实施本罪犯罪行为。根据《最高人民法院、最高人民检察院关于办理生产、销售伪劣商品刑事案件具体应用法律若干问题的解释》第2条规定,对于行为人多次实施生产、销售伪劣产品行为的,若此前犯罪行为未被处理过,就会将每一次实施本罪犯罪行为产生的销售金额或者货值金额累计计算。

(4)同时,在实践中,还存在行为人生产了伪劣产品但是还未销售就被公安机关查获或者已经销售,但是存在部分为伪劣产品部分为合格产品的情况。针对还未销售的伪劣产品,《最高人民法院、最高人民检察院关于办理生产、销售伪劣商品刑事案件具体应用法律若干问题的解释》规定,若该部分伪劣产品的货值金额达到《刑法》第140条规定的销售金额3倍以上的,以生产、销售伪劣产品罪(未遂)定罪处罚。对于存在部分合格产品的情况,该部分合格产品的销售金额应当予以扣除。

第二十七章

生产、销售、提供假药罪

一、《刑法》规定

第141条　生产、销售假药的，处三年以下有期徒刑或者拘役，并处罚金；对人体健康造成严重危害或者有其他严重情节的，处三年以上十年以下有期徒刑，并处罚金；致人死亡或者有其他特别严重情节的，处十年以上有期徒刑、无期徒刑或者死刑，并处罚金或者没收财产。

药品使用单位的人员明知是假药而提供给他人使用的，依照前款的规定处罚。

二、辩点解析

生产、销售、提供假药罪，是指生产者、销售者、提供者违反国家药品管理法律法规，故意生产、销售、提供假药的行为以及药品使用单位及其工作人员明知是假药而提供给他人使用的行为。据此概念及《刑法》规定，本罪具有如下辩点：

1. 何为“违反国家药品管理法律法规”？

要认定行为是否构成生产、销售、提供假药罪，应首先确定行为是否违反国家药品管理法律法规。为维护国家药品管理秩序的稳定和人的身体健康、生命安全，国家颁行了一系列药品生产、销售、使用有关的法律、法规、规章等规范性文件，旨在保障药品生产、销售、提供使用过程中的用药安全，若行为人在生产、销售、提供药品的过程中，违反国家药品管理法律规定，生产、销售、使用了与国家药品管理法律规定不符合的药品，则构成本罪。

2. 何为“假药”？

根据《刑法》规定，本罪的犯罪对象仅限于假药。《药品管理法》第 98 条第 2 款明确规定，不符合下述情形的，为假药：（1）药品所含成份与国家药品标准规定的成份不符；（2）以非药品冒充药品或者以他种药品冒充此种药品；（3）变质的药品；（4）药品所标明的适应症或者功能主治超出规定范围。《最高人民法院、最高人民检察院关于办理危害药品安全刑事案件适用法律若干问题的解释》（高检发释字〔2022〕1 号）第 19 条第 1 款也明确：《刑法》第 141 条所规定的“假药”，依照《药品管理法》的规定认定。因此，若生产者、销售者、提供者，生产、销售、提供的药品不符合《药品管理法》第 98 条第 2 款规定的情形，该药品即为假药。

同时，《最高人民法院、最高人民检察院关于办理危害药品安全刑事案件适用法律若干问题的解释》第 19 条第 2 款也对假药的认定方法进行了明确：对于《药品管理法》第 98 条第 2 款第 2 项、第 4 项规定的假药，能够根据现场查获的原料、包装，结合犯罪嫌疑人、被告人供述等证据材料作出判断的，可以由地市级以上药品监督管理部门出具认定意见。对于依据《药品管理法》第 98 条第 2 款的其他规定认定假药，或者是否属于第 98 条第 2 款第 2 项规定的假药存在争议的，应当由省级以上药品监督管理部门设置或者确定的药品检验机构进行检验，出具质量检验结论。司法机关根据认定意见、检验结论，结合其他证据作出认定。

3. 何为生产、销售、提供？

本罪中的生产行为，不仅包括制造、加工与配制的行为，也包括采集与收集的行为。根据《最高人民法院、最高人民检察院关于办理危害药品安全刑事案件适用法律若干问题的解释》，以生产、销售、提供假药、劣药为目的，合成、精制、提取、储存、加工炮制药品原料，或者在将药品原料、辅料、包装材料制成成品过程中，进行配料、混合、制剂、储存、包装的，应当认定为《刑法》第 141 条规定的“生产”。根据该司法解释，单纯的储存、包装行为，以及印制包装材料、标签、说明书的行为，也成立生产、销售假药罪中的生产行为。

根据《现代汉语词典》，销售是指卖出商品，该行为对象不特定，表现为有偿转让行为(包含秘密转让、批量、零售、直销)。提供是指供给(意见、资料、物资、条件等),即指将某物或某种服务给予或交付给需要的人或机构。本罪中销售和提供属于记述性构成要件要素,根据一般生活经验即可进行判断。

需要特别注意的是,药品使用单位及其工作人员明知是假药、劣药而有偿提供给他人使用的,《最高人民法院、最高人民检察院关于办理危害药品安全刑事案件适用法律若干问题的解释》第6条第2款明确将其认定为《刑法》第141条规定的"销售"行为,若无偿提供的,则应认定为《刑法》第141条"提供"。根据《药品经营和使用质量监督管理办法》第77条第4款规定,"药品使用单位"包括医疗机构、疾病预防控制机构等。

4. 何为"对人体健康造成严重危害或者有其他严重情节""其他特别严重情节"?

不特定多数人的身体健康、生命安全是本罪保护的法益之一。作为本罪的量刑加重情节,《最高人民法院、最高人民检察院关于办理危害药品安全刑事案件适用法律若干问题的解释》对行为人生产、销售、提供假药达到何种情形应认定为"对人体健康造成严重危害或者有其他严重情节""其他特别严重情节"作了明确规定。

应认定为"对人体健康造成严重危害"的情形:(1)造成他人轻伤或者重伤;(2)造成他人轻度残疾或者中度残疾;(3)造成他人器官组织损伤导致一般功能障碍或者严重功能障碍以下后果的;(4)其他对人体健康造成严重危害。

应认定为"其他严重情节"的情形:(1)引发了较大突发公共卫生事件。(2)生产、销售、提供假药的金额达到20万元以上不满50万元。(3)生产、销售、提供假药的金额10万元以上不满20万元,且具有酌情从重处罚的情形,具体为:①涉案药品的主要使用对象为孕产妇、儿童或者危重病人;②涉案药品属于麻醉药品、精神药品、医疗用毒性药品、放射性药品、生物制品,或者以药品类易制毒化学品冒充其他药品;涉案药品属于注射剂药品、急救药品的;③涉案药品是用于应对自然灾害、事故灾难、公共卫生事件、社会安全事件等突发事件的;④药品使用单位及其工作人员生产、销售假药的。(4)根据生产、销售、提供的时间、数量、假药种类、对人体健康危害程度等,应当认定为其他严重情节的情形:(1)致人重度残疾以上的;(2)造成3人以上重伤、中度残疾或者器官组织损伤导致严重功能障碍的;(3)造成5人以上轻度残疾或者器官组织损伤导致一般功能障碍的;(4)造成10人以上轻伤的;(5)引发重大、特别重大突发公共卫生事件的;(6)生产、销售、提供假药的金额50万元以上的;(7)生产、销售、提供假药的金额20万元以上不满50万元,并具有酌情从重处罚的情形的;(8)根据生产、销售、提供的时间、数量、假药种类、对人体健康危害程度等,应当认定为情节特别严重的。

需要特别注意的是,若行为人是根据民间传统配方私自加工药品或者销售上述药品,数量不大,且未造成他人伤害后果或者延误诊治的,或者行为人实施的是不以营利为目的,带有自救、互助性质的生产、进口、销售药品的行为的,不应当认定为犯罪。对于是否属于民间传统配方难以确定的,根据地市级以上药品监督管理部门或者有关部门出具的认定意见,结合其他证据作出认定。

5. 故意。

生产、销售、提供假药罪主观方面表现为故意,即行为人明知自己生产、销售、提供假药的行为会扰乱药品管理秩序,侵害他人身体健康、生命安全,却仍然故意生产、销售、提供,希望或者放任危害后果的发生。因此,对于不知道是假药而生产、销售、提供的不构成该罪。根据《最高人民法院、最高人民检察院关于办理危害药品安全刑事案件适用法律若干问题的解释》第10条之规定,对于行为人是否具有犯本罪的主观故意,应当结合行为人的从业经历、认知能力、药品质量、进货渠道和价格、销售渠道和价格以及生产、销售方式等事实综合判断。若行为人在生产、销售、提供假药过程中存在:(1)药品价格明显异于市场价格的;(2)向不具有资质的生产者、销售者购买药品,且不能提供合法有效的来历证明的;(3)逃避、抗拒监督检查的;(4)转移、隐匿、销毁涉案药品、进销货记录的;(5)曾因实施危害药品安全违法犯罪行为受过处罚,又实施同类行为等五种行为的,可以推定行为人具有生产、销售、提供假药的主观故意,但如有证据证明行为人确实不存在主观故意的,行为人不构成本罪。

6. 共犯。

根据《最高人民法院、最高人民检察院关于办理危害药品安全刑事案件适用法律若干问题的解释》第 9 条规定,行为人在明知他人实施危害药品安全犯罪,而有下列情形之一的,以共同犯罪论处:(1)提供资金、贷款、账号、发票、证明、许可证件的;(2)提供生产、经营场所、设备或者运输、储存、保管、邮寄、销售渠道等便利条件的;(3)提供生产技术或者原料、辅料、包装材料、标签、说明书的;(4)提供虚假药物非临床研究报告、药物临床试验报告及相关材料的;(5)提供广告宣传的;(6)提供其他帮助的。

因此,虽然行为人不是生产者、销售者、提供者,但若行为人在生产、销售、提供假药过程中给予了生产者、销售者、提供者帮助,起到了辅助作用,也会构成本罪。

三、实务运用

1. 行为人不具有生产、销售、提供假药的主观故意。

构成本罪,必须以行为人具有生产、销售、提供假药的主观故意为前提。因此,在辩护过程中,行为人是否具有主观故意是证据审查的重点,若综合在案证据,并无证据证明行为人具有犯本罪的主观故意,则行为人不构成本罪。

如在(2018)鄂 0506 刑初 172 号唐某秀生产、销售假药案中,法院认为:唐某秀按照高某开具的中药处方,在自己诊所内配齐中药后,委托王某加工成中药丸药,后将丸药交患者付某服用。经查,公诉机关未提供唐某秀在委托王某加工丸药时,就知道王某没有《药品生产许可证》或《医疗机构制剂许可证》的证据。现有证据不能证明唐某秀明知王某没有药品生产许可证。而销售假药罪的主观要件,是明知自己销售的是假药仍进行销售。唐某秀将王某加工的丸药交付某服用时,没有销售假药的主观故意。按照主客观方面一致原则,公诉机关指控唐某秀犯销售假药罪,缺乏主观方面的构成要件。故公诉机关指控唐某秀犯销售假药罪的证据不充分,指控不能成立。

生产、销售、提供假药罪的客观方面主要表现为生产者、销售者、提供者违反国家的药品管理法律法规,生产、销售、提供假药的行为。若行为人生产、销售、提供的药品不属于假药,则行为人不构成本罪。

如在(2019)津0112刑初607号强某立生产、销售假药案中,法院认为:根据《刑法》第141条的规定,生产、销售假药罪中所称假药,是指依照《药品管理法》的规定属于假药和按假药处理的药品、非药品。公诉机关指控被告人强某立犯生产、销售假药罪所依据的原《药品管理法》第48条第3款第2项"有下列情形之一的药品,按假药论处:……(二)依照本法必须批准而未经批准生产、进口,或者依照本法必须检验而未经检验即销售的"的规定已废止。而根据现行《药品管理法》第121条的规定,对于假药、劣药的认定必须有药品检验机构进行质量检测并出具检验或者鉴定意见予以证明。但公诉机关并未提供相关检验或鉴定意见予以佐证,公安机关亦出具情况说明,表明无法对涉案"透骨液"进行成份检测,现有证据无法证明被告人强某立生产、销售的"透骨液"系假药。综上,公诉机关指控被告人强某立犯生产、销售假药罪的证据不足,指控罪名不能成立。

2. 根据《刑法》第141条之规定,本罪升格法定刑时,必须以行为人生产、销售、提供假药的行为"对人体健康造成严重危害或者有其他严重情节的"抑或有"致人死亡或者有其他特别严重情节的",并且该危害后果的产生必须与行为人生产、销售、提供假药的行为具有因果关系。

如在(2020)内22刑终56号王某1生产、销售假药案中,法院认为:针对上诉人金某要求被告人王某1赔偿其经济损失的上诉请求,经查,本案现有证据不能证实上诉人金某的经济损失与被告人王某1生产、销售假药的行为存在法律上的因果关系,故对上诉人金某的上诉请求不予支持。

再如在(2015)叶刑初字第236号乔某某生产、销售假药,秦某某销售假药案中,法院认为,在卷鉴定意见书分析说明显示:其符合心、肺疾病发作致急性呼吸循环衰竭死亡。服用秘特灵影响了其冠心病、慢性胸膜炎、肺气肿的正规治疗,对其死亡起到一定的促进作用。结论显示,被鉴定人李某某符合心、肺疾病发作致急性呼吸循环衰竭死亡。据此,法院依法通知鉴定人到庭对该鉴定意见当庭予以说明,鉴定人明确表示李某某死亡原因是心、肺疾病发作致急性呼吸循环衰竭死亡。因该药具有治疗哮喘的作用,缓解了症状,被害人未去正规治疗,所以分析说明中显示服用秘特灵影响了其冠心病、慢性胸膜炎、肺气肿的正规治疗,对其死亡起到一定的促进作用;但该假药药物成份不会对人体健康造成危害。综合以上鉴定意见,法院认为,该药与被害人李某某死亡之间并不存在因果关系,且该药物成分是否对李某某身体造成严重危害没有进一步的鉴定予以证明,亦无证据证明二被告人生产、销售假药的行为属于其他严重情节的情形。故应对二被告人在3年以下量刑,其辩护人提出的量刑意见法院予以采纳。公诉机关指控被告人乔某某、秦某某生产、销售假药,对人体健康造成严重危害,证据不足,不予采纳。被害人近亲属的委托代理人提出应对二被告人在10年以上量刑的意见无证据支持,法院不予采纳。

3. 根据《刑法》第141条及《最高人民法院、最高人民检察院关于办理危害药品安全刑事案件适用法律若干问题的解释》的规定,本罪法定升格刑与涉案金额息息相关,因此,在本罪的辩护过程中,犯罪数额的多少也是辩护的重点。

如在(2018)鲁1482刑初100号王某销售假药罪一案中,法院认为:关于起诉书指控的被告人王某将5盒“喘平胶囊”销售给患者服用,被告人王某对此不予认可,公诉机关虽提交有证人贾某金的证言以及在贾某金处扣押的“喘平胶囊”1瓶,但该证据不足以证实销售数量为5盒,而被告人王某此前在侦查机关及在庭审中对“喘平胶囊”的销售数量供述一致,称销售给贾某金1瓶“喘平胶囊”,综上,公诉机关提供的证据不能相互印证从而形成完整的证据链条,根据证据存疑有利于被告人的原则,法院认定被告人王某销售“喘平胶囊”的数量为1盒。

再如在(2018)冀0535刑初60号朱某林生产、销售假药案中,法院认为:对于涉案的数量数额,辩护人对公安机关根据顺欣物流公司收发货详单整理的朱某林涉案记录提出异议,被告人朱某林也提出其中还包括部分口腔含片的辩解,经过核对清单,本着有利于被告人的原则,对收货人手机号确定为朱某林且收货件数与货款金额相符的59件予以认定。

4. 若行为人涉案的药品中存在没有生产、销售或者提供的部分,对于该部分涉案药品金额应当予以扣减。

如在(2018)闽01刑终246号林某某、侯某某生产、销售假药案中,法院认为:

从林某某家中查获的药品是否计入销售金额问题。林某某提出从其家中查获的药品系其母亲和岳母自用的,该部分药品金额应当予以扣除的意见。经查,首先,从其提供了其母亲和岳母的医院证明看,二人确实患有乙肝和癌症,而查扣的药品确实是两种疾病所使用的药品。其次,从查扣的地点看,是在其家中,而不是经营场所。最后,从查扣的药品数量来看,11 种药品总共 35 盒,数量较小。因此,现有证据无法排除查扣的药品系其家属自用,故林某某家中查获的药品金额 24,490 元依法予以扣除。

第二十八章

生产、销售不符合安全标准的食品罪

一、《刑法》规定

第 143 条　生产、销售不符合食品安全标准的食品，足以造成严重食物中毒事故或者其他严重食源性疾病的，处三年以下有期徒刑或者拘役，并处罚金；对人体健康造成严重危害或者有其他严重情节的，处三年以上七年以下有期徒刑，并处罚金；后果特别严重的，处七年以上有期徒刑或者无期徒刑，并处罚金或者没收财产。

二、辩点解析

生产、销售不符合安全标准的食品罪，是指生产者、销售者违反国家食品安全管理法规，明知生产、销售的食品不符合安全标准而进行生产、销售，足以造成严重食物中毒事故或者其他严重食源性疾患的行为。结合《刑法》第 143 条规定，对此概念进行解析，本罪有如下辩点：

1. 何为违反国家食品安全管理法规?

食品安全关乎民生大计。为维护国家食品安全管理制度的稳定和消费者的健康权利，我国颁行了一系列食品安全法律法规及食品安全的国家标准、地区标准和行业标准。若生产者、消费者违反国家食品安全法律法规规定，生产、销售不符合国家食品安全标准或者地区食品安全标准的行为，即可能构成本罪。

2. 何为“不符合食品安全标准”?

根据《食品安全法》第 150 条之规定，食品安全，指食品无毒、无害，符合应当有的营养要求，对人体健康不造成任何急性、亚急性或者慢性危害。因此，食品安全标准，是指生产经营食品或者生产销售某一类食品所必须达到的食品安全的具体安全指标和要求，如国家食品安全标准，地方食品安全标准，主管部门、企业食品安全标准。食品安全标准是强制执行的标准，若行为人生产、销售的食品经检验各项理化指标不符合上述食品安全标准的，即为不符合食品安全标准的食品。

3. 何为“足以造成严重食物中毒事故或者其他严重食源性疾患”？

本罪是危险犯，构成本罪，不仅需要满足生产了不符合安全标准的食品，还需达到足以造成严重食物中毒事故或者其他严重食源性疾患的程度。所谓“食物中毒”是指食用了被有毒、有害物质污染的食品或者食用了含有毒、有害物质的食品后出现的急性、亚急性疾病。所谓“食源性疾病”，依据《食品安全法》的规定，是指食品中致病因素进入人体引起的感染性、中毒性等疾病，包括食物中毒。如何认定“足以造成严重食物中毒事故或者其他严重食源性疾患”，《最高人民法院、最高人民检察院关于办理危害食品安全刑事案件适用法律若干问题的解释》第1条已作了明确规定。

对于生产、销售不符合食品安全标准的食品，具有下述五种情形的，应当认定为《刑法》第143条规定的“足以造成严重食物中毒事故或者其他严重食源性疾病”：(1)含有严重超出标准限量的致病性微生物、农药残留、兽药残留、生物毒素、重金属等污染物质以及其他严重危害人体健康的物质的；(2)属于病死、死因不明或者检验检疫不合格的畜、禽、兽、水产动物肉类及其制品的；(3)属于国家为防控疾病等特殊需要明令禁止生产、销售的；(4)特殊医学用途配方食品、专供婴幼儿的主辅食品营养成分严重不符合食品安全标准的；(5)其他足以造成严重食物中毒事故或者严重食源性疾病的情形。需要注意的是，本处“足以造成”并不需要实际已经造成了后果，只要有证据表明假设该食品流通到市场有极大可能会造成后果，若已经造成了后果会被认定为严重后果而加重处罚。

同时，根据《最高人民法院、最高人民检察院关于办理危害食品安全刑事案件适用法律若干问题的解释》第24条规定，对“足以造成严重食物中毒事故或者其他严重食源性疾病”等专门性问题难以确定的，司法机关可以依据鉴定意见、检验报告、地市级以上相关行政主管部门组织出具的书面意见,结合其他证据作出认定。必要时,专门性问题由省级以上相关行政主管部门组织出具书面意见。

4. 何为“对人体健康造成严重危害或者有其他严重情节”“后果特别严重”?

本罪有构成条件、严重后果和特别严重的后果三档刑期的认定,因此,作为法定升格刑,对于何为《刑法》第143条规定“对人体健康造成严重危害或者有其他严重情节”“后果特别严重”的认定也尤为重要,生产、销售不符合安全标准的食品产生的结果到底属于三档中的哪一档,对刑期有着很大的影响。

根据《最高人民法院、最高人民检察院关于办理危害食品安全刑事案件适用法律若干问题的解释》的规定,应当认定为《刑法》第143条规定的“对人体健康造成严重危害”的情形:(1)造成轻伤以上伤害的;(2)造成轻度残疾或者中度残疾的;(3)造成器官组织损伤导致一般功能障碍或者严重功能障碍的;(4)造成10人以上严重食物中毒或者其他严重食源性疾病的;(5)其他对人体健康造成严重危害的情形。

应当认定为《刑法》第143条规定的“其他严重情节”的情形:(1)生产、销售金额20万元以上的;(2)生产、销售金额10万元以上不满20万元,不符合食品安全标准的食品数量较大或者生产、销售持续时间6个月以上的;(3)生产、销售金额10万元以上不满20万元,属于特殊医学用途配方食品、专供婴幼儿的主辅食品的;(4)生产、销售金额10万元以上不满20万元,且在中小学校园、托幼机构、养老机构及周边面向未成年人、老年人销售的;(5)生产、销售金额10万元以上不满20万元,曾因危害食品安全犯罪受过刑事处罚或者2年内因危害食品安全违法行为受过行政处罚的;(6)其他情节严重的情形。

应当认定为《刑法》第143条规定的“后果特别严重”的情形:(1)致人死亡的;(2)造成重度残疾以上的;(3)造成3人以上重伤、中度残疾或者器官组织损伤导致严重功能障碍的;(4)造成10人以上轻伤、5人以上轻度残疾或者器官组织损伤导致一般功能障碍的;(5)造成30人以上严重食物中毒或者其他严重食源性疾病的;(6)其他特别严重的后果。

5. 故意。

本罪的主观构成要件为故意,即只有行为人明知生产、销售的食品不符合安全标准而仍然予以生产、销售时,才能构成本罪。因此,对于行为人主观上是否具有故意的判定,关系行为人是否能够无罪的结果。对于行为人是否主观明知,除根据行为人本人的供述予以认定外,还应当综合行为人的认知能力、食品质量、进货或者销售的渠道及价格等主客观因素进行判定。

三、实务运用

1. 行为人主观上并无故意生产、销售不符合食品安全标准的食品的故意。

本罪主观上要求行为人具有明知的故意,如果行为人主观故意事实不清,也没有足够的证据来证明行为人的主观意识,则不构成本罪。

如在(2017)川34刑初66号吴某某、潘某某生产、销售不符合安全标准的食品案中,法院认为:销售不符合安全标准的食品罪系故意犯罪,其构成要件是明知不符合安全标准的食品仍实施销售。本案现有证据不能证实被告人吴某某、潘某某具有明知"众里寻他千百度烤肉店"内供人饮用的泡酒里含有致毒物质(甲醇)的事实,且被告人通过投资正常经营餐饮,其对自己经营的场所内发生食品安全事故应持排斥心态,并无犯罪的主观动机,公诉机关认定二被告人具有故意销售不符合安全标准的食品的行为,系证据不足,且有违常理,不符合基本逻辑。另外,甲醇作为非食品原料的有毒物质,不会在枸杞大枣泡酒的正常制作与自然发酵中产生如此高的浓度。因此,由于本案所涉"甲醇毒源"以及其产生原因等关键问题未能查清,现有证据不能证明被告人的经营行为与被害人的伤亡存在《刑法》上的因果关系,不能排除本案由其他原因而造成被害人甲醇中毒的合理怀疑,故本案基本事实不清,证据不足,公诉机关对被告人吴某某、潘某某犯销售不符合安全标准的食品罪的指控不成立。

又如在汶检二部刑不诉〔2021〕Z58号张某某涉嫌生产、销售不符合安全标准的食品罪一案中,检察院认为:本院审查并退回补充侦查,现有证据不能证实张某某明知其销售的猪肉为可能含有病毒成分的不符合安全标准的食品,本院认为汶上县公安局认定的犯罪事实不清、证据不足，不符合起诉条件。依照《刑事诉讼法》第 175 条第 4 款的规定，决定对张某某不起诉。

本罪客观方面表现为生产者、销售者违反国家食品安全管理法规，生产、销售不符合安全标准的食品，足以造成严重食物中毒事故或者其他严重食源性疾病的行为。其构罪前提是生产者、销售者生产、销售的产品为不符合食品安全标准的食品，同时该生产、销售不符合食品安全标准的食品的行为，必须达到足以造成严重食物中毒事故或者其他严重食源性疾病。因此，若在案证据无法认定行为人生产的为不符合食品标准的食品，并且该食品经过检验为合格产品，不能认定该食品会造成严重食物中毒事故或者其他严重食源性疾病，则行为人就不构成此罪。

如在(2016)鄂 0607 刑初 134 号樊某某犯生产、销售不符合安全标准的食品罪一案中，法院认为：被告人樊某某经营的"樊某某酱品厂"生产的食品为大头菜、梅干菜等腌制品，并非食用盐。被告人樊某某于 2012 年 4—10 月从徐某处购买 21 吨工业盐用于腌制大头菜，因公诉机关未能提供工业盐及大头菜等相应产品的检验报告，无法认定被告人樊某某生产的大头菜是否含有损害人体健康的有害物质。公诉机关指控被告人樊某某犯生产不符合安全标准的食品罪，事实不清、证据不足。被告人樊某某共计从董某云处购买 40 吨不含碘的精制盐用于腌制的大头菜，经襄阳市产品质量监督检验所检验为合格产品，不能认定该食品会造成严重食物中毒事故或者其他严重食源性疾病，公诉机关指控被告人樊某某犯生产不符合安全标准的食品罪缺乏法律依据，其指控不能成立。辩护人袁某关于"1. 被告人樊某某购买非碘盐用于腌制大头菜对外出售，其行为仅违反行政法规的规定，并未触犯刑法；2. 被告人樊某某腌制生产的大头菜，均经过襄阳市产品质量监督检验所检验，都是合格产品，说明被告人樊某某生产的并非不符合安全标准的食品；3. 生产不符合安全标准的食品立案标准是，食品中含有可能导致严重食物中毒事故或者其他严重食源性疾患超标准的有害细菌、其他污染物的。被告人樊某某生产的大头菜既未检测出可能导致严重食源性疾患的超标准的有害细菌，也未检测出超标准的污染物，未达到刑事立案追诉的标准。综上，被告人樊某某的行为是一般违法行为，不构成犯罪"的辩护意见，符合庭审查明的事实及法律规定,法院予以采纳。

又如在(2017)闽0821刑初92号叶某某生产、销售不符合安全标准的食品罪一案中,法院认为:公诉机关提供的现有证据只能证实被告人叶某某于2015年8月14日使用明矾加工油条出售的事实,未能就被告人超限量滥用食品添加剂这一前提事实,以及该行为"足以造成严重食物中毒事故或者其他严重食源性疾病的"基础事实,提供确实、充分的证据,根据"存疑有利于被告人"的原则,不能认定被告人有罪。类似案例还有汉滨检刑不诉〔2022〕42号。

2. 犯罪数额的梳理也是本罪辩护的重点。犯罪数额作为本罪的加重情节,对本罪行为人的定罪量刑至关重要。因此,在辩护过程中,辩护人需要仔细审查行为人犯罪的时间段、涉案食品的生产和销售数量以及涉案食品相关的交易流水,对行为人的犯罪数额进行精确的认定,通过犯罪数额的扣减以达到为行为人争取轻缓或者不起诉等结果的目的。

第二十九章

生产、销售有毒、有害食品罪

一、《刑法》规定

第 144 条　在生产、销售的食品中掺入有毒、有害的非食品原料的，或者销售明知掺有有毒、有害的非食品原料的食品的，处五年以下有期徒刑，并处罚金；对人体健康造成严重危害或者有其他严重情节的，处五年以上十年以下有期徒刑，并处罚金；致人死亡或者有其他特别严重情节的，依照本法第一百四十一条的规定处罚。

二、辩点解析

生产、销售有毒、有害食品罪，是指生产者、销售者违反食品安全管理法律法规，故意在生产、销售的食品中掺入有毒、有害的非食品原料或者销售明知掺有有毒、有害的非食品原材料的食品的行为。结合《刑法》第 144 条的规定，对此概念进行分析，本罪具有如下辩点：

1. 何为“违反食品安全管理法律法规”？

本罪所保护的客体也为国家食品安全的管理制度和不特定多数人的身体健康、生命安全。作为食品安全领域的刑事罪名，本罪也适用我国食品安全法律法规及食品安全的国家、地区、行业标准。因此，若生产者、销售者在生产、销售过程中，违背食品安全法律法规，在产品中添加有毒、有害的非食品原料物质，致使产品不符合我国食品安全标准，扰乱我国食品安全管理秩序，对他人身体健康和生命安全造成危害，则构成本罪。

2. 何为“有毒、有害的非食品原料”?

有毒、有害的非食品原料是指对人体具有生理毒性,食用后会引起不良反应,损害肌体健康的不能食用的原料。根据《最高人民法院、最高人民检察院关于办理危害食品安全刑事案件适用法律若干问题的解释》第 9 条之规定,应当认定为《刑法》第 144 条规定的“有毒、有害的非食品原料”有以下三种:(1)因危害人体健康,被法律、法规禁止在食品生产经营活动中添加、使用的物质;(2)因危害人体健康,被国务院有关部门列入《食品中可能违法添加的非食用物质名单》《保健食品中可能非法添加的物质名单》和国务院有关部门公告的禁用农药、《食品动物中禁止使用的药品及其他化合物清单》等名单上的物质;(3)其他有毒、有害的物质。

对于有毒、有害食品的非食品原料的认定,需要根据专门鉴定机构的鉴定予以认定。根据《最高人民法院、最高人民检察院关于办理危害食品安全刑事案件适用法律若干问题的解释》第 24 条的规定,“有毒、有害的非食品原料”等专门性问题难以确定的,司法机关可以依据鉴定意见、检验报告、地市级以上相关行政主管部门组织出具的书面意见,结合其他证据作出认定。必要时,专门性问题由省级以上相关行政主管部门组织出具书面意见。

需要特别注意的是,根据前述司法解释规定,在食品生产、销售、运输、贮存等过程中,违反食品安全标准,超限量或者超范围滥用食品添加剂,足以造成严重食物中毒事故或者其他严重食源性疾病的,应以生产、销售不符合安全标准的食品罪定罪处罚。

3. 何为“对人体健康造成严重危害或者有其他严重情节”及“其他特别严重情节”?

根据《刑法》第 144 条规定,“对人体健康造成严重危害或者有其他严重情节”及“其他特别严重情节”是本罪法定升格刑的量刑标准。

根据《最高人民法院、最高人民检察院关于办理危害食品安全刑事案件适用法律若干问题的解释》第 2 条和第 6 条的规定,具有下列情形之一的,应当认定为生产、销售有毒、有害食品罪中的“对人体健康造成严重危害”:(1)造成轻伤以上伤害的;(2)造成轻度残疾或者中度残疾的;(3)造成器官组织损伤导致一般功能障碍或者严重功能障碍的;(4)造成10人以上严重食物中毒或者其他严重食源性疾病的;(5)其他对人体健康造成严重危害的情形。

根据《最高人民法院、最高人民检察院关于办理危害食品安全刑事案件适用法律若干问题的解释》第7条规定,具有下列情形之一的,应当认定为《刑法》第144条规定的“其他严重情节”:(1)生产、销售金额20万元以上不满50万元的;(2)生产、销售金额10万元以上不满20万元,有毒、有害食品数量较大或者生产、销售持续时间6个月以上的;(3)生产、销售金额10万元以上不满20万元,属于特殊医学用途配方食品、专供婴幼儿的主辅食品的;(4)生产、销售金额10万元以上不满20万元,且在中小学校园、托幼机构、养老机构及周边面向未成年人、老年人销售的;(5)生产、销售金额10万元以上不满20万元,曾因危害食品安全犯罪受过刑事处罚或者2年内因危害食品安全违法行为受过行政处罚的;(6)有毒、有害的非食品原料毒害性强或者含量高的;(7)其他情节严重的情形。

4. 故意。

本罪的主观构成要件为故意,只要行为人主观上明知生产、销售的产品中添加了有毒、有害的非食品原料依然予以生产、销售即构成本罪。对于本罪主观故意的认定,除依据行为人本人的供述认定外,根据《最高人民法院、最高人民检察院关于办理危害食品安全刑事案件适用法律若干问题的解释》第10条的规定,对行为人主观明知的认定,还可以综合行为人的认知能力、食品质量、进货或者销售的渠道及价格等主客观因素进行评判。若存在以下情形的,则推定行为人具有犯本罪的主观故意:(1)长期从事相关食品、食用农产品生产、种植、养殖、销售、运输、贮存行业,不依法履行保障食品安全义务的;(2)没有合法有效的购货凭证,且不能提供或者拒不提供销售的相关食品来源的;(3)以明显低于市场价格进货或者销售且无合理原因的;(4)在有关部门发出禁令或者食品安全预警的情况下继续销售的;(5)因实施危害食品安全行为受过行政处罚或者刑事处罚,又实施同种行为的;(6)其他足以认定行为人明知的情形。

若有证据明确证明行为人在生产、销售产品的过程中不具有生产、销售有毒、有害食品的故意的,则行为人不构成本罪。

三、实务运用

1. 行为人主观上不具有生产、销售有毒、有害食品的故意。

行为人具有主观故意是本罪构罪的基本前提，也即构成该罪，行为人需要对生产、销售有毒、有害食品可能造成的严重后果持放任态度。换言之，过失掺入有毒、有害的非食品原料，销售有毒、有害的食品，不构成本罪。

如(2019)冀0321刑再2号田某某生产、销售有毒、有害食品罪案，再审法院认为：本案控辩双方争议的焦点问题是原审被告人田某某在销售涉案保健品食品时主观上是否明知其为有毒、有害食品。公诉机关起诉书中认可原审被告人田某某未确定购买的保健品食品是否为掺有有毒、有害原料的食品而予以销售，仅凭原审被告人田某某在购买涉案保健品食品时未向销售方获取《保健食品批准证书》复印件和产品检验合格证，来认定其明知食品中含有有毒、有害成分，理据不足，法院不予采纳。综合现有证据，不足以证实原审被告人田某某主观上存在犯罪故意，不符合销售有毒、有害食品罪的犯罪构成要件，故公诉机关指控的罪名不能成立，法院不予支持。

再如(2016)京03刑终701号荆某等生产、销售有毒、有害食品案入库裁判要旨：

(1)关于生产、销售有毒、有害食品罪中生产者主观明知的认定问题。

①对于从生产现场查获有毒、有害的非食品原料，行为人不能作出合理解释的，可以认定行为人具有掺入行为或者对掺入行为明知。

②对于未能查获生产现场而仅在销售领域查获了成品的，则需要从以下几个方面考虑生产者是否具有掺入行为或对掺入是否明知：一是行为人的从业经历和背景；二是行为人在生产各个环节中的作用，是否具备掺入的客观条件和主观动机；三是生产流程是否规范。

(2)关于生产、销售有毒、有害食品罪中销售者主观明知的认定问题。

根据自2022年1月1日起施行的《最高人民法院、最高人民检察院关于办理危害食品安全刑事案件适用法律若干问题的解释》第10条的规定，“刑法第一百四十四条规定的‘明知’，应当综合行为人的认知能力、食品质量、进货或者销售的渠道及价格等主、客观因素进行认定。具有下列情形之一的，可以认定为刑法第一百四十四条规定的‘明知’，但存在相反证据并经查证属实的除外：（一）长期从事相关食品、食用农产品生产、种植、养殖、销售、运输、贮存行业，不依法履行保障食品安全义务的；（二）没有合法有效的购货凭证，且不能提供或者拒不提供销售的相关食品来源的；（三）以明显低于市场价格进货或者销售且无合理原因的；（四）在有关部门发出禁令或者食品安全预警的情况下继续销售的；（五）因实施危害食品安全行为受过行政处罚或者刑事处罚，又实施同种行为的；（六）其他足以认定行为人明知的情形”。类似案例还有（2022）冀96刑终61号、（2023）鲁16刑终170号、（2019）鲁0522刑初11号、（2021）冀0981刑初291号。

2. 本罪客观方面表现为在生产、销售的食品中掺入有毒、有害的非食品原料或者销售明知掺有有毒、有害的非食品原料的食品的行为。

（1）若行为人在生产、销售的食品中掺入的原料并非有毒、有害的非食品原料，则不构成本罪。

如在（2015）红刑初字第387号田某伟、谭某琼生产、销售不符合安全标准的食品案中，法院认为：被告人田某伟违反国家食品安全管理法规，违反食品安全标准，超范围滥用食品添加剂亚硝酸钠，造成一人死亡、多人中毒的严重后果，其行为已触犯《刑法》，构成生产、销售不符合安全标准的食品罪；被告人谭某琼明知被告人田某伟生产、销售不符合安全标准的食品而向其推荐和提供食品添加剂亚硝酸钠，与被告人田某伟构成生产、销售不符合安全标准的食品罪的共犯，其行为亦触犯《刑法》，构成生产、销售不符合安全标准的食品罪。公诉机关指控罪名有误，法院予以变更，理由：经查，“亚硝酸钠”属于“亚硝酸盐”的一种，系国务院有关部门公布的《食品中可能滥用的食品添加剂品种名单》中所列的一种食品添加剂；原国家卫生部、国家食品药品监管局于2012年5月28日下发的“2012年第10号公告”，虽然明令禁止餐饮服务单位采购、贮存、使用食品添加剂亚硝酸盐（亚硝酸钠、亚硝酸钾），但亚硝酸钠本身的属性仍属于食品添加剂，而不属于《刑法》第144条中规定的“有毒、有害的非食品原料”；被告人田某伟违反食品安全标准，在腌制鸡腿过程中超限量添加食品添加剂亚硝酸钠，并造成特别严重后果，其行为符合《刑法》第 143 条关于生产、销售不符合安全标准的食品罪的构成要件，应以生产、销售不符合安全标准的食品罪依法追究被告人田某伟、谭某琼的刑事责任。

又如在(2017)浙 0304 刑初 108 号邓某均、符某宣生产、销售有毒、有害食品案中，裁判要旨：根据《最高人民法院、最高人民检察院关于办理危害食品安全刑事案件适用法律若干问题的解释》(2021 年)第 9 条第 2 项的规定，国务院有关部门公布的《食品中可能违法添加的非食用物质名单》上的物质应当认定为"有毒、有害的非食品原料"，使用有毒、有害的非食品原料加工食品的，依照《刑法》第 144 条的规定以生产、销售有毒、有害食品罪定罪处罚。"口水油"作为废弃食用油脂，属于国家卫生主管机关明令禁止使用的非食用物质，属于《刑法》概念中的有毒、有害的非食品原料，使用"口水油"这一非食品原料加工食品并用于出售，构成生产、销售有毒、有害食品罪。鉴于生产、销售有毒、有害食品罪属于行为犯，只要实施该行为，无论有无造成危害后果，均构罪。类似案例还有(2011)济中刑终字第 40 号、(2022)渝 03 刑终 35 号、(2019)豫 96 刑终 24 号、(2014)扬刑二终字第 0032 号。

(2)若行为人没有实施在生产、销售的食品中掺入有毒、有害的非食品原料的行为或者没有明知是添加了有毒、有害的非食品原料还予以销售的行为的，也不构成本罪。

如在(2015)中一法刑一初字第 1892 号冯某胜生产、销售有毒、有害食品案中，法院认为：虽然鉴定意见证明，上述花贝、养贝用水中均检出氯霉素，但是并未从冯某胜处缴获用于盛放、添加氯霉素的作案工具；证人包括冯某胜档口的共同经营人吴某 2、供货商刘某，亦未指证冯某胜在花贝中添加氯霉素或明知花贝中含有氯霉素仍予以销售的行为。在其他市场经营水产品的证人梁某称加入"花某水"的花贝卖相好、成活率高，肯定有添加物质，其对所添加物质的陈述笼统，未必认识到那是有毒、有害物质，且其证言与冯某胜的行为并无直接关联；冯某胜到案后供述了其购入花贝等水产品进行零售经营的经过，坚称其只是用自来水、海盐、冰块养着花贝，不清楚怎么会检出氯霉素。且同日从供货商刘某处抽样送检的花贝及水样中均检出含量明显更高的氯霉素成分，不能排除冯某胜在获悉抽检结果前对所销售花贝含氯霉素确实不知情的合理怀疑。综合现有证据，不足证明冯某胜实施了在所销售花贝中添加氯霉素或者明知花贝含有氯霉素仍予以销售的行为。

3. 犯罪数额依然是本罪辩护的关键点，作为本罪法定升格刑的衡量标准，不同的犯罪数额意味着行为人量刑的轻重。

司法实践中，行为人犯本罪的，司法机关往往会委托鉴定机构对行为人犯罪时间段内的犯罪数额进行鉴定。就笔者正在办理的一起生产、销售有毒有害食品案来看，公安机关在侦查阶段即对涉案工厂 2019 年 3 月至 2023 年 8 月的涉案金额进行了鉴定，且认定该部分金额为行为人的涉案金额，但是本案存在的问题是，行为人 2019 年 12 月至 2023 年 8 月，均未在涉案工厂工作，并有相关同案行为人对此予以肯定。因此，该份鉴定意见所载的行为人的涉案数额缺乏事实和证据支撑，也是笔者下一步辩护工作的重点。

李　华

盈科律师事务所创始合伙人、副主任、盈科全国业务指导委员会主任。

李华律师作为盈科全国业务指导委员会主任，负责盈科体系内的专业化建设，带领盈科律师，构建出完整的专业化法律服务体系，包括研究院、律师学院、专业委员会及专业化建设法律中心，推动盈科律师专业化的法律服务，以适应法律服务市场不断细分的需要。在此基础上，通过集成各专业委员会纵深化的法律服务能力为客户提供综合性的法律服务。

全国律师行业优秀党员律师、北京市优秀律师、北京市律师行业优秀党务工作者，最高人民检察院第六和第七检察厅民事行政检察专家咨询网专家，中国人民大学法学院法律硕士专业学位研究生实务导师，《钱伯斯大中华区指南2023/2024》TMT：数据保护&隐私领域上榜律师，2024 The Legal 500亚太地区中国法域榜单金融科技领域推荐律师。

丁泽根

西南政法大学法律硕士，盈科全国青年工作委员会委员、中共北京盈科（昆明）律师事务所委员、盈科西南区域刑民交叉法律专业委员会副主任、盈科昆明管委会副主任、盈科昆明止善刑事团队创始人，同时多次荣获盈科律师事务所优秀刑事律师、优秀共产党员等称号。执业后，始终专注于刑事辩护，办案类型广泛且不乏大案要案，尤其擅长于经济与职务类犯罪辩护，具有丰富的刑事法律实务经验，多件代理案件获无罪、不起诉、缓刑，承办案件多数取得良好辩护效果。

刘　超

盈科昆明经济与职务犯罪法律事务部副主任、盈科昆明止善刑事团队副主任，2023年荣获盈科全国优秀刑事律师称号。进入律师行业十年以来，不仅专注于刑事案件，致力于刑事辩护，获得了诸多无罪、不起诉或者缓刑案例。同时，对医疗纠纷领域也深有研究，曾办理过300余件医疗纠纷案件，具有诸多医疗、医美等纠纷争议解决的实操成功案例。

顾娅萌

盈科昆明经济与职务犯罪法律事务部副主任、盈科昆明合规建设工作委员会秘书长、盈科昆明止善刑事团队成员，于2022年和2023年先后荣获盈科昆明优秀律师、优秀民事律师称号。自执业以来，在职务犯罪、经济犯罪、人身安全犯罪、妨害司法犯罪等领域已经提供了诸多刑事法律服务并取得了良好的辩护效果。同时，在民商事争议解决领域也深有研究，具有丰富的诉讼和非诉实务经验。

张维芳

盈科昆明专职律师、盈科昆明止善刑事团队成员，于2020年和2023年分别荣获盈科昆明“未来之星”和优秀律师称号，为2024年昆明市律师协会与云南大学法学院“青律之光”培训班(第一期)优秀学员。自执业以来，在经济犯罪、人身安全犯罪、妨害国（边）境管理犯罪等领域已经提供了诸多刑事法律服务，积累了一定的刑事实务经验；在民商事领域也深有研究，主要涉及票据纠纷、合同纠纷、侵权责任纠纷、物权保护纠纷等，至今已承办近300件民事案件；同时，先后服务法律顾问单位20余家，包括烟草公司7家、电网企业2家及酒店、民营企业10余家，具有丰富的诉讼及非诉实务经验。

谢婧恬

盈科昆明经济与职务犯罪法律事务部执行主任、盈科昆明人才战略与品牌建设工作委员会秘书长、盈科昆明业务建设工作委员会秘书长、盈科昆明止善刑事团队成员、高级企业合规师，于2023年荣获盈科昆明菁英人才称号。作为优秀共产党员，具有丰富的法律行业从业经验和综合法律服务方案设计经验。从业以来，始终专注于刑事辩护，承办了众多刑事案件，具备良好的刑事专业素养及实务经验，在企业刑事法律风险防控业务方面具备丰富业务经验并取得良好辩护效果。

张天昌

中国政法大学法学学士，盈科昆明经济与职务犯罪法律事务部主任、盈科昆明止善刑事团队成员、税务师。自执业以来，致力于刑事辩护及争议解决。承办刑事案件，多数获得有效解决，如：W某涉嫌运输毒品案（4.8公斤海洛因）W某被取保候审，现案件已结；DN某涉嫌单位行贿罪（涉嫌金额300万元），获检察院不起诉等。

宋海贤

盈科昆明专职律师、盈科昆明止善刑事团队主任，2023年荣获盈科昆明菁英人才称号。自踏入律师行业以来，始终深耕于刑事领域，承办了众多刑事诉讼及相关行政案件，均取得了较好的刑事辩护效果，其中不乏无罪或者不起诉、缓刑案件。

晏灵娟

盈科昆明专职律师、盈科昆明止善刑事团队成员。自执业以来，始终专注于刑事辩护，在刑事领域深耕，执业至今已承办了众多刑事案件，领域涉及经济犯罪、人身安全犯罪、妨害国（边）境管理犯罪、妨害公共管理秩序犯罪、妨害社会经济管理秩序犯罪等，承办案件类型较多，具有丰富的刑事诉讼实务经验。

戴宏锐

盈科昆明专职律师、盈科昆明止善刑事团队成员，2023年荣获盈科昆明优秀刑事律师称号。至今已从业七年，期间始终深耕于刑事领域，专注于刑事辩护、刑事控告业务，承办案件类型广泛，积累了众多无罪、不起诉和缓刑案例，具有丰富的刑事司法实务经验。